国家出版基金项目
NATIONAL PUBLICATION FOUNDATION

国家"十二五"重点图书

国际共产主义运动历史文献

第16卷

主　编　王学东
副主编　戴隆斌（常务）　童建挺

第二国际第三次（苏黎世）代表大会文献

本卷主编　童建挺

中央编译出版社
CCTP　Central Compilation & Translation Press

总　序

　　国际共产主义运动，是由以马克思主义为指导的无产阶级政党领导的国际性的无产阶级革命运动，其宗旨是推翻资产阶级统治和一切剥削制度，建立和发展社会主义制度，进而最终实现人的彻底解放，建立共产主义社会。

　　国际共产主义运动迄今已有一百六十多年的历史。19 世纪 40 年代，马克思、恩格斯在创立科学社会主义理论的同时，努力把它与当时西欧无产阶级的革命实践相结合，于 1847 年 6 月创建了第一个国际性的无产阶级政党——共产主义者同盟，亲自拟定并于 1848 年 2 月公开发表了同盟纲领《共产党宣言》。这标志着国际共产主义运动的兴起。

　　自从共产主义者同盟建立以来，历经第一国际（国际工人协会）、第二国际、第三国际（共产国际），国际共产主义运动由小到大、由弱到强，从西方推进到东方、从欧洲扩展到全球，终于突破资本主义链条上一个又一个薄弱环节，取得了社会主义由一国到多国的胜利。二战后社会主义阵营的建立、民族解放运动的胜利进军、社会主义国家革命与建设的重大成就，为国际共产主义运动史书写了辉煌的篇章。20 世纪末，由于东欧剧变、苏联解体，国际共产主义运动遭遇了严重挫折。但是，历史并没有因此而终结。由《共产党宣言》奠基的国际共产主义运动仍在曲折中前进。各资本主义国家中的共产党、工人党仍在不断探索无产阶级取得解放的道路；中国等社会主义国家仍继续高举社会主义伟大旗帜，为完善社会主义、最终实现共产主义而不懈奋斗。

国际共产主义运动一百六十多年跌宕起伏的发展历程，积累了卷帙浩繁的文献档案，留下了丰富的历史遗产。深入发掘和充分利用这些文献档案，对于我们准确地了解和把握国际共产主义运动的发展进程及各个时期的特点，科学地研究和总结国际共产主义运动丰富且宝贵的经验教训，具有极其重要的意义。特别是无产阶级国际组织，作为国际共产主义运动的重要载体，其文献档案对于国际共产主义运动史研究更是具有特殊的重要意义。

早在 1984 年春，中国国际共产主义运动史学会就发起编辑出版《国际共产主义运动史文献》。当时由中共中央编译局、中国社会科学院马列主义毛泽东思想研究所和近代史研究所、中共中央党校和中国人民大学等单位共同组建了编辑委员会。编委会商定：这套文献主要收编共产主义者同盟、第一国际、第二国际、第三国际、共产党和工人党情报局这五个国际组织已发表的全部文献档案，包括历次代表大会、代表会议和其他重要会议的记录、决议和有关文件；收编材料力求齐全；凡外国有选编完整的版本者，根据外国版本翻译；凡文件散见于外国不同出版物者，尽力搜集完整，组织力量统一编译；文件完全按照原件翻译，译文力求准确，不作修改删节，以便读者根据完整、准确的第一手材料了解这些国际组织的历史。在当时代管全国哲学社会科学基金的中国社会科学院科研局的资助下，经过编辑委员会、编译工作者和中国人民大学出版社的共同努力，这套文献于 1986 年开始陆续出版，截至1997 年共出版了 21 卷。

到上世纪末，文献的编辑出版工作遇到了巨大困难。首先是编委会发生了重大变故，主编林基洲、副主编王颖和校纪英相继谢世；其次是出版经费难以为继。为继续出版这套文集，中国国际共产主义运动史学会多方努力，组成以会长顾锦屏为主编的新编委会，从全国哲学社会科学规划办公室争取到一笔资助，于 1999—2001 年又出版了两卷。此后，因缺乏经费，编辑出版工作完全陷于停顿。

2010 年，在中共中央编译局和中国国际共产主义运动史学会的鼎力支持下，中央编译出版社以这套文献申报国家出版基金项目，获得立项资助。中共中央编译局对此项目高度重视，在国家出版基金资助的基础上，给予了相应的资金支持，组建了新编委会，成立了专门机构负责文献整理和编辑工作，并将这套文献纳入"中央编译局文库"出版规划。

经新编委会研究决定，这套文献定名为《国际共产主义运动历史文献》，在其前身《国际共产主义运动史文献》的基础上重新编辑出版。通过进一步广泛搜集资料和适当改变编辑方式，新《文献》的资料更详尽、收文更齐全。例如，在原《文献》的某些卷次中，对已出版的马克思主义经典著作中译本只列目录，不收正文，而新《文献》则全部依据最新的中译本收录，以方便读者查阅。此外，《国际共产主义运动历史文献》扩大了文献资料的搜集和选材范围，采用开放式结构，规模暂定 60 卷，约 2500 万字。

中共中央编译局和中国国际共产主义运动史学会对这套文献的编辑出版工作给予了强有力的支持，中央编译出版社为这套文献的立项和出版做了大量艰苦细致的工作，文献的前两任编委会和编译工作者在十分困难的条件下为这套文献奠定了良好的基础，中国人民大学出版社为这套文献的重新编辑出版提供了帮助，在此一并表示衷心感谢。

《国际共产主义运动历史文献》

编辑委员会

2011 年 12 月 20 日

编辑说明

　　第二国际第三次代表大会于 1893 年 8 月 6—12 日在瑞士苏黎世音乐大厅举行。出席大会的有来自 18 个国家的 411 名代表。

　　大会开始后即通过了只有承认从事政治活动的必要性的工会、社会党和社会团体才能参加大会的决议和倍倍尔的修正案，其中把"政治活动"的含义明确地规定为"工人政党为了无产阶级事业和取得政权而行使或争取政治权利和立法机器"，从而否决了无政府主义者参加大会的资格。这次大会的中心议题是社会民主党人的政治策略问题，涉及用改良还是革命斗争的方法达到社会主义革命目的的问题。大会肯定政治活动对于宣传社会主义原则和迫切需要的各种改革的必要性，并要求工人利用政治权利把旧的政权机关由资本统治的工具变成无产阶级解放的工具。在关于反对战争危险的辩论中，普列汉诺夫、李卜克内西、艾威林坚决反对纽文胡斯关于战争一旦爆发立刻举行国际性总罢工的主张，大会以多数票通过倍倍尔和李卜克内西提出的决议案，要求社会党人开展反对军国主义的宣传，并在议会中无条件地投票反对任何军事预算。在五一节问题上，德国社会民主党把庆祝五一的日期从 5 月 1 日改为 5 月的第一个星期日的主张受到批评；不过，德国代表团在会上还是争得由各国党自己决定纪念五一的方式的权利。恩格斯出席了 12 日的最后一次会议，并以大会名誉主席的身份主持了大会的闭幕式。他在闭幕词中总结了工人运动和社会主义运动的发展，回顾了他和马克思参加这个运动整整 50 年的经历，指出社会主义已经从一些小的宗派发展成了一个使整个官方世界发抖的强大政党，并号召各国无产阶级在共同的原则基础上联合起来，争取新的胜利。

本卷收录的内容包括四个部分：（1）代表大会组织委员会发布的通告和公开信；（2）代表大会会议记录；（3）各国党和工人组织向大会提交的报告；（4）附录，包括大会代表名单，收到的贺电一览表，法国代表帕·阿尔吉里阿德斯主席在8月8日会议上的开幕词以及俄属波兰代表卢森堡提交的"关于波兰委托书问题的最后声明"。代表大会会议记录译自大会组织委员会编写、瑞士格吕特利联盟出版社1894年出版的德文本《苏黎世国际社会主义工人代表大会会议记录（1893年8月6—12日）》（*Protokoll des Internationalen Sozialistischen Arbeiterkongresses in der Tonhalle Zürich, vom 6. bis 12. August 1893*, Herausgegeben vom Organisationskomite, Buchhandlung des Schweiz. Grütlivereins, Zürich, 1894）；其他文献根据1975年日内瓦明科夫出版社出版的乔治·豪普特主编的《第二国际史料》第9卷（Géorge Haupt, *Histoire de la IIe Internationale, Tome 9*, Minkoff Reprint, Genève, 1975）收录的有关英文、法文、德文文献翻译。

本卷是根据中国人民大学出版社1991年出版的《第二国际第二、三次代表大会文件》中译本中第二国际第三次代表大会的内容进行编辑的。本卷主编对照原文对原中译本的明显错误作了修正，依据中共中央编译局编译马克思主义经典著作的标准重新统一了人名、地名、组织机构名、报刊名等专用名，增加了对原书中一些名词和引语的注释，并将大会组织委员会发布的关于召开预备会议的通知、法国代表帕·阿尔吉里阿德斯主席在8月8日会议上的开幕词以及俄属波兰代表卢森堡提交的"关于波兰委托书问题的最后声明"收入本卷。书中文献的脚注，凡未加说明的都是原文本编者所注；中文本译者或编者所加的注，均注明"——译者注"或"——编者注"。

目　录

代表大会通告和公开信

致瑞士工人联合会和工人的公开信

亲爱的同志们：

根据 1891 年 8 月布鲁塞尔国际社会主义工人代表大会的决议，瑞士将荣幸地在 1893 年迎接世界各国的工人代表。

无产阶级的代表将从南方和北方、东方和西方来到瑞士，以便共同讨论能做些什么有益的事情来为被压迫者谋福利，来拯救和解放各国人民。

瑞士工人阶级具有伟大并且前景光明的解放世界的思想。现在，摆在瑞士工人阶级面前的任务是，在若干天内当好殷勤的主人，为代表大会的顺利举行做好一切准备工作。

不言而喻，组织起来的瑞士工人阶级必定会竭尽全力使代表大会开成一个庄严、壮丽的大会，并向各国工人代表保证将做好代表大会的一切组织工作。但是，为了达到这一目的，我们必须尽早开始进行准备。

因此，瑞士三大工人组织——**社会民主党、格吕特利联盟和工会**——的代表于今年 1 月 10 日举行会晤，并作出以下决定：

1. 代表大会在**苏黎世**召开。

2. 上述三个组织各派 5 名代表成立一个组织委员会，由它负责领导，立即着手进行代表大会的一切必要的筹备工作。

3. 代表大会的经费应通过自愿捐助（出售认捐券）的办法来筹集。

组织委员会现已成立并开始工作。它向各国工人组织通报了它的成立，并请它们就代表大会的议程表达愿望和提出建议。

　　我们现在向我们的瑞士同志们提出一个请求。组织这次为期8天、大概会有400名代表参加的代表大会，当然需要一大笔经费，估计要花5000—6000法郎。这笔费用单靠上面三个组织的预算来负担是不可能的，应以募捐的办法来筹集额外的资金。

　　认捐券将由我们的司库送交各联合会的领导机关，捐款的数额视各联合会的大小而定。我们请求你们**设法出售认捐券，并将筹得的现款寄给我们。**

　　由下列署名人组成的委员会完全意识到自己所承担的责任，并呼吁我们的同志们大力予以协助。

　　国际工人运动万岁！

1891 年 2 月于苏黎世

1893 年国际社会主义工人代表

大会组织委员会执行委员会：

　　　　　卡尔·毕尔克利，主席

　　　　　罗伯特·宰德尔，秘书

　　　　　奥·梅尔克，司库

组织委员会：

社会民主党代表：	格吕特利联盟代表：
J. R. **耶格尔**	**卡·毕尔克利**
X. **卡雷尔**	**海·格罗伊利希**
O. **兰**	Fr. **黑费利**
罗·宰德尔	A. **伊尔克**
A. **威德默**	**约·福格尔赞格**

工会联合会代表：

  E. 贝克

  C. 康策特

  A. 吕蒂

  K. 曼茨

奥·梅尔克

注意：凡是负有分发认捐券任务的联合会，或者自愿从事出售认捐券活动的同志，可以到我们的司库那里去领取认捐券。

第一号通告

致各国工人的公开信

工人们！同志们！

1891 年布鲁塞尔国际社会主义工人代表大会在热烈的气氛中一致决定：

"下次国际社会主义工人代表大会应于 1893 年在瑞士召开。"

这个决议使我国感到光荣。这个决议赋予我国一项与它的中立的国家制度、它的人民具有的国际性质、它的各种机构以及它的自古以来所享有的自由相称的任务。

谨以瑞士工人阶级的名义感谢各国工人阶级的代表所作出的这个决定。我们将全力以赴，使 1893 年的国际社会主义工人代表大会成为团结和解放世界各国劳动人民道路上的又一个里程碑。

为了贯彻布鲁塞尔决议，**温特图尔**的瑞士格吕特利联盟、**苏黎世**的瑞士工会联合会和**巴塞尔**的瑞士社会民主党这三个组织的中央委员会于今年 1 月 10 日召开了联席会议，并作出以下决定：

1. 1893 年国际社会主义工人代表大会在**苏黎世**召开。

2. 每个中央委员会指派 5 名代表组成组织委员会，会址设在苏黎世。组织委员会负责进行召开代表大会所必需的和有益的一切筹备工作。

我们现在荣幸地通知你们，上述瑞士最大的三个工人团体已推选出它们参加国际社会主义工人代表大会组织委员会的代表，组织委员会已按下述方式组成，并开始进行活动。

我们向一切工会和社会主义政党发出友好的邀请，请它们于1893年夏天派遣自己的代表到苏黎世来赴会，不管它们属于什么派别，只要承认工人组织及其参与政治活动的必要性即可。

我们可以预先向代表们保证，他们将在佩斯塔洛奇城受到热烈的欢迎，他们将在那里会见自己的战友、朋友和兄弟。

为了尽快结束代表大会的必要的筹备工作，我们希望一切工人联合会尽早把它们的通信地址告诉我们，并于1892 年 6 月底之前把它们希望列入议事日程的主张和建议按照我们的秘书的地址给我们寄来：

罗伯特·宰德尔，苏黎世（瑞士）

我们打算根据我们收到的主张和建议以及布鲁塞尔代表大会指定我们讨论的问题在短期内拟定一个暂定议程，并予以公布。

亲爱的战友们，你们看到，国际社会主义工人代表大会组织委员会业已开始工作。但愿这一切能够激励你们迅速行动起来，为这次争取自由、和平和福利的国际会议的召开做好准备，因为对于工人阶级来说，做好准备是它获得胜利的条件。

世界各国工人大团结万岁！

1893 年国际社会主义工人代表大会万岁！

致兄弟般的敬礼和握手！

1893 年国际社会主义工人代表

大会组织委员会执行委员会：

卡尔·毕尔克利，主席

罗伯特·宰德尔，秘书

奥古斯都·梅尔克，司库

组织委员会：

社会民主党代表：　　　　格吕特利联盟代表：

J. R. 耶格尔　　　　　　卡·毕尔克利

X. 卡雷尔　　　　　　　海·格罗伊利希

O. 兰　　　　　　　　　Fr. 黑费利

罗·宰德尔　　　　　　　A. 伊尔克

A. 威德默　　　　　　　约·福格尔赞格

工会联合会代表：

E. 贝克

C. 康策特

A. 吕蒂

K. 曼茨

奥·梅尔克

致大不列颠和爱尔兰的工联、工联理事会
和工人组织

同志们和工人弟兄们：

一封邀请你们参加将于 1893 年 8 月在苏黎世举行的社会主义工人代表大会的信①，已经送交今年 9 月在格拉斯哥召开的工联代表大会。1890年利物浦代表大会曾经收到一封同样的欢迎参加布鲁塞尔国际代表大会的邀请信，这封邀请信当即得到宣读，并在热烈的欢呼声中被代表们一致接受。不列颠的工人组织派了足够的代表出席的这次布鲁塞尔国际代表大会一致委托我们筹备苏黎世代表大会。因此，使我们感到惊讶和难过的是，我们发现在格拉斯哥（1）有人明显地企图扣压我们的邀请信；（2）当我们的邀请信在一些代表施加了不少压力之后终于得以公开宣读时，代表大会实际上根本没有注意它的内容。代表大会在通过英国工联提出的"立即"召开一次大会来讨论八小时工作日问题的决议案和否定敦促联合王国工联参加 1893 年国际代表大会的修正案时，向我们，从而也向我们所代表的全世界有组织的工人表示了粗暴无礼的拒绝。我们的邀请信没有收到任何答复，甚至连是否收到，都没有告知我们。

然而，我们确信，联合王国有一大批工人组织仍然希望参加苏黎世代表大会。我们确信在许多情况下，格拉斯哥的表决是出于误解，因此，我们邀请一切工会、工联理事会和工人组织派遣代表参加将于

---

① 见本信附件"致工联格拉斯哥代表大会"。——编者注

1893 年 8 月在苏黎世举行的国际社会主义工人代表大会。兹随信附上送交工联代表大会的邀请信，并请每一个联合会和每一个工人组织把它当做是向它们发出的邀请信。

德国、奥地利、比利时、荷兰和斯堪的纳维亚国家、法国、意大利和西班牙、澳大利亚和美利坚合众国等，这些国家的一切重要组织都已经表达了它们的愿望，即根据它们各自的代表大会所通过的决议将派代表出席苏黎世代表大会，并且已经把它们打算向这次国际代表大会提出的倡议寄给我们。因此，即使我们想放弃委托给我们的召开国际工人代表大会的工作也完全办不到了。此外，每一个国家都有权自己负责召开国际代表大会的想法是十分荒谬的，这一点对于每一个有理性的工人来说都是非常清楚的。召开国际代表大会只能是共同谅解的结果，这是不言而喻的。

最后，我们想指出一点，苏黎世国际代表大会是在格拉斯哥代表大会召开之前一年就决定了的。它是由世界各国的而不仅仅是一个国家的工人组织召开的，它将讨论的问题不只是八小时工作日问题，而且还有其他一些与工人的解放密切相关的紧迫问题。

有关代表大会的一切事宜请与**罗伯特·宰德尔，瑞士苏黎世**，进行联系。

你们诚挚的、友好的伙伴谨启

1893 年国际工人代表大会

组织委员会：

卡尔·毕尔克利，主席

罗伯特·宰德尔，秘书

奥古斯都·梅尔克，司库

组织委员会：

社会民主党代表： 格吕特利联盟代表：

J. R. 耶格尔 卡·毕尔克利

X. 卡雷尔 海·格罗伊利希

O. 兰 Fr. 黑费利

罗·宰德尔 A. 伊尔克

A. 威德默 约·福格尔赞格

工会联合会代表：

E. 贝克

C. 康策特

A. 吕蒂

K. 曼茨

奥·梅尔克

1892 年 9 月 28 日于苏黎世

致工联格拉斯哥代表大会

我们受 1891 年布鲁塞尔国际社会主义工人代表大会的委托筹备将在苏黎世举行的下一届国际代表大会。为了完成委托给我们的这个任务，我们正在把邀请信分送给世界各国有组织的工人，因此，我们通过你们的代表大会恳切地邀请大不列颠和爱尔兰的工人组织参加将于 1893 年 8 月上旬或中旬在苏黎世举行的国际代表大会。你们的代表大会会想起，工联利物浦代表大会曾接受了参加 1891 年布鲁塞尔代表大会的邀请信。我们把这封邀请信送给你们的代表大会是因为它所具有的代表性，是因为我们知道，通过这个代表大会，我们可以和联合王国的一切工会建立联系。不仅如此，尽管过去曾经对如像邀请的性质这类问题产生过某些小小的误会，我们还是真诚地希望你们把这次对你们的充满兄弟情谊的呼吁不仅看做是向贵国的一切工联和工联理事会发出的邀请，而且看做是向贵国的一切工人组织发出的邀请。同时，我们恳请每一个工会联合会和工人组织把这封信看做是向它们发出的特别邀请，并且采取必要措施以便能够出席 1893 年的苏黎世代表大会。我们没有必要向你们强调这些国际代表大会对于工人阶级运动所具有的无可估量的价值，当各种专门行业的国际代表大会次数正在不断增多、影响正在日益扩大的时候，必须承认，最有效的代表大会是一切国家、一切行业和男女工人都有代表参加的代表大会，而它的主导思想，与其说是讨论五花八门的、具体的劳动问题，不如说是讨论整个劳动问题，就是说，讨论劳动者作为一个阶级在伟大的阶级斗争中奋起反抗资本家阶级的问题。即使最近几次国际代表大会没有产生任何其他结果，而只是孕育了波澜壮阔的法定八小时工作日运动，这些代表大会的召开也是理所当然的。1890、1891 和 1892 年在大不列颠和爱尔兰多次举行了争取法定的八小时工作日的示威游行，迫使人们把这个问题摆到重要地位，因此，用不着告诉你们，这些国际性的争取八小时工作日的示威游行起源于 1889 年巴黎国际代表大会。当然，我们像你们一样知道，在当前条件下不同国家甚至不同行业的工人，容易从不同的观点来看待劳工问题，但是，我们大家都同意，劳工问题是存在的，只有通过共同协商和把整个工人阶级的行动统一起来才能使之得到解决。基于这些以及其他一些理由，我们真诚地吁请你们同我们合作，使 1893 年的国际代表大会开得甚至可能比前几届大会更成功。今后有关的事宜将通过适当的途径通知你们的议会委员会，毫无疑问，后者将会转告大不列颠和爱尔兰的工会联合会。——你们的兄弟，**卡尔·毕尔克利**。

1892 年 9 月 1 日于苏黎世

第二号通告

致各国工人的公开信

工人们，同志们：

我们很高兴地告诉你们，我们的第一号通告在全世界的工人中引起了热烈的反响。

德国、奥地利、比利时、荷兰和斯堪的纳维亚国家、法国、意大利和西班牙、澳大利亚和美利坚合众国的一切重要工人组织都向我们通告了它们将出席 1893 年苏黎世代表大会的意向。一系列全国性的工人代表大会已经作出参加苏黎世国际代表大会的决定，许多组织已向我们提出它们的希望和建议。

我们现在就已经能够确有把握地说，1893 年苏黎世国际代表大会将有许多代表参加，将开成一个真正的国际工人大会。

遗憾的是，在格拉斯哥召开的英国工联代表大会决定由英国工联议会委员会立即召开一次讨论八小时工作日问题的国际会议。尽管我们在**一封致格拉斯哥代表大会的专门信件**中诚心诚意地邀请一切英国工人组织派代表出席苏黎世代表大会，但是，这个不切实际的决议还是得以作出了。

在这个决议公布之后，我们立即给大不列颠和爱尔兰的一切工人组织发出一封通告信，在阐明实际情况之后，再次邀请它们前往苏黎世。我们在这封信中写道：

"即使我们想放弃委托给我们的召开国际工人代表大会的工作也完全办不到了。此外，每一个国家都有权自己负责召开国际代表大会的想法是十分荒谬的，这一点对于每一个有理性的工人来说都是非常清楚的。召开国际代表大会只能是共同谅解的结果，这是不言而喻的。

最后，我们想指出一点，苏黎世国际代表大会是在格拉斯哥代表大会召开之前一年就决定了的。它是由世界各国的而不仅仅是一个国家的工人组织召开的，它将讨论的问题不只是八小时工作日问题，而且还有其他一些与工人的解放密切相关的紧迫问题。"

这封通告信在大不列颠和爱尔兰的工人中受到了热烈欢迎。英国的工人报纸认为格拉斯哥决议是错误的，并希望议会委员会不要执行它。德国、法国、意大利和西班牙等国的工人有的通过他们委派的代表、有的通过在代表大会上作出决议，表示反对召开国际八小时工作日代表大会，并宣布决不派代表出席。他们坚决支持共同商定的、合法的苏黎世国际代表大会。

鉴于这个通告和为了全世界无产阶级的崇高事业的利益，我们呼吁一切工人组织也坚决地支持将于 1893 年在苏黎世召开的国际工人代表大会。

和过去的做法一致，我们确定代表大会在 1893 **年 8 月初**举行。希望各国的同志们都为这个日期做好准备。

至于代表大会的议程，迄今为止我们一项都没有公布过，因为好几个大国都还没有提交任何提案。到现在为止我们收到的建议和提案主要有以下这些：

1. 在国际上贯彻八小时工作日的措施。

2. 社会民主党人在人民直接立法问题上的策略：

（1）议会活动；

（2）国家社会主义。

3. 国际的权利和义务：

（1）在劳资间发生比较严重的冲突的情况下；

（2）在爆发战争的情况下，尽力制止战争。

4. 国际组织：

（1）成立国际劳工书记处；

（2）成立国际通讯局。

这只是暂定的议程。希望我们的同志们加以讨论，并发表自己的意见。如果你们还有新的提案，请最晚在1893**年2月底**以前给我们寄来。我们想在1893**年3月底**最后确定将向大会提出的议程，一俟确定之后，就立即予以公布。

我们正在尽最大的努力使这次代表大会成为战斗的劳动人民的目的和愿望的表现。我们只有团结才能强大；我们只有联合起来才能彻底改造资本主义世界。

致兄弟般的敬礼和握手！

1892 年 11 月 15 日于苏黎世

1893 年国际社会主义工人代表

大会组织委员会执行委员会：

卡尔·毕尔克利，主席

罗伯特·宰德尔，秘书

奥古斯都·梅尔克，司库

组织委员会：

社会民主党代表：　　　　格吕特利联盟代表：

J. R. 耶格尔　　　　　　　卡·毕尔克利

X. 卡雷尔　　　　　　　　海·格罗伊利希

O. 兰　　　　　　　　　　Fr. 黑费利

罗·宰德尔　　　　　　　　A. 伊尔克

A. 威德默　　　　　　　　约·福格尔赞格

工会联合会代表：

E. 贝克

C. 康策特

A. 吕蒂

K. 曼茨

奥·梅尔克

关于召开预备会议的通知

亲爱的同志们：

　　我们定于 3 月 26 日召开由即将出席苏黎世代表大会的各国重要组织的代表参加的预备会议，以讨论大会的会务安排、日期、日程等事宜。我们的目的自然是节约大会时间、加快会务事宜处理。如下是我们关于参加代表大会的规定和大会议事规程的建议；日程安排和提案将随后寄出。敬请派出贵组织的代表出席。

　　会议将于 3 月 26 日（星期日）上午 10 点在**布鲁塞尔人民之家**举行。

　　致兄弟般的问候！

组织委员会

组织委员会提交布鲁塞尔会议的建议

关于参加代表大会的规定

　　1. 一切工人工会，以及承认工人组织和政治行动的必要性的社会党和团体都可以参加代表大会。

2. 每个国家审查自己成员的代表资格，制订合格的和可能不合格的代表的名单，并把名单和委托书一起交给组织委员会执行委员会印刷，然后再送交代表大会主席团。

3. 在是否允许参加大会的问题上如果发生争执，首先由大会主席团作出裁决；如果对这个裁决还有争议，则由代表大会作出决定。

4. 被确认的代表由组织委员会发给写有他们的名字的代表证。

代表大会议事规程

1. 各国代表于星期日上午 8 时代表大会开幕之前，在组织委员会指定的地点集合，等候进行资格审查；同时他们要委派他们参加主席团的代表，包括翻译人员在内。

2. 10 时全体代表在代表大会开会地点集合举行开幕式，确定议事规程和大会议程，以及成立讨论议程上的各个问题的专门委员会。

（下午向代表大会宣读公众的贺词）

3. 周一和周二每天举行一次会议，时间为上午 9—14 时；其后代表大会每天举行两次会议，时间为上午 9—12 时和下午 3—6 时。星期六下午休会。

4. 代表大会应组织委员会的建议选举一名在整个大会期间主持会议的主席，由每个国家派出的代表组成的主席团每天选举两名名誉主席。主席团的其他工作人员由主席团指定。

5. 讨论议程上的各个问题的专门委员会由各国自己选出的代表组成。

6. 关于各国工人运动的进展情况和现状的报告不作口头叙述；这些报告要用组织委员会通告那样大小的纸张（每页长 193 毫米、宽 109 毫米），用德文、英文或法文（也可以同时用这三种文字）印好，交组织委员会分发给与会代表。

7. 发言者须向主席团提出书面要求。

8. 所有提案要书面提出。专门委员会的提案以及至少有 10 名代表附议的重大提案，用法文、德文和英文印发给各个代表。重大提案只有在印出来发到代表手中后才能进行表决。

9. 报告人讲话时间为 15 分钟，其他发言者 5 分钟。还没有就一个问题讲过话的发言者可以在要求第二次发言的人之前讲话。同一发言者不能就同一问题作两次以上的发言。

10. 提案、报告和讲话仅翻译成英文、法文和德文。

11. 有关议事规程的问题只按人头进行表决。原则性的重大问题按国家进行表决，提案获得多数国家和多数代表的同意即获通过。

（组织委员会部分委员希望删去"和多数代表"。）

12. 代表大会的一切会议都是公开的；新闻报道员报到后由组织委员会单独安排座位。

致瑞士全体党员、格吕特利联盟和工人团体的公开信

亲爱的同志们：

根据布鲁塞尔筹备会议的决议，国际社会主义工人代表大会将于今年 8 月 6—12 日在苏黎世举行，也就是说两个多月后就要举行了。与此同时，铁路工人、纺织工人、冶金工人和木材工人以及制鞋工人的国际代表大会也将分别召开。苏黎世代表大会将成为历次国际工人代表大会中最重要的一次大会，因此这次代表大会的筹备工作异常繁重，开支也会相当大。

正像我们过去已经对你们讲过的那样，为使这次代表大会的召开能给瑞士带来荣誉，必须筹集约 6000 法郎的经费。这笔钱，我们希望瑞士的同志们自愿捐助。

我们曾于去年 2 月把认捐券分送给你们，迄今为止，我们收到的出售认捐券获得的捐款刚刚超过原定数额的 1/6，相当大一部分联合会的捐款都还拖欠着。许多联合会把认捐券原封不动地寄回来了，有的说明了原因，有的没有说明，还有许多联合会把尚未售出的认捐券寄回来了。

用这个办法自然筹集不到所需的经费，因此，我们向所有的联合会和同志们提出一个**迫切的请求**，请求你们这一次也表现出令人钦佩的工人团结互助精神，**尽可能给我们提供一笔补助金，以弥补会议经费的不足**。

　　绝大多数联合会只售出 5—7 法郎的认捐券。我们认为，在 15 个月中，即使最小的联合会也应当能够筹集到这样多的钱。

　　如果我们在本国筹集不到这笔经费，那我们就不得不请求外国同志提供部分捐助，瑞士工人当然不希望看到出现这种情况。

　　因此，我们再次请你们尽快把**出售认捐券**获得的捐款以及在 8 月份还卖**不出去的认捐券**给我们寄来。往后，认捐券可以在我们的司库那里购买。

　　藉此机会，我们还要指出一个不好的现象，有的联合会退给我们的认捐券已经残缺破损，无法继续使用，我们希望避免再出现这种现象。

　　致以同志般的敬礼！

1893 年 5 月底于苏黎世

受组织委员会的委托：

奥古斯都·梅尔克，司库

策林格街 47 号

注意：你们的联合会已把转交的认捐券及时退回，但有一部分捐款尚未付清。

第三号通告

致各国工人

亲爱的同志们：

我们特此敦请你们选举你们的代表，如果已经选举完毕，就请把他们的名字通知我们。根据布鲁塞尔代表会议通过的组织委员会的建议，代表大会将于 8 月 6 日至 12 日在**苏黎世音乐大厅**举行。

我们租用的这个厅相当大，足以容纳大批代表，它将在整个会议期间供大会使用。我们还给各国代表团预定了单独的房间，供它们开会使用。我们将及早做好准备，保证代表们的住宿地点舒适，价格公道，膳食价廉物美。

瑞士工人，特别是苏黎世的工人，将利用这个机会像接待受欢迎的客人那样来接待自己的工人兄弟，使他们在这里感觉到像在他们自己的兄弟中间一样。在大会开幕那天，即 8 月 6 日，将举行一次盛大的游行和露天群众大会来欢迎各国代表。在这一周的某个晚上，我们将安排一次盛大的晚会。在会议闭幕那天，即 8 月 12 日下午，我们希望能为我们亲爱的客人安排一次在美丽的苏黎世湖上乘船游览的活动。

这里的许多同志已准备好为代表大会服务，同样，他们也愿意为那些希望利用早晚时间在苏黎世周围一些风景优美的地方散步的代表当导游。

我们将尽我们的最大努力安排好代表们的住宿，做好大会的各种工作，并组织好闲暇时间的娱乐活动。同样，我们希望，你们也尽你们的最大努力从各国派遣大量代表前来参加这次大会。

　　亲爱的同志们！我们用不着告诉你们，因为你们自己在这方面已经作出贡献：最近几年来社会主义工人组织在各国都取得了长足的进步。社会主义运动到处都变得更加强大了，它波及的范围更广了。1893 年苏黎世国际社会主义工人代表大会定将为这种蓬勃发展带来令人赞叹的新气象。代表大会将在一个享有现在存在的最充分的政治自由的国家和城市里举行，因此，它的一切活动都非常自由。我们请你们派遣尽可能多的代表来参加这次各国工人兄弟团聚的盛会。愿苏黎世代表大会使我们能在实现**"全世界无产者，联合起来！"**这个号召方面向前迈进一步。

　　致兄弟般的敬礼！

1893 年 6 月 15 日于苏黎世

1893 年国际社会主义工人代表

大会组织委员会执行委员会：

卡尔·毕尔克利，主席

罗伯特·宰德尔，秘书

奥古斯都·梅尔克，司库

组织委员会：

社会民主党代表：	格吕特利联盟代表：
J. R. **耶格尔**	**卡·毕尔克利**
X. **卡雷尔**	**海·格罗伊利希**
O. **兰**	Fr. **黑费利**
罗·宰德尔	A. **伊尔克**
A. **威德默**	**约·福格尔赞格**

工会联合会代表：

E. 贝克

C. 康策特

A. 吕蒂

K. 曼茨

奥·梅尔克

注意：我们把关于参加代表大会的规定草案和代表大会议事规则草案同这封邀请信一起寄给你们。这两个草案由组织委员会起草，在3月26日布鲁塞尔代表会议上经修改后获得通过。它们只是一些建议，目的是为了节省代表大会的时间。**代表大会享有最终决定权，一切问题都将依照它的意志来作出决定。**我们也是根据这个精神把暂定的议程和我们已经收到的提案一起寄给你们。不言而喻，代表大会本身将最后决定它的议程。

关于参加代表大会的规定①

代表大会议事规程②

代表大会议程

一、在国际上贯彻八小时工作日的措施。

_____

① 规定全文见本卷第17—18页，此处从略。——编者注
② 议事规程全文见本卷第18—19页，此处从略。——编者注

二、关于五一节的共同规定。

三、社会民主党人的政治策略。

1. 议会制度和选举宣传。

2. 人民直接立法。

四、社会民主党人对战争的态度。

五、保护女工。

六、工会的全国性和国际性组织。

七、社会民主党人的国际组织。

八、其他。

收到的提案

（根据议程上的各项问题整理）

一、在国际上贯彻八小时工作日的措施

瑞士格吕特利联盟、工会联合会、社会民主党的联合提案

代表大会宣布：

八小时工作日是使工人阶级从资本家的奴役下彻底解放出来的最重要的先决条件之一，也是改善工人阶级状况的最重要的措施。

实行八小时工作日将减少失业，提高劳动效率，增加工资和提高工人的购买力。

实行八小时工作日将改善被资本主义破坏了的家庭生活，并可能使儿童得到更多的关怀。

实行八小时工作日能提高人民的健康水平，增强活力，提高文化修

养和道德水平。

实行八小时工作日能使工人阶级得到时间去建立工会和政治组织，并进行活动；只有这样，政治权利和自由才能发挥作用，才能真正用来实现人民的社会解放这一目的。

争取八小时工作日的斗争必须在所有国家内开展，因为只有实行八小时工作日的国际立法才能保证其持久性和发挥造福社会的作用。

代表大会认为，在国际范围内实行八小时工作日的办法是：

在全国和国际基础上建立工人阶级的工会组织和政治组织，由这些组织进行争取八小时工作日的宣传鼓动工作。

争取八小时工作日的鼓动工作要通过传单，通过报告，通过社会主义报刊，通过游行示威，在集会上和政治团体中，在议会里，在各种国家机关和市镇机关中进行。在社会主义报刊上要开辟"八小时工作日"专栏来报道有关的事实和活动；在政治机构内工人的代表要不时提出缩短劳动时间的提案，特别是缩短受国家和市镇雇用的工人的劳动时间。

各国议会中的社会党议员应就**通过立法在国际范围内实行八小时工作日**的措施达成一致。工人的工会组织要同雇主进行争取八小时工作日的非政治性的、不受约束的斗争，以便为对整个工人阶级实行八小时工作日**立法**开辟道路。

二、关于五一节的共同规定

巴黎中央革命委员会的提案

代表大会决定：

5月1日争取八小时工作日和争取工人阶级解放的游行示威，将来在每个国家中都应表现工人不惜任何代价、准备使用一切手段、不顾反动政客和资本家的阴谋维护国际和平的坚强意志。

巴黎劳动介绍所的提案

鉴于，文明国家之间的战争只是工人们骨肉相残的大屠杀，它使资产阶级获得最大利益和满足，因为资产阶级把战争看做是保护他们财产的最有效的手段；

还鉴于，统治者的野心和黩武主义者的愚蠢，企图掩盖和平对于各国人民不仅是最神圣的义务而且是最高的利益这一无可辩驳的真理；

正是工人们流洒的鲜血使军官们荣获十字奖章和勋章。作为回报，军官们发现，最好的办法是用火枪（在 1848 年）或者用机关枪（在 1871 年）向工人扫射；

最后鉴于，一切骨肉相残的战争都只是史前时代、野蛮时代的最后遗迹，那时胜利者吃掉死者的尸体是战争的目的，

我们要求：

1. 在 5 月 1 日这天举行游行示威，以争取八小时工作日；

2. 这个游行示威还应当成为争取维护国际和平的游行示威。

法国东部地区代表大会的提案

1. 消除欧洲战争。

2. 最近 50 年内被兼并的一切国家的当地居民有权选择自己的国籍。

3. 上述提案由欧洲各国议会通过后，即获得法律效力。

4. 成立国际仲裁法庭，由欧洲各国议会指派代表参加，每 100 万居民指派 1 名代表，任期 3 年。

5. 仲裁法庭一经成立便立即致力于普遍裁军，采取保证能够召集

民众进行自由表决的措施。各国之间的一切纷争都应由这个仲裁法庭最后裁决。

三、社会民主党人的政治策略

1. 议会制度和选举鼓动

巴黎中央革命委员会的提案

代表大会决定：

社会党和工人阶级的最重要的任务，是坚持不懈地进行以夺取政权为目的的活动，因为只有当工人阶级掌握了政权，消灭了特权和阶级，剥夺了统治阶级和有产阶级的财产的时候，它才能够着手建立以平等和团结为基础的社会共和国。

荷兰社会民主工党的提案

1. 鉴于，阶级斗争不可能以议会活动而告结束，代表大会要求各国工人党：

（1）仅把选举当成一种宣传手段来利用；

（2）允许它们的某些代表进入议会，只是为了在那里抗议资本主义社会制度，而决不允许他们参加任何议会活动，譬如，制定法案，等等。

2. 代表大会宣布反对这样一些社会党人的图谋，他们从原则上鼓吹在资产阶级社会内可能实现的劳工保护立法，想把社会主义变成一种仅仅是调节雇佣劳动的东西，变成一种新式的国家社会主义。

3. 希望代表大会考虑，革命社会党人和共产主义无政府主义者之间是否可以达成谅解。

德国社会民主党的提案

加入国际革命社会民主党的前提是，承认反对阶级统治和剥削的斗争是一场政治斗争，它的目的必然是夺取政权。只有那些参加这场政治性的阶级斗争并在斗争中使用工人阶级能够使用的一切政治斗争手段的人，才能被认为是国际革命社会民主党的积极成员。

F. 维斯纳的提案，于得克萨斯州贝尔德

代表大会宣布，将来在有社会民主党参加的一切选举中，社会民主党都必须严格保持其革命性质，党决不能因为有的党员通过选举获得了一官半职或者被推荐为某些官职的候选人而承认现存的统治制度。

舒、费斯特纳、弥勒、埃尔斯特、舒尔茨和南纳的提案，于肯塔基州卡温顿

鉴于，

各国社会民主党人把参加政治选举看做是使广大人民群众了解和信仰社会民主党学说的一种手段；

社会民主党人作为真正的革命者正在努力打破统治阶级的支配地位，废除一切享有特权的权力关系和阶级关系，并把在现存制度下只由少数人行使的权力交给整个人民；

现行的法律只是阶级的法律，就是说，它们是为了维护统治阶级的利益而制定的，它们是针对工人的。因此，每一个按照这些法律和为了实施这些法律而被选举出来的官吏，在宣誓就职后都将始终而且必定会

利用这些法律来反对工人；

最后，社会民主党人通过选举当上这种官吏之后，革命精神会变成反动精神，特别是在美国这里，党将受到贪污受贿、腐败、收买选票等行为的腐蚀；

代表大会宣布：

将来社会民主党无论参加任何公开选举都必须严格保持革命性质，党决不能因为有的党员当选为总统、省长或市长以及其他这类官吏就承认现存的统治制度和阶级制度。

2. 人民直接立法

瑞士格吕特利联盟、工会联合会、社会民主党的联合提案

鉴于，

法律是立法者的用文字记录下来的利益；

立法时应以全民利益为重；

根据经验，立法机关与其说是代表工人，不如说是代表资本家的。因此，它们制定的法律对资本家有利，而对劳动阶级有害；

凡是在议会制度不受约束地进行统治的地方，必然发生贪污受贿和欺骗人民的现象；

人民只有通过直接干预立法，才能认识到他们自己的解放劳动阶级所必需的力量，

代表大会宣布，废除一切阶级统治的先决条件是，劳动阶级把**人民直接立法**当做最强大的政治斗争手段，有了人民直接立法，人民就将**行使提出法律的权利**（动议权）和**对法律进行表决的权利**（公民投票）。

一切为了人民，一切通过人民！

四、社会民主党人对战争的态度

荷兰社会民主工党的提案

代表大会决定，各国工人党要做好准备，一旦政府宣战就立即用总罢工予以回答；凡是在工人能对战争施加影响的地方和在有可能进行战争的国家里，就用拒服兵役来回答宣战。

德国社会民主党的提案

工人对战争的态度，已经在布鲁塞尔代表大会关于军国主义的决议中得到充分表明。国际革命社会民主党要在各国动员一切力量反对统治阶级的沙文主义欲望，使全世界工人团结的联盟变得越来越牢固，不断地谋求消灭把人类分成两个敌对的阵营和煽动各国人民互相仇视的资本主义。随着阶级统治的消灭，战争也将消失。推翻资本主义就是世界和平。

五、保护女工

英国、法国、德国、奥地利、意大利和瑞士的女工联合会的
大批先锋战士和会员的联合提案

鉴于，

资产阶级的妇女运动拒绝任何合法的、有利于女工的特殊保护立法，把它视为对妇女的**自由**、对妇女享有同男人平等的权利的干扰；

它这样做，一方面忽视了建立在资本家阶级对工人阶级（女工和男工）的剥削基础之上的我们今天的社会的性质；

另一方面，它又没有认识到由于性别差异所造成的妇女的特殊作用，即她们作为**孩子的母亲**对社会未来所具有的重要作用；

苏黎世国际代表大会声明：

凡是在考虑按照巴黎代表大会决议的精神实施保护措施的地方，各国工人代表的义务就是，坚决要求用适当的方式首先对女工实行这些保护措施。

六、工会的全国性和国际性组织

巴黎劳动介绍所的提案

国际成立之初认为它已把社会主义组织置于重要地位，今天它承认，一股更强大的力量正在兴起，我们指的是工会联合会。

这些联合会是新社会赖以建立的基石，它们应当在全国范围内和国际范围内联合起来。

为此，我们向苏黎世代表大会提出下列提案：

1. 成立全国性和国际性同业联合会。

2. 凡是已经成立工会的地方，工人应要求市政府建立隶属劳动介绍所联盟的劳动介绍所；凡是在工人已入主市政委员会的地方，他们应自己去建立这样的机构。这些结成牢固联盟的劳动介绍所，会成为任何专制暴君都想象不到的强大无比的力量。

布鲁塞尔代表大会一个最重要的决议要求成立一切联合会都有代表参加的全国劳工书记处。

一切工会的全国性和国际性联盟都要把责任移交给这种全国劳工书

记处。

伦敦社会民主联盟国际委员会的提案

应当考虑采取最有效的措施来传播使社会主义能够比较容易地运用于一切工业部门（只要出现这种运用的可能性）的技术知识。

我们建议考虑和研究以下两点：

1. 商讨如何在一切工会内成立技术委员会，这个委员会的任务是，研究和报告它们各自的工会如何能最好地履行国家的、市镇的或其他的合同，而不让任何资本家中间人插手。

2. 社会民主主义运动争取商业无产阶级（如办事员、商店职员等商品分配和交换领域内的一切雇佣人员）的最好办法。在探寻这些方法的同时，要考虑到更易于实现商品的分配和交换以及工业财富的生产过程的社会化。

七、社会民主党人的国际组织

巴黎中央革命委员会的提案

中央革命委员会认为，它向布鲁塞尔代表大会提出并被转交给苏黎世代表大会审查的提案是正确的。这个提案的内容是，凡是派代表出席国际社会主义工人代表大会并接受大会决议的社会主义工人党的一切派别，都应取一个同样的名称。

我们建议，这个应包括一切流派和派别而又不损害它们的独立和性质的党的共同名称叫做：

国际社会党

代表大会决定：

凡是参加国际社会主义工人代表大会并赞成大会决议的社会党和工人党的一切派别，都应使用一个共同的名称，即：

国际社会党

代表大会决定：

指定筹备国际社会主义工人代表大会的瑞士组织委员会为代表大会决议执行委员会。

这个委员会的使命尤其在于，帮助不同国家的全国劳工书记处彼此建立联系和探索准备成立社会党和无产阶级的国际组织并促其实现的办法。

荷兰社会民主党的提案

为政治流亡者负担费用的问题由国际来作出安排。

巴黎六个革命团体的提案

应成立一个专门委员会来负责起草一个所有致力于实现社会平等的社会主义学派和团体都能接受的两个半球革命社会主义者联盟的条约。

曼海姆《人民之声报》一位德国同志的提案

长期以来就存在这样的要求，即赋予社会民主党的各种奋斗目标的国际性以每个人都明白和理解的表达方式。

在我们看来，达到这个目的的实际措施之一，是我们的一个同志当年在布鲁塞尔代表大会上提出并经全体德国代表在支部会议上一致通过的一个提案。这个提案就是，各国社会民主党的纲领中就经济变革的必要性阐明我们的奋斗目标的第一部分，应当采用同样的措词，因为各国社会民主党所追求的目标都是一样的。

在涉及我们的最终目标时，纲领中这个对各国来说都是共同的部分，应根据每个国家的需要补充加进第二部分，这就是每个国家的社会民主党向当前的国家提出的政治要求。这一部分现在对每一个国家来说，必然是各不相同的，因为各国的宪法是彼此各异的。某个国家已经实现的许多东西，也许正是其他一些国家尚待努力争取的东西，因此，必须把它们列入纲领的政治部分。

法国独立社会主义者小组联合会的提案

研究全体社会主义者或者通过一项条约，或者通过联盟成立国际联合会的办法和途径。

八、其他

荷兰社会民主工党的提案

代表大会决议，凡是在有必要实行政教分离的国家，工人党都主张实行政教分离。

伦敦坎宁镇社会民主联盟支部的提案

社会民主联盟坎宁镇支部的成员认为，采用一种欧洲语言为一切国家的工人除了他们的母语之外都必须掌握的语言的时刻已经来到，因此，他们慎重地要求苏黎世国际社会主义工人代表大会的代表们作出决定，他们认为哪种语言最适合于这个目的。

荷兰社会民主党的提案

代表大会建议工人们学习沃拉普克语（Volapük）①。

---

①　德国人施莱尔于 1879 年创立的一种世界语。——译者注

苏黎世国际社会主义工人代表大会
会议记录

（1893 年 8 月 6—12 日）

前　言

　　如果说这个记录的出版推迟了，那不是记录员的过错。他完全按要求送出了记录稿。当按照事先的决定把校样交给组织委员会成员时，出现了分歧。分歧在于，记录的编写是否足够不偏不倚。委员们对大会上的某些事件是有不同看法的。人们一再安排时间进行注释和纠正，但毫无结果。

　　最后人们在一次会议上达成协议，就对记录作某些改动一事同记录员取得谅解，这一点在短时间内就做到了。于是组织委员会一致同意出版这份记录，但是让整理人对记录的内容负责。

　　为了避免对这一决定的意义产生误解，我在这里受组织委员会的委托明确宣布，这个记录是在这样的条件下由一个人尽可能仔细认真地整理出来的，我们要感谢整理人所作的努力，因为他所做的工作组织委员会的成员没有一个人有时间去做。

　　哪些句子可以不要，哪些几乎不能回避，这方面的问题在于，发言人在其以母语所作的报告中所表达的意见，多半被更详细地翻译成其他语言。还有这样的情况，报告人外语讲得很多，记录是以速记为基础的，而这种外语速记的语句自然比母语中包含的语句少。这一点是非常容易理解的，因为大会上的大部分翻译中出现的情况就是这样，这些翻译是紧跟在发言人之后，凭新鲜的记忆进行的。

　　如果想改变这一不良现象，就应在今后的代表大会上像其他代表大会已经做到的那样，采取这样的措施：在每个发言人讲完话后就立即请他用自己的语言把发言内容写下来，或者必须为大会发言指派速记员，或者必须为每一种语言找一个记录员，然后从所有这些不同的记录中综合出正式记录。后两种方法需要更多的时间和经费，国际社会主义工人代表大会组织委员会目前还无能为力，因此对于目前这份记录不应用过高的标准来衡量，而只能用当时可以支配的经费的多少来衡量。

推迟出版的部分责任当然应由前言作者本人承担。由于一大堆事务性工作及眼睛发炎严重影响本人的工作能力，在这里我要请读者原谅。

＊　　＊　　＊

组织委员会想在此简要介绍一下它在代表大会之前所做的工作，并就代表大会本身作些说明，而这些是记录本身无法涵盖的。

1891 年布鲁塞尔代表大会决定，下一次代表大会于 1893 年在瑞士召开。1892 年 1 月 10 日，瑞士三个最大的工人联合会——社会民主党、格吕特利联盟和工会联合会——的委员会举行了会晤。它们决定：（1）代表大会在苏黎世举行；（2）由三个联合会各派五名代表组成的组织委员会负责筹备和召开代表大会的工作；（3）大会的经费通过自愿捐助（出售认捐券）的办法来筹集。

组织委员会由三方代表组成。社会民主党的代表是：J. R. 耶格尔、X. 卡雷尔、O. 兰、罗·宰德尔、A. 威德默；格吕特利联盟的代表是：卡·毕尔克利、海·格罗伊利希、F. 黑费利、A. 伊尔克、约·福格尔赞格；工会联合会的代表是：E. 贝克、C. 康策特、A. 吕蒂、K. 曼茨和奥·梅尔克。卡尔·毕尔克利当选为主席，副主席是海尔曼·格罗伊利希；秘书罗伯特·宰德尔、记录 J. R. 耶格尔以及司库奥古斯特·梅尔克。

组织委员会向瑞士工人联合会和工人发布了第一份用德语和法语书写的通告，向他们说明代表大会的意义，并为筹集资金组织出售认捐券，当时估计为 5000—6000 法郎。

紧接着，也是在 2 月，组织委员会向各国工人发布了第一号通告，其中包括关于组织委员会成立的通知，对参加代表大会和提出建议和提案的首次邀请。邀请是向所有"承认工人组织及其参与政治活动的必要性"的工会和社会党发出的。通告印成德语、法语和英语，发往我们知道地址的一切地方。

全体委员会通常每月召开一次会议，其间，根据需要经常召开规模较小的执行委员会。详细的通讯报道都被送交全体委员会传阅。地方上的筹备工作也及时展开。

1892 年 9 月 1 日，组织委员会主席向正在格拉斯哥举行的英国工联年度代表大会发出了参加苏黎世代表大会的特别邀请。

但是，在格拉斯哥召开的这个代表大会毫不重视我们的邀请信（只是在多次提出意见之后他们才注意到此信），反而委托议会委员会立即在伦敦召开一次讨论八小时工作日的国际代表大会。在这种情况下，组织委员会不得不迅速采取行动。它首先向大不列颠和爱尔兰的工联、工联理事会和工人组织发出了一个特别通告。通告指出，苏黎世代表大会是在格拉斯哥代表大会之前一年在布鲁塞尔有不列颠代表参加的情况下确定的，国际代表大会只有经过国际协商同意后才能召开。通告继续指出，最重要的一些国家的大工人组织已经决定向苏黎世代表大会派遣代表，并且组织委员会在向格拉斯哥代表大会发出邀请书的同时，还特别邀请不列颠工会派代表参加我们的大会。

继 9 月 28 日的特别通告之后，我们很快又于 11 月 15 日向各国工人发出了第二号通告，向他们介绍了我们所采取的步骤，通知他们暂定的议程，并表示希望他们最迟在 1893 年 2 月底之前把新的提案送来。

在发出这两个通告之后，组织委员会收到大量来自各国（其中也包括来自英国）的赞同声明，于是议会委员会收回了它的邀请，并为误解表示道歉。

因为至 1893 年 2 月中旬收到了大量提案，看来有必要就其分类、参加代表大会的规定草案和关于代表大会的议事规程取得一致意见，组织委员会遂订于 3 月 26 日在布鲁塞尔召开一次预备会议。被邀请参加预备会议的单位如下：法国是中央革命委员会、工人党和劳工联合会；德国是党①的委员会和工会总委员会；英国是议会委员会、伦敦工联理事会、社会民主联盟、独立工党和一些较大的联合会；此外还有比利时、丹麦、荷兰、意大利、奥地利和瑞典社会党的中央领导机关。一些距离较远的国家大概根本不可能参加会议。

通告还附加了经过组织委员会讨论的参加代表大会的规定草案和大会议事规程草案以及按照材料分类的提案。根据后来对组织委员会提出的反对意见来看，迄今为止还没有哪一届代表大会如此及时地向参加者提供这样多草案供他们预先讨论。

预备会议按原定时间在布鲁塞尔举行，几小时内就完成了它的工作。筹备工作得以根据它的决议进一步展开。由于没有关于大会的一项主要议程——八小时工作日的提案，组织委员会认为有必要以瑞士组织的名义制定一份草案，同样，也有必要制定一项人民直接立法的草案。包括全部提案和代表大会的时间和地点及给代表们的其他通知的第三号通告于 6 月 15 日发出，以便欧洲和美洲的组织能及时收到它。

7 月初，组织委员会接到法国和德国同志的申请，他们希望把代表大会推迟到 9 月 17 日举行，因为法国众议院可能于 8 月 20 日举行选举，选举前几周要把全部力量投入宣传工作，所以很难向代表大会派出代表。

组织委员会立即于 7 月 4 日就这一申请进行了认真商讨。虽然有关选举的正式通知目前还没有公布，但组织委员会还是立即采取了必要步骤，以确保代表大会一旦推迟以后的地点问题。组织委员会同样还就推迟代表大会问题发电报询问法国同志；之后又去电询问不列颠工联议会

---

① 指德国社会民主党。——编者注

委员会，推迟代表大会是否会同年度代表大会发生冲突从而使工会代表不能出席。

我们的紧急询问没有得到迅速的回答，所以组织委员会到 7 月 12 日才有可能讨论这件事情。法国的选举日期始终没有正式宣布；在巴黎的瓦扬同志认为，选举日期推后不是绝对没有可能的；议会委员会认为，推迟代表大会将使大不列颠不能派大批代表参加。对较远的国家的组织，组织委员会只能用电报通知推迟的意见，但澳大利亚代表接到通知时已在途中，美国代表的情况可能也是如此。根据这种情况，组织委员会认为推迟大会已不再可能，因而不再改变已确定的开幕日期。

筹备委员会的委员们赶紧把这个决定通知法国、德国和英国的同志们；遗憾的是，有一项通知耽误了一些时间，结果遭到了指责，但组织委员会很快就满足了所提的意见。

剩下不多的时间被用来完成地方上为代表大会及参加大会的代表所做的准备工作。即使开这样的大会抱怨是不可避免的，我们也希望代表大会的参加者能获得这样的印象，即组织委员会做了一切事先能够预见到的准备工作，以促进大会顺利召开，并为代表们创造尽可能好的住宿、交通和交谈的方便条件。工人阶级中的许多人对此提供了帮助并热情参与各种活动，在此谨致谢意。

但是，代表大会的开支结算比预计的高出很多。账目直到现在尚未结清；开支接近 8700 法郎。之所以在这里要提一下这件事，目的是为了使以后开这种代表大会的地方对相关开支能有一个估计数。

苏黎世代表大会的普遍性及代表性的最好证明，就是大量印发的关于各国运动的报告；提供这样大量的报告过去是从未有过的。

提供报告的有下述国家，它们的报告所使用的语言在括弧内注明：澳大利亚（英文），保加利亚（德文），丹麦（德文），德国（德文），大不列颠、社会民主联盟（英文），煤气工人和杂工联合会等（德文），意大利（法文），挪威（德文），奥地利（德文），匈牙利（德文），克罗地亚（德文），波兰、全国代表团（德文），《工人事业》（德文），罗马尼亚（法文），瑞士（德文和法文），瑞典（德文），西班牙、社会主义工人党（法文），劳动者总同盟（法文）和美利坚合众国（英文、德文和法文）。

所有这些报告加起来有本小书那样厚，于是出现了一个问题：是否将这些报告作为代表大会记录的附件出版。但翻译和印刷的费用相当可观，只有在销路很好的情况下才能补偿，但能否有这么大的销售量还是一个问题。因此，我们不得不暂时放弃出版。

当然苏黎世代表大会也出现了一些令人遗憾的现象，一部分是由于法国代表团中重要先驱战士的缺席而造成的缺陷，这件事使组织委员会比任何人都感到遗憾；一部分是因为某些代表大会多数代表不愿意与之打交道的人[1]坚持要求挤进来。参加大会的条件问题在苏黎世代表大会上变得十分尖锐，这个问题可能对今后的代表大会十分重要，它的解决能使将来避免许多无益的争论。

社会主义运动的反对者当然很看重这些不和，遗憾的是社会党人自己在这方面也帮了他们的忙，但要否认或抹杀苏黎世代表大会已达到自己的目的是枉费心机的；这次代表大会粉碎右的和"左"的阴谋而成为国际社会民主工人运动的一次盛大集会，它克服了一切"分裂"行为而向深度和广度胜利进军。

海尔曼·格罗伊利希

受委托撰写

1894 年 5 月 15 日于苏黎世

---

① 指无政府主义者。——编者注

第一次会议

（1893 年 8 月 6 日上午）

　　巨大的音乐厅装饰着用参加代表大会的 16 个国家的文字写成的国际工人运动的战斗口号：全世界无产者，联合起来！主席台上方悬挂着一幅瑞士艺术家玛格丽特·格罗伊利希绘制的马克思的出色画像，画像周围饰以红旗。

卡尔·毕尔克利致欢迎词

　　10 点刚过，组织委员会主席、欧洲社会主义的老战士**卡尔·毕尔克利**宣布代表大会开幕，致欢迎词（然后他又用英语和法语重复一遍）：

　　尊敬的同志们！我能在我出生的城市欢迎各国工人的代表来参加这个庄严的大会，感到十分高兴。我曾经参加过 60 年代最初的几次国际[①]代表大会——日内瓦、洛桑和巴塞尔的代表大会。今天与当时多么不同啊！在不到四分之一世纪的年代中无产阶级运动取得了多么大的进展！**当时**是一些朝气蓬勃的分子组成的小协会，而今天聚集在这里的真正是千百万组织起来的工人的代表……并且还有千百万人在注视着我们的工作。

---

　　① 这里指第一国际，即国际工人协会。——编者注

资产阶级曾经许诺过但没有兑现的东西，就是组织起来的无产者当前的任务：和平、自由和所有人的幸福！资本主义使欧洲堆满了武器；这些武器首先是用来对付奋发向上的无产阶级的；这些武器阻止人们去争取自由、民权和参与分配无产阶级自己创造的财富。对各国人民的这样一种煽动，即去互相残杀似乎是各国人民仅有的利益所在，是在给不断增加军费寻找借口。

资本主义造成大多数民众的贫困，使他们的生活条件恶化，生活资料变少，毁坏了他们的健康和生命力，给他们带来了忧虑、饥饿和痛苦。

作为私人掠夺经济，资本主义甚至使**大自然**荒芜，森林遭到滥伐，地力被耗尽并使气候变得恶劣，造成如傅立叶早在 80 年前就预言的气候剧变：干旱和洪水，酷热和严寒，还有可怕的暴风雨和大雷暴。这一切仅仅是为了获得利润，以便使"掌握着掠夺国家的"资产阶级的私有财富堆积如山。**但丁的《地狱篇》**没有描绘出这种群众性贫困，也没有勾画出资本主义的天堂。

只有无产阶级才对消灭当今社会的荒谬现象——世界经济和不断出现的战争危险；少数人拥有大量财富和群众性贫困——有切身的利害关系。如果人类发展规律确实存在的话，以公有经济替代私人掠夺经济就是一个更高的发展阶段，它必然要代替今天的发展阶段。这样一条规律一定存在，它装在全人类的胸中！全世界无产者已开始去完成他们的伟大的历史使命；他们开始去夺取政权和获得权利；他们在一切地方为改善自己的境况而斗争，以便为争取自己的解放而积聚力量。

各国有组织的无产阶级一致认为，**各国无产者的团结**是促进各国人民团结的最有效的手段。这次代表大会应在指导和组织我们的斗争手段方面取得重要进展，它应赋予我们新的力量去完成我们的伟大使命。

因此我们欢迎你们大家，你们来到这里为的是在我们瑞士的国土上开会，瑞士以其不同人种（德国人、法国人、意大利人和莱托—罗曼人）的联合和民主的人民权利成为**欧洲联邦**和未来的世界共和国的**小小榜样**。

解放这个词在这里应不受任何约束。愿作为代表大会标记的兄弟情谊的精神在凡是出现观点分歧的地方也鼓舞我们每个人。在使我们团结起来的伟大思想面前这些分歧是微不足道的，这个伟大思想就是：工人阶级自己解放自己。（热烈鼓掌）

在组织委员会副主席、工人书记格罗伊利希的主持下，代表大会开始讨论大会议事规程。

代表大会在经过较长时间的讨论后，以 243 票对 53 票通过了由瑞士组织委员会提出的议事规程。

代表大会议事规程

1. 各国代表于星期日上午 9 时代表大会开幕之前，在组织委员会指定的地点集合，等候进行资格审查；同时他们要委派他们参加主席团的代表，包括翻译人员在内。

2.10 时全体代表在代表大会开会地点集合举行开幕式，确定议事规程和大会议程，以及成立讨论议程上的各个问题的专门委员会。

（下午向代表大会宣读公众的贺词）

3. 代表大会每天举行两次会议，上午 9—12 时和下午 3—6 时。星期六下午休会。

4. 代表大会在第一次会议上任命每天会议的主席，从各与会国中选出。由每个国家派出的代表组成的主席团，从其成员中确定担负各种实际工作（秘书、翻译等）的人选。

5. 讨论议程上的各个问题的专门委员会由各国自己选出的代表组成。

6. 关于各国工人运动的进展情况和现状的报告不作口头叙述；这些报告要用组织委员会通告那样大小的纸张（每页长 193 毫米、宽 109 毫米），用德文、英文或法文（也可以同时用这三种文字）印好，交组织委员会分发给与会代表。

7. 发言者须向主席团提出书面要求。

8. 所有提案要书面提出。专门委员会的提案以及至少有 10 名代表附议的重大提案，用法文、德文和英文印发给各个代表。重大提案只有在印出来发到代表手中后才能进行表决。

9. 报告人讲话时间为 20 分钟，其他发言者 10 分钟。还没有就一个问题讲过话的发言者可以在要求第二次发言的人之前讲话。同一发言者不能就同一问题作两次以上的发言。

10. 提案、报告和讲话将翻译成英文、法文和德文。

11. 一般按人头表决。在涉及原则性的重大问题时，对一个国家的提案按国家进行表决。如多数国家赞成，提案就获得通过。

12. 代表大会的一切会议都是公开的；新闻报道员报到后由组织委员会单独安排座位。

参加大会的瑞士人自然特别多，为了避免在进行表决时出现瑞士人比重过大的现象，瑞士同志们在全场热烈的掌声中宣布，在表决时他们只有 20 人参加投票。大会宣读了来自（德国）各邦的许多电报，并于 12 时后休会。

下午 2 时苏黎世工人举行了在苏黎世前所未有的游行；许多城市的

联合会和代表团也来参加。仅温特图尔市就开来一列载有 1500 名参加游行的人的特别快车。参加游行的单是有组织的工人就至少有 10000人。当游行队伍从挤得满满的城市街道穿过时，数以千计的抱同情态度的苏黎世工人居民以友好的欢呼向游行队伍致意。当然在整个游行过程中没有发生任何事件。政府当局对人民采取的政治态度和立场的特点在这里也表现出来了，例如，这里的政府没有做任何可能给游行带来困难的事情。当高级中学保守的校长拒绝让游行队伍在州立学校体操馆举行集会时，州政府毫不犹豫地同意提供使用。同样，苏黎世市政委员会也命令有轨马车联合会从下午 2 点半到 6 点在游行队伍通过的所有街道停止营业。

　　游行队伍的最前面是十几面旗帜；各个工会组织都举着自己行业的标记（部分是复制的，部分是原件）。例如，木工举着用刨花制作的一面旗帜，上面有一幅象征协会目标的漂亮的画；装订工抬着一本写有"知识就是力量"的大书；印刷工人举着一个大标语牌，正面写着："国际工人报刊万岁"，反面贴有欧洲和美洲各国工人报刊的名称，名称周围有一句题词："文字比刀剑更有力量"。游行队伍的后面有一个大标语牌，上面画着一只大蝗虫，在它下面写着：**资本主义**。这个贪婪的、把土地变成沙漠的资本主义的象征在整个游行过程中最受人欢迎。

　　儿童队伍受到特别的欢迎。一个漂亮的小女孩穿着白色连衣裙，头戴红色圆锥形小帽①，肩上扛着一面红旗。另一个女孩扛着一幅标语牌："父辈的努力将造福于我们"。紧随其后的是几百名拿着花束的男女儿童，末尾是一支由女童工和女工组成的壮观的队伍。游行队伍在晴朗的天空下经过阳光灿烂的街道走向州立学校的高地，在那里举行了声势浩大的几千人集会，在热烈的掌声和欢呼声中**格罗伊利希**、设菲尔德

---

　　①　法国大革命时期雅各宾党人戴这样的帽子，用来象征自由。——编者注

的**霍布森**、布鲁塞尔的**沃尔德斯**、**倍倍尔**和米兰的**屠拉梯**都讲了话。

　　大会结束后，游行队伍重新组织起来向火车站广场进发，在那里人们尽情地高呼"国际革命社会民主党万岁"的口号，随后就解散了。

第二次会议

(1893 年 8 月 7 日上午)

通过主席团人员组成

格罗伊利希宣布开会，他根据议事规程提出建议：会议主席安排如下：第一天德国人，第二天法国人，第三天英国人，第四天奥地利人，第五天比利时人，第六天意大利人。这项建议没有人反对，一致通过。第一个坐上主席座位的是**保尔·辛格尔**。

主席团由下列人员组成：**辛格尔**（主席）；**阿尔吉里阿德斯**（副主席）；**屠拉梯、路易莎·考茨基、约翰·霍奇、德莱昂**（记录）；**艾威林夫人、斯密斯、赖曼、博尼埃、安·肖伊**（翻译）。

辛格尔对委托他担任主席表示感谢。他说：我今天以特别愉快的心情代表德国社会民主党担任主席，因为对我们德国人来说，今年 8 月的这些日子同时还勾起了我们愉快的回忆。再过几天就是德意志工人协会联合会纽伦堡代表大会通过国际章程 25 周年纪念日。德国无产阶级用这个行动承认了通过阶级斗争的国际组织推翻资产阶级的必要性。

从那以后我们在德国就关心促进国际团结，在我们的一切斗争中我们都感觉到，我们是同全世界无产阶级连在一起的；而其他国家的同志们不仅在我们受迫害的困难时刻声援我们，而且经常向我们表现出高度的友谊和国际团结精神，并且在几个星期前再次表现了这种友谊和团结精神，因而我在这里要讲的第一句话，就是以德国社会民主党的名义对此表示我们的感谢。

将来我们同样会一如既往地继续工作；因而这个工人议会也将成为工作议会，我们的工作将为我们迎来社会主义的红旗在全球胜利飘扬的那一天。（十分热烈的鼓掌）

关于参加代表大会的规定

代表大会开始讨论**布鲁塞尔预备会议提出的关于参加代表大会的规定**。这些规定如下：

"1. 一切工人工会，以及承认工人组织和政治行动的必要性的社会党和团体都可以参加代表大会。

2. 每个国家审查自己成员的代表资格，制订合格的和可能不合格的代表的名单，并把名单和委托书一起交给组织委员会执行委员会印刷，然后再送交代表大会主席团。

3. 在是否允许参加大会的问题上如果发生争执，首先由大会主席团作出裁决；如果对这个裁决还有争议，则由代表大会作出决定。

4. 被确认的代表由组织委员会发给写有他们的名字的代表证。"

克费（巴黎，排字工人）提议删去参加条件中关于政治行动的那一段。同战斗的无产阶级手携手地共同前进的一切政治派别的无产者都来到这里，尽管他们还是不赞成政治行动，但怀着最美好的愿望为工人阶级的利益而工作。正如我们已经同意的那样，一切扰乱秩序的人将被赶出去，但必须允许每种政治观点在这里得到发表，并给每位无产阶级先锋战士在这个大厅里保留一个座位。我受法国代表团多数派的委托提出下述关于参加条件的修正案：

　　"一切职业性的工人联合会，以及一切承认工人组织的必要性的社会党和团体都可以参加代表大会。

　　　　　　　　帕·阿尔吉里阿德斯、A. 博内、J. 莫容奈
　　　　　　　　A. 克费、圣多曼格、E. 德盖、埃·盖拉尔
　　　　　　　　B. 莫尔蒂埃、V. 勒努、路易·费里
　　　　　　　　莱昂·雷米、马尔尚、玛丽安娜"

　　汉特·瓦茨（英国）：工联的代表们决定，坚持布鲁塞尔预备会议关于参加代表大会的规定第 1 条的全部内容。当然会产生这样的看法，即工联或许也会被排除在外，因为它的部分成员也不支持政治行动。所以第 1 条必须在对它作最广义的解释的基础上加以保留，这就是每个工会代表都可以参加，而不管他所属的工会是否参与政治活动。关于无政府主义者，英国人认为，必须拒绝每个坚持无政府主义原则的人参加，但如果那些签发代表证书的工会或协会本身并不实行无政府主义理论，则不应拒绝。

　　博尼埃（以法国代表团少数派名义）主张保留布鲁塞尔的规定：今天工会运动要脱离政治已不再可能了；自然没有一个工会是无政府主义的，因为这同工会的本质是矛盾的。今天所说的无政府主义者，不是头脑糊涂的人就是挑衅分子的代理人。

　　兰道尔（柏林，《社会党人》编辑）基本同意克费的观点；他提议取消关于承认工人组织的必要性的规定，因为每个团体、每个政党和工会都满足了这个不言而喻的前提条件；同样也应取消关于政治行动的规

定，因为如果这不是指议会活动的话，这句话就毫无意义；这个问题应由代表大会来决定。应该允许无政府主义者参加，如果无政府主义者——像他那样——是**社会主义者**的话。（全场大笑）

然后他还想强调指出，根据德国现行的结社法，代表根本不可能由政党和联合会来选举。相反，代表一般都只是由公开的群众大会来选举的，而这种群众大会似乎是受到某一党派支持的。根据他的这种说法，在昨天德国代表团的预备会上他当然因此而被倍倍尔说成是警察局的奸细；这是严重的侮辱，他对此表示抗议。

因此，他提出一个建议，所有那些在公开的群众大会上当选的代表，如果他们背后有某个政党的支持这个前提条件得到满足，就应当得到承认。根据这一观点，参加代表大会的条件应作如下规定：

> "一切工人工会，以及社会党和团体都可以参加代表大会。有些国家由于现行的刑法和结社法的束缚，不能选出真正的代表，对所有这些国家来说，在公开的群众大会上选举出来的代表都应得到承认，如果这种集会明显是受到一个政党的支持的。"（有人激烈反对，也有人鼓掌赞成。）

莫布雷（伦敦，国际裁缝工会代表）：不应搞宗教裁判所。代表大会就是一个每个人都有权发表意见的公开集会。我们不想对所有意见施加影响。但多数派显然只想开成一个社会民主党的代表大会，他对此表示坚决反对。有人可以是一个很好的工会会员，但同时又是一个无政府主义者。举个例子：我自己就是。（全场活跃）少数派始终受到压制，如同现在在社会民主党的集会和代表大会上无政府主义者所受到的对待那样。政治行动这个概念伸缩性很大，无政府主义者也根本不反对任何政治行动，难道说刺杀亚历山大二世就不是政治行动？德国社会党人或迟或早也将不得不转向暴力的政治行动。那么无政府主义者和社会民主党人之间的根本区别究竟在哪里呢？不应压制少数派。

主席**辛格尔**：有人送来下面这个提案：

"我们建议对关于参加代表大会的规定第 1 条作如下补充：

所谓政治行动指的是，工人政党努力利用或设法夺取政治权利和立法机构，以促进无产阶级利益和夺取政权。

阿德勒博士、B. 爱德华兹、奥·倍倍尔

卡·考茨基、李卜克内西、杨科夫斯卡

娅-门德尔森夫人、奥托·朗格"

我将这项提案提交讨论。

倍倍尔：在说明我和我的朋友们的提案的理由之前，我先回答兰道尔的个人质问。兰道尔昨天在德国代表团会议上严重警告从德国来的各个联合会的代表不要参加代表大会，因为这样做会同现行的法律发生冲突，并且会受到严厉的惩罚。（**兰道尔**：这不是事实。）倍倍尔：您假装不知道您昨天在发言中讲过这些话。（热烈的赞同声）我仅仅表示了我的惊讶：一个平时喜欢自诩为最激进的人，在这里讲起话来却像一个警察。根据兰道尔今天的发言来看，我的这种观点没有什么要改变的。（鼓掌，无政府主义者激烈打断他的话。）关于这个问题对我来说已经了结。

兰道尔今天的讲话有一个作用：这个讲话使我相信，布鲁塞尔决议的文本是可以作种种解释的。在布鲁塞尔每个人当然知道，对所谓政治行动应作何理解。但是为了避免发生任何误解，我同考茨基、阿德勒、朗格、爱德华兹、李卜克内西提出了上面宣读过的提案。

我们的态度是从经验中得出来的。把无政府主义者同我们分开的是原则性的对立；我们的立场是如此不同，以致每次讨论都是多余的。在所有原则问题上的尖锐对立使允许无政府主义者代表参加将只会带来一个后果：浪费时间和最终使代表大会的讨论毫无结果。专门指出工会是毫无意义的，所有的工会都是立足于阶级斗争的基础上的；它们都同意使用在反对资本主义的斗争中能保证它们获得胜利的一切手段；它们也都一致同意用政治斗争来实现它们的要求。正是英国工会多年来通过它建立的议会委员会提供了最令人信服的证明：凡是在它相信靠它自己的力量不能够实现它提出的要求的地方，它都在利用议会主义手段和立法机构。

前几届代表大会都采取了这种立场。在劳工保护立法问题（八小时工作日、禁止使用童工和禁止上夜班等）上，不管巴黎代表大会决议还是布鲁塞尔代表大会决议都是在这样的前提下拟定的，即它们应该得到实现，并且只有通过立法的途径才能实现。如果所有这些要求构成我们当前讨论的基础，如果我们商谈的目的是就夺取政权的方法和途径取得一致意见，那么这班先生们在这里就无法再图谋什么了。

如果有人提出反对意见说，只是这次代表大会才必须对政治行动的手段作出决定，因为荷兰人也反对议会活动，这是不正确的。当然我们同荷兰人有分歧，但是在有一点上我们同荷兰人有共同的基础。荷兰人没有根本拒绝参加普选，而且他们的宣传活动的一部分就是以争取普遍的、平等的政治选举权为目标的。我们之间的分歧点仅仅在于参加议会斗争的规模。

无政府主义者是另一回事。他们拒绝参加任何议会斗争；哪里有普选权，他们就放弃使用它；哪里需要为工人阶级争取普选，他们就进行抵制，因为他们认为这是多余的。

在这种原则性意见分歧的情况下，我们德国人决定结束辩论。要知道，先辩论三天，然后再请这些人出去，因为他们不是我们自己的人，这肯定不是一件舒服的事……（**兰道尔：**您特别想把我们赶出去，因为我们使您不舒服！）我们德国人当然希望你们在这次代表大会上没有任何发言权。你们可以为自己召开一个特殊的代表大会，就像那些持基督教社会观点的人所召开的单独的代表大会一样。在这方面，正如我们在右边画了一条分界线一样，我们同样决定在左边也画一条分界线。

如今，当这帮无政府主义先生们被人们尽量排挤到次要地位时，他们就冒充**社会主义者**了。这些无政府主义或"独立派"的先生们究竟想干什么呢？他们没有共同的立场，没有共同的原则，没有纲领，也根本没有共同的名称；他们根本不知道他们想干什么。他们有多少人就有多少种意见。他们只有一个共同点：同德国社会民主党作斗争。读一读他们的报纸，就会获得这样的印象，好像资产阶级根本不存在，他们的头号敌人是社会民主党。我们不能同这样一个宗派进行讨论，我们必须明确和坚定地说出来，谁可以参加代表大会和谁不能参加。

（倍倍尔的讲话一再被响亮的掌声所打断，讲话结束时受到代表们和旁听者的非常热烈的鼓掌欢迎。在场的无政府主义者和独立社会党人大叫大嚷，以致人们听不清楚讲话者的声音。因此辛格尔要求瑞士组织委员会的一些同志设法维持秩序。）

美国犹太工人代表**卡恩：**出席代表大会的法国代表们无权在这里充当法国的代表。当我们在这里还在辩论是否要参加政治行动的时候，恰恰是那些正在做政治工作的人没有在这里，而我们还想在这里就政治工作问题进行表决。如果这些法国代表出席的话，那么摆在我们面前的决议就会是另一个样子。当我们美国代表出发时，我们知道我们是来参加社会民主党人和工人组织的代表大会的。无政府主义者看来自然不知道这点；这当然是不足为奇的，因为他们时刻都在改变他们的信念。开始时他们像反对任何一个组织一样反对工会组织，现在他们正在投入工会运动，但他们只是把工会运动当做宣传他们思想的幌子。当我们在这里想同无政府主义者辩论时，无政府主义者有多少，我们就不得不听取多少种意见；他们只有在一点上是一致的，那就是反对任何代议制。但是如果有人是代议制的反对者而又在这里作为一个组织的代表发言，那么在我看来就像有人想吃油炸冰淇淋一样。独立党人和无政府主义者在这里要最温和的工人运动形式——工会，但如果他们到美国去，在那里他们就会同手持炸弹的人握手。有人在这里把谋杀亚历山大二世的事件扯到辩论中来，以此证明无政府主义的行动也可能是一种政治行动。但这是完全错误的。谋杀亚历山大二世的不是无政府主义者，而是社会主义者，这样做正是出于对无产阶级参加政治活动的必要性的坚定信念：他们之所以谋杀亚历山大二世，恰恰因为他是代议制的反对者。我和美国代表们将投票赞成布鲁塞尔预备会议的提案和倍倍尔的修正案。

科尔纳利森（荷兰）：在布鲁塞尔预备会议上已经决定，关于参加大会的规定的第 1 条必须附上少数派提案的意见，即荷兰人希望取消最后一段。我们来到这里为的是使我们团结起来，而不是互相排斥。如果人们一方面允许**一切**工人工会参加，那么另一方面也应该允许**一切**社会主义团体参加。我们可能会问，是不是每一个人都确信工人组织的必要性，而受工人组织的委托而来的人对这个问题已作了肯定的回答。现在，还有一句话是针对倍倍尔的。倍倍尔说"年轻人"不是一个党派。但倍倍尔无权对年轻人是不是一个党派作出判决。在涉及布鲁塞尔决议的问题上，我们赞成法国代表团的观点，荷兰人在这个问题上是完全一致的；没有任何对此会持不同意见的宗派。只是偶尔有一两个人声言反对我们……因为他们有钱。我们希望法国人的提案能被通过成为决议。（法国人和荷兰人鼓掌）

上午会议休会。

第三次会议

（1893 年 8 月 7 日下午）

关于参加代表大会的规定

（继续）

英国代表们通过**霍布森**发表声明：他们提议结束辩论；如果这个提案遭到拒绝，他们将在每个发言人讲话之后重新提出；他们已下定决心，无论如何都要结束这个无益的辩论；这只能是浪费时间，因为事实上这个问题要在讨论大会的第三项议程时才能得到解决。

绝大多数代表决定**结束辩论**。对**沃尔德斯**提出的下述决议案进行了表决：

"由于只有比利时代表团坚持布鲁塞尔代表大会关于参加大会条件的决定和布鲁塞尔预备会议的决议，比利时代表团提议，代表大会在通过已提交大会的规定文本时按国家进行表决。"

按国家进行表决的结果：德国、比利时、保加利亚、丹麦、挪威、荷兰、匈牙利、意大利、波兰、罗马尼亚、俄国、美国和澳大利亚一致赞成，奥地利除 3 票反对外都赞成，英国除 7—8 票反对外都赞成，瑞士除 2 票反对外都赞成。西班牙反对。法国弃权。荷兰事后声明，它认为，只是在这个提案表示允许无政府主义者等参加的情况下才赞成这个提案的，否则就不赞成。

　　对倍倍尔及其他同志们的提案也要单独进行表决。沃尔德斯反对这样做，他根据议事规程声明说，既然通过了比利时的提案，其他任何提案，包括倍倍尔的修正案在内，也就无效了。由于主席团里有人对此也有不同意见，辛格尔便要求大会进行表决：对倍倍尔的补充提案是否要单独表决。代表大会根据大多数人的意见决定，除倍倍尔的补充提案外，其他一切提案和修正案由于已进行的表决而归于无效。

　　倍倍尔的补充提案随即得到通过。按国家表决结果如下：德国（除兰道尔、韦尔纳等人外，他们的委托书没有得到承认）、澳大利亚、保加利亚、意大利、丹麦、美国、罗马尼亚、俄国、塞尔维亚、挪威、匈牙利一致赞成；英国（除6票外）、奥地利（除3票外）、瑞士（除2票外）赞成；比利时一致反对，荷兰（除2票外）反对；西班牙缺席；法国和波兰弃权。

　　表决之后，印刷工**韦尔纳**（柏林）对着整个大厅叫喊："我们抗议，这是一个工人代表大会。"

　　韦尔纳及其一伙的骚扰造成几分钟的混乱。在台上的独立党人试图冲进大厅。大会讨论由于骚乱而陷于停顿；最终人们不得不把韦尔纳、兰道尔等人赶出大厅。

　　恢复平静之后，**德盖**以法国代表团的名义发表声明，法国之所以在表决时弃权，只是因为他们的提案并未付诸表决。他们根本无意谴责政治行动；那些表示反对布鲁塞尔决议的人根本不是无政府主义者，而是革命委员会、工联组织、劳动介绍所的代表……

　　但他们不想把这些人排除在外，这些人同其他的战斗的无产者只有一点区别，就是他们摒弃政治活动。有一些人自称是无政府主义者，而实际上根本不是无政府主义者，因为他们承认工会运动的必要性。当人们把"全世界无产者，联合起来！"的口号用各种文字挂在墙上时，也就应当允许一切派别的无产者参加。如果通过法国提案，那就不会发生我们刚刚亲眼见到的那种尴尬事件了。

最后他以法国代表团的名义发表一个声明，他们完全赞成昨天的游行，但是不能不表示有点遗憾。昨天在庆祝大会的会场上瓦扬被阻止入场而让比利时人沃尔德斯代替他讲话。沃尔德斯确实讲了很动听的话，每个法国人都同意他的话；但伟大的法兰西民族也应该有权讲话。勒努同志已经被指定为庆祝大会的演讲人，但却不让他讲话。

格罗伊利希马上声明，他在这样多的参加者中间没有注意到勒努，否则一定会让他讲话的。但首先勒努应自己到讲台上来。要组织这样一场大规模游行，而且还要去寻找勒努公民，这未免太忙不过来了！（场内活跃）

勒努声明，他个人不同意德盖有关他打算在庆祝大会上发表讲话的声明。但对格罗伊利希他也要提一点意见，他当时离讲台很近，因而是不难找到的。

沃尔德斯以比利时人的名义声明，反对对倍倍尔的补充提案所进行的表决，他认为，通过第一次表决这个补充提案也就无效了。

伊格列西亚斯（西班牙）说，他之所以在第一次投票时反对决议案，只是因为他理解错了，他本来会投票赞成这个决议案及倍倍尔的补充提案的。西班牙社会党人仇恨无政府主义者，因为他们看透了无政府主义者。

根据德国代表团的提议，关于参加代表大会的其他规定以压倒多数票获得通过。

代表大会议程

接着开始讨论大会议程本身。

一项提案要求完全接受已书面提出的大会议程。

米勒（罗马尼亚）提出一个提案，要求把对罗马尼亚和其他欧洲国家有重大意义的农业问题列入议程。苏黎世代表大会一定要讨论这个问题，因为这是由布鲁塞尔代表大会遗留下来交给它解决的。

支持这个提案的有塞尔维亚、保加利亚、意大利、西班牙、荷兰等国代表团。

代表大会决定，把农业问题列入议程。

法国代表团提议，把总罢工问题也列入议程；对这个提案按国家进行了表决。12 个国家赞成，它们是：澳大利亚、美国、比利时、保加利亚、丹麦、法国、荷兰、匈牙利、塞尔维亚、挪威（以上一致赞成），英国以微小的多数票赞成；6 个国家反对：西班牙、意大利、俄国一致反对，德国除 3 票外反对，瑞士除 1 票外反对；罗马尼亚弃权。

现在大会议程包括以下各个问题：

1. 在国际上贯彻八小时工作日的措施。

2. 关于庆祝五一节的共同规定。

3. 社会民主党人的政治策略：

（1）议会制度和选举宣传；

（2）人民直接立法。

4. 社会民主党对战争的态度。

5. 保护女工。

6. 在国内和国际上扩大工会组织。

7. 社会民主党人的国际组织。

8. 农业问题。

9. 总罢工。

10. 其他。

下午会议于 6 时休会。

第四次会议

（1893 年 8 月 8 日上午）

阿尔吉里阿德斯（法国）任主席，**王德威尔得**博士（比利时）任副主席。

阿尔吉里阿德斯宣布开会并作了简短的讲话①：今天在这里的法国人尽管人数不多，但他们代表一切派别，首先是代表劳动的法国，代表真正的无产阶级。如果说法国人流露出来的感情和他们表达意见的方式比较强烈和激昂，那么这是由于他们的气质造成的。但法国人希望，大厅里在**马克思**的画像旁边也能挂上其他国家的先驱者的画像，如布朗基、傅立叶、圣西门的画像，因为这些人对建立科学社会主义全都作出过贡献。

主席向代表大会宣布收到了无政府主义者和独立社会党人就他们被赶出会场一事提出的抗议和拉甫罗夫的一封贺信。抗议信如下：

"我们这些在下面签名的人被我国的一个小组宣布失去代表资格。我们对此提出最坚决的抗议。他们以意见分歧为理由把我们开除。我们不承认任何人有这样的权利，因为我们和代表大会的许多参加者有不同的政治信念，或者因为我们大概是无政府主义者而把我们排除在代表大会外。我们不是一些没有委托书的单个的人，而是工人组织的代表，这才是唯一和代表大会有关的事。"

---

① 阿尔吉里阿德斯讲话的全文见附录。——编者注

奥地利代表团提出下述提案：

"为了支持目前正在罢工的英国成千上万的矿工为他们的美好权利同时也为全世界工人的利益而进行的斗争，正在举行的苏黎世社会党人代表大会对他们表示声援并预祝他们获得最圆满的胜利。"

代表大会在热烈的欢呼和掌声中通过了这个提案，同时还决定在代表中举行募捐以支援进行罢工的矿工。

皮卡德（英国，英国议会矿工议员）对这个声援声明表示感谢；虽然人们在这里讲的语言多种多样，但在这里占优势的是心中的语言。至于谈到物质支援问题，那么尽管现在有 20 万矿工踟蹰街头，但眼前还不需要物质支援，当然他们会把这些捐款当做声援他们的诚心诚意的表示以感激的心情接受下来。

德国代表团表示为支援矿工捐款 500 法郎，法国代表团捐款 270法郎。

纽文胡斯说，他和整个荷兰代表团昨天获得这样的印象，即随着对沃尔德斯的提案进行的表决，其他一切修正案也就无效了；只是在这种前提下他们才投票赞成沃尔德斯的提案，但是主席又让对倍倍尔的提案进行表决。他抗议这种做法；他以良好的信任为前提，首先问自己"这样做是否正当"。倍倍尔的修正案意味着对自由言论的一种限制；通过对这个修正案的表决，人们把多数人的观点强加给了少数人。荷兰抗议对参加大会的条件作出限制，并提议重新进行表决；他相信，如果对沃尔德斯的提案重新进行表决的话，那么得到的结果将会同昨天的表决结果有很大的不同。根据昨天的表决所得到的印象，必须将上面这张画像（马克思像）蒙上黑纱，因为"全世界无产者，联合起来！"这句口号已被贬低了价值而成为一句空话了。

沃尔德斯也以极为不满的方式批评昨天会议主席处理的方法，并要求代表大会重新进行表决。他毫不怀疑，比利时人的提案排除了所有修正案，同时也不怀疑，德国代表团中也有许多人不同意倍倍尔的修正案。

阿尔吉里阿德斯向代表大会询问，是否还要对昨天的提案重新进行一次表决，或者直接转入大会议程。

奥利维埃（英国）主张结束辩论并转入大会议程；今天已经浪费了一个半钟头来谈论已经解决了的问题，在议程上还有 11 个重要问题要讨论；如果头一天决定了的事情第二天都要再来批评一通，那会把大会引导到哪里去。

接着代表大会以绝大多数票决定转入大会议程。

组织委员会秘书**宰德尔**向大会通报收到了许多贺信和贺电①。

代表资格审查委员会报告

接着由代表资格审查委员会提出报告。

英国 65 名代表，代表 44 个政治组织和工会组织，其中有 9 个组织完全是由犹太工人组成的。**奥地利** 34 名代表，其中包括 7 名捷克代表，代表所有政党和行业组织。**澳大利亚** 1 名代表，代表 5 个社会主义组织，其中有一个是德国人组织；所谓工人党和工会中心派出的代表被拒绝，因此只给予社会党人派遣代表的荣誉。**比利时** 17 名代表，其中有 2 名妇女，代表政治组织和工会组织。**保加利亚** 2 名代表，代表 31 个组织。**丹麦** 2 名代表，代表社会民主党（有 150 个组织，共 17000 人）和哥本哈根工会（有 90 个协会，共 20000 名会员）。**西班牙** 2 名代表：伊格列西亚斯代表社会民主工人党，加尔西亚代表工会。**美国** 3 名代表：

---

① 见本卷第 354—357 页。——编者注

卡恩代表犹太工会，德莱昂代表社会主义工人党，萨尼亚尔代表纽约工会中央联合会；第四位代表（亨利奥特，家具工人联合会）的委托书不予承认，因为这个委托书是授权他参加国际木材工人代表会议的。**法国**39名代表，代表54个各种不同的组织。**荷兰**6名代表，其中3名代表社会民主联盟，其余3名分别代表印刷工人、糕点师傅和社会主义**教师协会**。**匈牙利**（包括克罗地亚地区组织）共9名代表，代表政党和23个工会；一份委托书被宣布无效，因为这个代表已被开除出党。**罗马尼亚**5名代表，代表党和工会。**俄国**1名代表（**普列汉诺夫**），代表**彼得堡**秘密组织"劳动解放社"（但普列汉诺夫声明说，即使这个组织是秘密的，它也**不是**无政府主义的，在俄国根本没有无政府主义的基础，因为俄国社会党人是站在民主社会主义立场上的）。**塞尔维亚**1名代表，代表各种社会主义协会；这个国家的经济和政治的发展还非常落后，以致遗憾的是还没有可能建立一个社会民主工党。**瑞士**101名代表，代表格吕特利联盟（有15000名会员）、工会联合会（有15000名会员）、社会民主党（有5000名党员）。**德国**92名代表，有代表党和工会的153份委托书，其中1名妇女代表社会主义女工联合会；10名代表的11份委托书由于不符合参加代表大会的条件而被拒绝。**挪威**1名代表。**意大利**21名代表，代表党和工会。**波兰**11名代表，其中1人的代表资格不予承认。

一部分意大利、德国和瑞士代表提议，代表大会应对正在进行竞选的法国代表表示声援，代表大会在热烈的欢呼声中同意了这个要求。英国代表团报告说，鉴于法国和英国之间由于暹罗①问题而产生了敌对情绪，代表团一致决定，宣布同法国工人阶级团结一致。让资产阶级去互相为敌，工人阶级的利益要求法国和英国的工人阶级为反对资本主义剥

---

① 即泰国。——编者注

削而共同斗争。因此，英国代表团要公开宣布他们的兄弟情谊，并向法国工人及其大选表示最衷心的祝愿。

上午会议于 12 时休会。

第五次会议

（1893 年 8 月 8 日下午）

萨尼亚尔提议发表一项声援美国工人的声明，美国工人由于目前的危机（这个危机不久也将波及欧洲大陆）已有成千人失业。代表大会在欢呼声中通过了这项提案。

倍倍尔等对参加代表大会的规定第 1 条补充提案的声明

倍倍尔要求把下述声明列入记录：

"由于倍倍尔和同志们对参加代表大会的规定的第 1 条提出的补充提案不断引起误解，下面署名的提案人要求把下述几点声明载入记录：

1. 我们认为，提出确定'政治行动'概念的补充提案是有必要的，因为兰道尔先生在德国代表团中和在代表大会上以无政府主义者及其朋友们的名义声称，'政治行动'这个词毫无意义，你愿意怎么理解就可以怎么理解。这样一来，在这次代表大会和以后各次代表大会上这个词就可能被人滥用，并且为无休无止地浪费时间敞开了大门。

2. 补充提案绝对不是说，每一个参加代表大会的人都要承担义务，在任何情况下都要一丝不苟地按照我们的定义采取政治行动。它只是要求承认工人有根据是否符合促进工人阶级利益的标准利用本国的全部政治权利，并且有把自己组织成为一个独立的工人政党的权利。

3. 因此我们决不是站在器量狭小的立场上的，有人硬是给我们戴上这样的帽子。我们只是声明同下述这类人进行有效合作是不可能的，这些人以最狭隘的和宗派主义的观点来束缚工人和社会主义者的手脚，想限制他们只能使用一定的手段；这些人认为工人和社会主义者的任务是，投入那些使用别的手段而不是他们自己赞成的手段的'工人和社会主义者'的怀抱，以利于剥削者的政党。

4. 此外我们声明，现在根据补充提案作出修改后的规定，不会把真正具有工会性质的工人组织排除在这次代表大会和今后的代表大会之外，或者使这些组织在选择它们的代表时受到限制。所说的补充只涉及非工会性质的协会和小组。

倍倍尔、爱德华①、考茨基、奥托·朗格、阿德勒"

讨论通过代表资格审查报告

王德威尔得作关于代表资格审查的报告。他宣布 2 份意大利的、1 份波兰的、1 份匈牙利的和 11 份德国的委托书无效。2 份意大利的委托书是由无政府主义者签发的，因而无效；1 份波兰的委托书被否决，因为它是由一家其编辑部根本没有人知道的报纸签发的；主席团认为波兰的和匈牙利的委托书是有效的。对未被承认的德国的委托书，主席团有两种不同的意见。多数人提议，拒绝韦尔纳、兰道尔和瑞士其他"独立党人"代表的委托书，这些人在被瑞士人拒绝之后又转到德国代表团；另 1 份委托书必须宣布无效，因为所有 15 个签名都是出自一个人之手。

达申斯基要求拒绝不符合条件的波兰委托书，这家报纸只出过一号，无法判断其倾向性；谁也不知道向这里派出一位女代表的这家报纸的编辑是什么人。

---

① 此处记录有误，应为爱德华兹。——编者注

卢森堡女士宣称这个事实同俄属波兰的特殊情况有关。报纸是由一个社会民主主义的文学协会出版的，应把它看做波兰社会主义无产阶级的出版物。

经过较长时间的辩论之后，代表大会以多数票决定拒绝这个女代表①。主席团对表决结果表示怀疑；波兰提议按国家进行表决。7 国承认，9 国不承认委托书，3 国弃权。

吉勒斯（伦敦）认为被否决的德国委托书是有效的；但英国代表团声明，他们没有委托吉勒斯发表讲话。吉勒斯在德国人的激烈反对中声明，选举是按规定进行的，被拒绝承认的这些代表支持同样的目标，他们不是无政府主义者，而仅仅是有点自吹自擂而已，有些人甚至突出地强调反对意见。代表大会不应成为极不宽容以致拒绝奉行另一种策略的社会主义者的榜样。

德莱昂（美国）：德国人无疑不是始终不犯错误的，但他们无可争辩地为国际无产阶级的事业作出了巨大的贡献。他没有这样的印象，即独立党人真的持有这样的看法；如果情况果真如此，那他们也只不过是在说蠢话。

在其宣传活动中不被这些人干扰，是德国人的利益所在；是否能同这样的人一起工作，德国人自己能作出最好的判断，因此，人们应根据德国人的提案作出决定。

霍布森提议结束关于这个问题的辩论。英国人对于这种无目的的辩论已厌烦了；他们中每个人都知道，他应当怎样投票。我们有一些重要的问题要讨论，我们对我们的委托书负有履行我们的义务的责任；如果代表大会根本不能开始讨论议程上的问题，那么英国代表团就只能遗憾地被迫退出大会。

----

① 卢森堡的声明见附件。——编者注

马尔尚（法国）：英国代表团当然有权阐述他们的看法，但是这里涉及的问题同样是一个十分重要的问题。有些代表（指德国人）昨天扮演了秩序维护者的角色，而今天恰恰首先成为秩序破坏者。大谈不让人们参加大会，而基本不谈让人加入大会；他要求再一次宣读被宣布无效的委托书，好让大家知道究竟干了些什么。

结束讨论的提议被接受，并按国家付诸表决。一致**赞成**取消持有未被承认的委托书的德国代表的代表资格的有：德国、英国、澳大利亚、比利时、保加利亚、丹麦、西班牙、美国、匈牙利、意大利、波兰、罗马尼亚、俄国、塞尔维亚、挪威；奥地利赞成（2 票反对），瑞士赞成（8 票反对）。**反对**取消代表资格的有：荷兰（1 票赞成），法国（2 票赞成）。代表大会以热烈的鼓掌欢迎投票的结果。

倍倍尔提议取消明天上午的会议，以便分别按照议程上的各个问题由各国组成的专门委员会能够开会，商讨它们要采取的立场和起草提交大会的决议草案。只有做好这些必不可少的准备工作，才能按部就班地进行工作。代表大会一致表示赞同。

会议于 6 时休会。

第六次会议

（1893 年 8 月 9 日下午）

    议会委员会代表、去年工会代表大会主席、英国人**霍奇**任主席。在那次代表大会召开时，他没有想到这样快就得到主持一次国际代表大会的荣誉。他将不偏不倚而又果断地主持大会。直至现在，我们在完成我们的委托书所赋予我们的任务方面所做的事情还很少。至今他有这样的印象，似乎有一种阴谋在阻碍我们去完成任务。

    会上提出了两个提案：第一个提案要求将报告人的讲话时间规定为 10 分钟，辩论发言时间为 5 分钟；每个发言人只能发一次言。

    第二个提案要求：对议程上的每个问题的讨论时间规定为一个半小时。

    英国代表团支持这两个提案，并指出，我们还有 10 个问题要讨论，而可支配的时间只有 18 个小时。

    两个提案都获得通过。

    契普里安尼对昨天通过的关于拒绝无政府主义者参加大会的决议提出抗议。抗议书全文如下：

1893 年 8 月 9 日于苏黎世

致苏黎世马克思主义者代表大会的代表先生们

先生们！

我来参加你们的代表大会时抱着这样的希望，即正义和友情将成为它的一切讨论的基础；但是我痛心地失望了。

从第一天起你们就表现出一种可悲的不能容忍不同意见的态度，而这是有失社会主义尊严的。这种不能容忍不同意见的情况已发展到如此地步，竟拒绝让我发言。我之所以要讲话，是为了替那些无缘无故被粗暴地赶出代表大会大厅的代表辩护，并对这种驱逐行为提出抗议，因为这种驱逐玷污了你们首先信奉的思想。这些人被赶出去了，因为他们是革命者。如果一个自称是社会主义的代表大会竟不能容忍不同意见到如此程度，迫害不同思想，那么还是不要称社会主义的代表大会为好，它像关押和压迫我们的那些政府一样是反动的。

先生们，我要告诉你们，使你们聚集在一起的这面红旗，来自埋葬着35000名被凡尔赛的独裁者杀害的法国无产者的墓地，他们是为一切人的自由，为一切人的幸福，而不是为一个小宗派的利益而牺牲的。

我们的死难者的社会主义是不排除任何人的；这种社会主义主张统一而不是分裂，主张爱而不是恨，主张自由而不是压迫。

你们，先生们，在这三天里把所有这一切都践踏了；你们毁灭了国际，由于这一罪行，你们一定会在人类的法庭面前，在世界历史的法庭面前受到审判。

为了忠实于真正的国际——不是你们的这个国际——的原则，我退出这个丝毫也没有社会主义气味的代表大会；我同被驱逐者、同你们的专横和你们的粗暴的牺牲者一起行进，以便在斗争中重新找到我的位置，而这一次，是为了阻止你们扼杀自由和骨肉相残的勾当扩大影响，以致最后毁灭殉难者的事业。

阿米尔卡雷·契普里安尼

代表大会以沉默的态度表示对此不予理睬。

瑞士同志们对吉勒斯的行为提出了抗议，他在一次公众集会上企图嘲笑蔡特金同志。在经过激烈的讨论（在讨论中吉勒斯对这种指责的根据表示怀疑）之后，主席团委托调查这个事件。

代表大会开始讨论大会议程上的第 1 个问题：

在国际上贯彻八小时工作日的措施

报告人是洛桑州议员**福凯**：委员会除法国外确认了瑞士各联合组织（格吕特利联盟、工会联合会、社会民主党）的提案，其中包含有英国人提出的关于召开一次国际性的政府会议的修正案。波兰提议，这些规定不适用于劳动时间少于 8 小时的工人；荷兰提议把劳动时间减少为 7 小时或 6 小时；法国人提议，如果各国政府在一年之内没有响应召开国际性的政府会议的要求，代表大会就应下令在世界各国举行总罢工。法国代表要求接受规定最低工资和取消包工的提议。所有这些提案都被拒绝。他要求大会通过委员会多数派提出的决议案。

蒙塔尼亚德作为委员会少数派的代表，建议拒绝接受委员会的提案，因为它没有考虑少数派的合理愿望；特别是关于规定最低工资的要求，少数派认为这是十分重要的；一方面，这个规定可以阻止各个城市互相压低工资的做法，这样工人就不会为了获得较高的工资而被迫从一个城市流动到另一个城市，从而压低他的同伴们的劳动力价格；另一方面，在实行最低工资制的同时可以贯彻统一的工资等级表。

肖斯提议接受加班劳动的要求。由工人组织来选举工厂视察员，以代替至今由资产阶级政府任命的办法；他对政府会议不抱什么希望，决议提出的要求只能靠工人自己来实现。

莱奥·弗兰克尔提议，也要提出这样的要求，即凡是在那些有可能得到多数支持而资产阶级方面不会设置障碍的地方，所有市镇议会都有责任对所有由市镇雇用的工人实行八小时工作日，如果这些工人是独立承担公共劳动的话。在那些市镇工程交给雇主去完成的地方，市镇议会在实施细则中要承担雇主的责任，即保证对所有根据这种合同雇用的工人实行八小时工作日。

他表示十分遗憾，在法国同志们中间经常表现出对从事脑力劳动的无产者的一定程度的不信任。他认为，社会主义的思想同上一世纪资产阶级的自由思想一样高尚、一样崇高。正像当时资产阶级的代表同封建主义的所有敌人，包括从贵族队伍中来的人，手携手地前进一样（这方面只要举出米拉波侯爵的例子就够了，他出色、雄辩的演说才能成了这场思想斗争中的最有效的武器），我们今天也必须同所有从资产阶级队伍中向我们走来、为了同我们一起和资本主义进行斗争的人手携手地共同前进。那么为什么要拒绝这些从事脑力劳动的无产者呢，而且这些人的生活状况几乎总是比手工工人还苦。他本人对此知道得最清楚；不要责备他，说他作为从事脑力劳动的无产者而只顾维护其自身的利益；他曾是手工工人（金匠），今天他成了从事脑力劳动的无产者，他可以坦率地说，他作为手工工人的社会处境比作为从事脑力劳动的无产者的社会处境好。

科达（来自洛桑的意大利代表）：对于英国人提出的关于召开一次国际性的政府会议的提案，他请求大会最好把它的注意力转向规定最低工资的问题。八小时工作日和规定最低工资的要求必须相互联系在一起，否则工人运动就会倒退 100 年。如果不用法定最低工资加以阻止，资本家由于生产过剩会乐于同意八小时工作日，但同时会减少工资。像官员有固定的最低薪俸一样，工人也要有这种保证。澳大利亚工人现在不会接受八小时工作日，如果另一方面又要降低他们的工资的话。失业工人的人数不会由于实行八小时工作日而减少，相反工业后备军会不断增加。

主席通知说，又来了两位法国代表，因此法国代表的人数现在已达到 40 人。

鉴于对福凯的讲话翻译得不完整，**格里伦贝格尔**对委员会内的讨论情形作了较详细的叙述。人们应该采纳经过字斟句酌、相当于一个完整的报告的瑞士人的决议案，以达到统一的目的。委员会也做了十分值得称道的工作。英国关于召开国际会议的补充提案已经被接受，尽管德国人根据最近一次柏林劳工保护会议的经验对再次要求召开这样的会议没有作出热情的反应。与德国人相反，英国人指出，在英国恰恰由于柏林劳工保护会议的结果，制定出十分重要的法律规定，特别是关于限制童工的规定。德国人宁愿采纳著名的巴黎代表大会决议的最后一段，这一段要求全世界无产阶级以国际协商的精神向各国政府施加影响。荷兰人提出，不要过于片面、过于肯定地强调**八小时工作日的要求**；今天我们对于它的作用满怀的希望很快就会证实是幻想，到那时，人们又有可能认为如果能马上实现七小时或六小时工作日就再好不过了。奥地利人还想同时解决庆祝五一节的方式问题。但是——（讲话人被打断，因为 5 分钟时间已到。）

福凯首先抱怨给讨论这样重要的问题规定的时间太短；同时他也抱怨来自法国人方面的怀疑，但是他不屑于回答。规定最低工资问题无疑是十分重要的，但这是需要单独开一次会议来讨论的问题。他个人赞成接受规定最低工资的要求，但他也认为，现在就实行最低工资还不合适，应首先争取八小时工作日。因此只应接受瑞士人提出的决议案。

克林兹（英国）反对少数派的提案，因为要讨论这些问题花费时间太多。首先应解决八小时工作日问题。英国工人阶级中有许多人坚持认为工资问题极其重要，所以他们尽管不是无政府主义者，但反对议会主义。他们同样不相信，劳动时间问题能与议会有什么关系；因此，我们的议会代表向各国政府提出这样的要求，即在国际范围内对劳动时间作出规定。英国资本家让工人劳动的时间始终比大陆的要长；对此，必须使工人借助制定国际性规定的途径，并使他们认识到，可以利用议会制度的手段来解决八小时工作日问题。

大会进行表决。提出的修正案全都被否决。对有关规定最低工资的要求，赞成的有美国、西班牙、法国、意大利、罗马尼亚和挪威；荷兰弃权；其余各国都反对。由委员会提出的决议案在欢呼声中获得通过。决议全文如下：

"代表大会声明：

八小时工作日是使工人阶级从资本的奴役下彻底解放出来的最重要的先决条件之一，也是改善工人阶级状况的最重要措施。

实行八小时工作日将减少失业，提高劳动效率，增加工资和提高工人的购买力。

实行八小时工作日将改善被资本主义破坏了的家庭生活，并可能使儿童得到更多的关怀。

实行八小时工作日能提高人民的健康水平，增强活力，提高文化修养和道德水平。

实行八小时工作日能使工人阶级获得时间去建立工会和政治组织，并进行活动；这样，政治权利和自由才能为争取人民的社会解放发挥作用。

争取八小时工作日的斗争必须在所有国家内开展，因为只有实行八小时工作日的国际立法才能保证其持久性和发挥造福社会的作用。

代表大会认为，在国际上实行八小时工作日的办法是：

在国内和国际基础上建立工人阶级的工会组织和政治组织，由这些组织进行争取八小时工作日的宣传鼓动工作。

争取八小时工作日的鼓动工作要通过传单、通过报告、通过社会主义报刊、通过游行示威，在集会上和政治团体中、在议会里、在各种国家机关和市镇机关中进行。在社会主义报刊上要开辟'八小时工作日'专栏来报道有关的事实和活动，在政治机构内工人的代表要随时提出缩短劳动时间的提案，特别是缩短受国家和市镇雇用的工人的劳动时间。

　　各国议会中的社会党议员应就通过立法在国际范围内实行八小时工作日的共同行动达成谅解，并敦促一切工业国家的政府举行一次国际会议。

　　工人的工会组织要同雇主进行争取八小时工作日的非政治性的、自由的斗争，以便为对整个工人阶级实行八小时工作日立法开辟道路。"

　　意大利代表团要求将下述声明载入记录，即它之所以一致投票反对瑞士人的决议案，只是因为这个决议案同英国人的提案是联系在一起的。

　　由于关于庆祝五一节问题的委员会和讨论社会民主党政治策略的委员会尚未就它们的决议案取得一致意见，代表大会开始讨论议程上的第4个问题：

社会民主党对战争的态度

报告人为**普列汉诺夫**。

普列汉诺夫：委员会有两个提案，荷兰人的提案如下：

　　"代表大会决定，各国工人党要做好准备，一旦政府宣战就立即用总罢工予以回答；凡是在工人能对战争施加影响的地方和在有可能进行战争的国家里，就用拒服兵役来回答宣战。"

德国人的提案如下：

　　"工人对战争的态度，已经在布鲁塞尔代表大会关于军国主义的决议中得到充分表明。国际革命社会民主党要在各国动员一切力量反对统治阶级的沙文主义欲望，使全世界工人团结的联盟变得越来越牢固，不断地谋求消灭把人类分成两个敌对的阵营和煽动各国人民互相仇视的资本主义。随着阶级统治的消灭，战争也将消失。推翻资本主义就是世界和平。"

在讨论过程中，**博尼埃**（法国）提出一个提案，认为布鲁塞尔代表大会的决议已把全部问题解决了；**斯密斯**（英国）提出一项补充修正案，工人必须在各地努力更牢固地建立他们的相互关系，加深他们的友好关系，以便通过这种国际团结使战争打不起来。

经过较长时间的讨论后，大会决定接受德国人的决议案；它排除了任何沙文主义思想，同时又保证每个国家能够根据本国的情况进行消灭战争的工作。同样必须认识到战争的根源在于资本主义的经营方式；如果资本主义消灭了，战争也就会自动消失。在委员会里有人提议对荷兰人作某些让步，即允许荷兰人在战争发生时有按照他们的提案采取特殊立场的权利。但这个提案也被否决了。最后德国人的决议案除 3 票反对外被一字不改地通过了。荷兰人的决议案被否决的原因是：总罢工在今天社会的基础上是行不通的，因为无产者没有实行总罢工的手段。另一方面，如果我们能够进行总罢工，那就是说经济权力已掌握在无产阶级手中，那么总罢工就是可笑的迂腐之言。

至于军事罢工①的问题，只有在一个军国主义不像在法国和德国那样猖獗的国家里才会出现这样的思想。在这两个国家里实行军事罢工是荒唐的，这只能导致全体游行示威者被一举消灭的结果；而从另一方面来看，军事罢工也可能走向原来打算的反面。军事罢工首先恰恰会解除文明国家人民的武装和把西欧出卖给俄国哥萨克。俄国专制政府会消灭我们的全部文化，并用俄国的暴力统治来代替无产阶级的自由，而对于这种自由来说，军事罢工是一个光辉的标志。看来如此革命的荷兰提案

---

① 原文是 Militärstreik，它的含义有拒绝服兵役，或者在服役期间拒绝打仗、执勤以及拒绝从事军工生产，等等。——译者注

会走向反革命的反面。

与之相反，德国人的提案却向各国人民清楚地表明了他们应采取的态度，同时与荷兰人的决议案不同，它完全没有模糊的乌托邦思想。

只有德国人的决议案是真正革命的。为了自由、文明和革命无产阶级的利益应该通过这个决议案。（热烈的、暴风雨般的掌声）

主席宣布收到了一系列贺电和伦敦木工的一封贺信。

会议于下午 6 时休会。

第七次会议

（1893 年 8 月 10 日上午）

施米特（奥地利）任主席，他简单地讲了几句话，表示了奥地利代表团的感谢，并声明，奥地利工人将全力以赴地贯彻这里通过的决议。

主席团通告关于吉勒斯事件的情况，调查结果表明，对吉勒斯的指责是由于误会造成的，因此予以撤销。

摆在议程上的问题是：

社会民主党对战争的态度

（继续）

纽文胡斯希望他作为第二报告人能有 10 分钟发言时间。大会同意了。在讲话中他的发言时间又延长了 10 分钟。纽文胡斯说：我们的决议案给布鲁塞尔代表大会蒙上一层多么厚的灰尘！如果到处都像我们在荷兰那样宣传这种思想，那我们已取得了多大的进展呀！我们的对手在反对我们关于用一切手段进行战争①的观点的争论中，究竟提出了什么论据呢？没有，绝对没有。人们也会毫不犹豫地赞成这样的看法，一种

---

① 原文如此。根据上面荷兰人提出的决议案来判断，此处应为"用一切手段反对战争"。——译者注

思想在人们想到要去实现它之前，首先必须在头脑中产生。

最值得注意的是，我在 1891 年捍卫的这种思想，早在 1868 年的布鲁塞尔国际代表大会上不仅已经被谈到，而且甚至被一致接受了。[①] 我被称为梦想家、空想家和乌托邦分子。但是同我一起共享这些美名的还有龙格（他于 1868 年在布鲁塞尔提出了这项提案）、塞扎尔·德巴普，甚至还有整个代表大会。当时的一个决议在对战争表示反对之后这样写道：

> "代表大会建议工人们在战争发生时停止一切工作；出于对所有国家团结一致的信任，代表大会希望大家在这场战争中都来反对战争。"

塞扎尔·德巴普当时提出两个方法：

1. 拒绝服兵役，或者举行总罢工，这是一回事儿，因为军队需要赖以生存的给养。

2. 彻底解决社会问题，就是说在欧洲发动社会革命。

从 1891 年回到 1868 年，是一种前进还是一种后退？

如果你们不抱偏见地来阅读今天在这里讨论的两个建议，那么就可以作出毫不犹豫的选择。这两个建议的目标当然是相同的；两者都想使战争打不起来，两者都把资本主义视为大敌。但是我们的建议提出了战胜这个敌人的一种手段，而第二个建议却没有。

第二个建议说："工人对战争的态度已经在布鲁塞尔代表大会关于军国主义的决议中充分表明了。"因此我不得不重提一下布鲁塞尔决议。如果你们毫无偏见地阅读这个决议，你们自己就会说，这是某个和平同盟的很好的决议，但不是一个意识到自身力量的工人政党的决议。这个决议里明确地提出了什么样的方法？抗议，坚决抗议！但谁来关心这件事呢？

---

① 第一国际布鲁塞尔代表大会有关于此问题的讨论，可参看本书第 10 卷。——编者注

抗议究竟意味着什么呢？这是一句话，一句空话，而且我认为，用一纸抗议来回答枪炮的火力，这是最大的空想。但是赞成德国人的决议案的朋友们走得还要远："他们要使各国政府对人类历史负责。"对负责的这种解释真是令人捧腹不已……但列强会把这样的声明补充到和平同盟的种种声明中去，这类声明已经可以装订成洋洋大观的巨著。

有人说德国人的决议案同布鲁塞尔代表大会的决议是一致的。如果说这是一致的，那我就不知道什么是不一致的了；这个决议案是一篇空话，再也没有比这更含糊不清的东西了。"国际革命社会民主党要在各国动员一切力量反对统治阶级的沙文主义欲望。"——要反对社会党人的沙文主义欲望吗？这种欲望一点不存在吗？我没有忘记，人们在德国是如何鼓吹反对俄国这个"死敌"的战争的；我没有忘记，当问题涉及这个死敌的时候，倍倍尔本人是如何用一块海绵把资产阶级的一切罪恶行径抹掉的。当人们把俄国说成是残酷和野蛮的庇护所而德国好像是文明和善良的庇护所时，能不令人发笑吗！德国有同俄国完全一样的残酷到极点的暴君，却还要自夸什么德国的自由！海涅在他的游记中说了些什么呢？"我们德国人无须冒险，这倒不是说，我们或多或少甘愿受奴役。人们正用皮鞭的统治来威胁我们，但当我肯定知道我们的敌人也将遭到鞭挞时，我宁愿忍受一些皮鞭之苦。但是我敢打赌，我们的敌人将投奔新的权贵，将温文尔雅地装出一副笑脸并提供最卑贱的服务，像他们一向所做的那样。为此，他们将乞求享受荣誉皮鞭的特权，因为既然总还要使用鞭子。"（**倍倍尔**：*这是老早以前的事情了！*）但海涅也许今天还会作这样的描写！

这种连普列汉诺夫也表现出的对俄国的担忧，好像用学狗汪汪叫的声音来吓唬孩子一样。如果倍倍尔把俄国（*场内出现反对意见*）说成是残酷和野蛮的庇护所，那么法国也可以对德国提出这种指责，因为法国是一个共和国。如果社会党人都对其他国家提出这类指责，那何处才是尽头？普列汉诺夫曾说，他在一瞬间有这样的感觉，好像俾斯麦在向我们的代表大会讲话。当人们在德国散发哥萨克来了的传单的时候，他①必须问一下，这种入侵最终是否会造成很大的不幸。希腊、罗马都是由于野蛮人的入侵而被摧毁的，但文化并没有被消灭。我们今日的文明正处在发展的初期，它的发展要归功于吸取了这种古老的文化。当倍倍尔在帝国国会发表这样的演说时向军国主义伸出了手，并放弃了"不给军国主义一个人，不给军国主义一分钱"的口号。（**倍倍尔**：*直到现在我们仍然坚持这种立场，从未放弃过。*）你们堕落到人民党的立场上去了。我这样说并不是出于对德国的厌恶。（**倍倍尔**：*出于纯粹的热爱。*）法国议会中的社会党议员在那里也一次都没有抗议过军国主义。

军国主义的真正力量不在于常备军，而在于后备军。后备军是民兵的一部分，阻止动员后备军是我们的根本任务。现在有人说，拒绝服兵役是不可能的，拒服兵役的人会被起诉和按军法枪决。我们这样来想一想：每个村庄有5—10个后备役军人，如果这些人都拒绝服现役，那么谁会迫害他们呢？警察吗？公民吗？但是拒绝的结果当然是内战，但我们宁愿要内战而不要各国之间的战争；内战至少能反对真正的敌人——资本主义。

我们在这里同时还举行铁路职工代表大会；这些人只要停止工作就能使任何战争都打不起来，如果我们还能争取到妇女的话，那么结束说空话和开始干实事的时候就到了。时代的许多征兆都说明我们的决议案是正确的。在英国、比利时和意大利发生军队哗变；1871年在蒙马特尔发生的革命是一次军事罢工，"高举枪托"的士兵拒绝服役，不过它仅仅是一场自发的行动——我们建议的**有组织**的罢工必定首先产生了影

---

① 这里的"他"指谁，记录不清楚。从后面的论述来看，应指倍倍尔。——译者注

响。请你们一致通过我们的提案，然后你们会看到，君主们是如何在他们的宝座上发抖的，他们在发动战争之前将三思而行。

大会决定，在这场辩论中，每个国家只能有一个发言人。

门德尔松（波兰）：纽文胡斯指责了德国的沙文主义；只有在显然对欧洲政治形势作出错误判断的情况下，人们才可能接受这种指责。荷兰处于孤立隔绝的状况，只有懂得这一点才能理解荷兰的国际主义，它同社会主义的革命国际主义是不一致的。纽文胡斯指责倍倍尔的讲话是沙文主义。这个所谓的沙文主义讲话恰恰促进了波兰人民的社会主义思想，重新唤起人民原来的革命的、历史的精神。这是倍倍尔的沙文主义在一个对德意志帝国没有特殊好感的国家里产生的影响。波兰人在委员会中提出了讨论另一项议程的建议，因为布鲁塞尔的决议是明确的，同时我们必须最终结束没完没了地把这些问题向每次代表大会提出的做法。我们这些受压迫的波兰人希望重建波兰并为此而工作；但我们不是受沙文主义思想支配的，而是争取重建，以便使社会主义精神进入人民生活之中。

佐尔凯（匈牙利）：荷兰提案是无法实行的，所以我们反对。在匈牙利，尽管人们"喋喋不休地奢谈"自由，但却使用武力来对付罢工工人，把他们当成野兽一样枪杀。只要一有机会，我们就反对军国主义。但我们还是无能为力，因为我们尚处于组织建设的开始阶段。在我们那里，荷兰人的这种观点根本不能被公开说出。匈牙利是欧洲的缩影。在它境内有 8 个民族（匈牙利人、克罗地亚人、罗马尼亚人，等等）。统治阶级挑起这些民族相互对立并进行煽动。沙文主义仍然隐藏在匈牙利无产阶级的心中。我们将通过我们衷心拥护的德国提案向我们指出的道路把它克服。（鼓掌）

李卜克内西：这个题目我不想像一开始那样扯到个人身上来；但我还是要驳斥对德国社会民主党提出的指责。据说倍倍尔在帝国国会的演说带有沙文主义色彩。如果我要回敬说我们有沙文主义的指责的话，那我们有更多理由指责纽文胡斯有沙文主义。德国社会民主党依然忠实于它从一开始就已采取的立场；谁如果说它哪怕稍微偏离了这个立场，那他就是在撒谎。有人企图煽动法国同志反对德国社会民主党；他想提醒大家，德国社会民主党从1871年以来一直反对吞并阿尔萨斯—洛林，谴责吞并是一个政治错误，是一种政治罪行，就在最近我们还重复了这种谴责。我们不是在豁免权的保护下这样做的，我们是向整个军事力量、向整个国家提出抗议并承担后果的。（热烈鼓掌）纽文胡斯说，我们似乎也放弃了不给军国主义一个人、不给军国主义一分钱的立场。这也是谎言。德国社会民主党自成立以来没有同意过给军国主义一分钱。对任何军事提案我们都提出抗议并投票反对。但我们并不满足于盲目的抗议；我们还尽我们的一切力量在人民中进行鼓动。如果说不久前军国主义继续存在的问题被当做竞选口号，如果说现在德国人民的多数都宣布反对军国主义，那么这只能归功于社会民主党的宣传鼓动。（雷鸣般的掌声）多年以来，我们始终冒着枪林弹雨，在同政府与警察的经常冲突中进行着这场斗争，党为此付出了总计被判处一千多年监禁的代价。我们德国社会党人没有必要说空话，我们的行动在为我们说话。我们认为，对于这种指责继续替自己作辩护是有损我们的尊严的。（十分热烈的鼓掌）

现在谈谈实质性问题。我不想重复我昨天在转述普列汉诺夫的讲话时说过的话。我们面前有两个提案：荷兰人的和我们的。纽文胡斯说，德国人的提案是空话；荷兰提案，即使经过注水后也比空话还空。刚才匈牙利代表已经声明，如果荷兰人的提案行得通的话，他会投票赞成它。但它不仅行不通，而且完全是一种不能实现的愿望。从局外人的立场来看，这样一个提案是容易理解的；荷兰没有军国主义，而有军国主义的德国情况就不同了。如果军事罢工和经济罢工不只是不能实现的愿望，如果欧洲和全世界的社会民主党有力量进行这两种罢工，那么欧洲就会出现任何战争都不可能爆发的局面。我们还没有造成这种局面。汗已经流了许多，有些人倒下了，但我们还远远没有达到目标，最艰巨的任务还在前头。如果我们想要求士兵开小差和拒绝执勤，那么我们就会向军国主义这个摩洛赫①提供新的祭品，并向它提供以铁拳打倒社会主义运动的机会。推翻摩洛赫当然是我们的任务；我们必须努力奋斗，用社会主义的精神使他的铁臂瘫痪；但是在兵营里进行幼稚的策反是不能达到这个目的的，我们只有在人民中孜孜不倦地进行宣传才能做到这一点。我们必须努力把社会主义思想灌输到群众中去，使人们在进入兵营前已是社会主义者。这是能够达到目的的唯一办法。我们正走在达到这个目的的康庄大道上。军国主义像养育它的资本主义一样，必然还要不断扩展，不断扩大它争夺的范围，还要吸收越来越多的社会主义新兵，这样，它就在自我毁灭的道路上越走越远，直至最后军国主义不再成为资本主义的堡垒。德国社会民主党至今都在为德国进行这场斗争；它将把这一斗争继续进行下去，直至打败和消灭军国主义为止。（雷鸣般的掌声）

荷兰人提出一个经过修改后的提案：

"鉴于民族对立根本不符合无产阶级的利益，但却符合压迫者的利益；

鉴于一切现代战争都是资本家阶级为了自身的利益而引起的，是掌握在他们手中的摧毁革命运动力量、通过延长最可恨的剥削来巩固资产阶级统治的一种手段；

鉴于，因为没有哪个政府会承认挑起战争的错误，战争是资本主义国际意志的产物——

国际社会主义工人苏黎世代表大会声明，有关国家的社会主义工人将拒绝履行后备役军事义务，特别是在所有同战争有关的工业部门进行总罢工，号召

---

① 摩洛赫是古代腓尼基人和迦太基人的宗教中的太阳神，祭祀摩洛赫时要用活人做祭品；因此摩洛赫成了残忍、吞噬一切的暴力的化身。——译者注

妇女拉丈夫和儿子的后腿，以此来回答政府方面的宣战。"

阿德勒博士（维也纳）：我以奥地利代表团的名义声明，我们赞同德国人的提案。我们同荷兰人完全一样是军国主义的反对者，我们同荷兰人一样是革命者，我们也同荷兰人一样怀有这样的愿望，即让各国统治阶级和政府知道，这里集合着一支要把世界从资本主义统治中解放出来的队伍。但我们不要过高估计自己的力量，也不要过低估计我们敌人的能力。多梅拉·纽文胡斯认为，如果我们通过荷兰人的提案，各国政府就会发抖。它们不会发抖，而会嘲笑我们。（热烈鼓掌）正如格罗伊利希在庆祝开幕式的集会上所说的：只要我们不离开事实这个可靠的基础，我们的事业就是不可战胜的。如果我们飘在幻想的空中，我们就要失败。除了我们自己之外，没有人能消灭我们。统治阶级的意见对我们来说是放在第二位考虑的问题，放在第一位的是无产者对我们会有什么评价。如果我们在这里通过那些我们自己也知道行不通的决议，那么我们的拥护者就会分成两部分。他们中间知道行不通的人会说：这是一个轻率的决议，在我们这些崇尚武力的国家内是行不通的。对于群众，对于积极分子，那些一知半解的、虽然生活在贫困之中但是还不十分确切知道如何消除这种状况的人，我们的决议就会成为一种引诱，一种虚伪的欺骗。（热烈的赞同声）我们向他们指出一条走不通的道路。我们这样做——请多梅拉·纽文胡斯原谅我这样说——是一种对无产阶级大众的犯罪行为，因为我们想使他们相信，走荷兰人的决议案所指出的那条道路是会获得成功的。如果我们把一个社会主义的代表大会开成仅仅是一伙只是表达虔诚愿望的人的聚会，那么今后无论在欧洲的统治阶级那里，还是在欧洲的被压迫阶级那里，我们的劝告都不会有任何价值。（热烈鼓掌）我们不会提出那种我们自己也不会去实施的主意。如果我们生活在像荷兰那样的不崇尚军国主义的国家里，是很容易提出这类建议的。对瑞士人赞成荷兰人的决议案我也不会感到惊奇，但是这样做的人太明智了。（全场活跃）多梅拉·纽文胡斯指责我们对俄国人采取了沙文主义立场。好，如果我们不想给俄国开辟一条由波兰殉难者的躯体铺平的道路，如果我们不想把半个社会主义欧洲奉送给它，那么每一个人都知道，我们所说的俄国，不是指俄国人民，不是指那个对国际社会主义作出许多贡献的人民，而是指沙皇政府。在每一个国家里——在我们奥地利也是一样，我们对沙皇政府已经受够了。我们不想为沙皇政府铺平道路，坚持自己立场的荷兰将继续孤立下去。如果说我们站在欧洲政治的中心，站在被剥削者和压迫者之间的一场决战的战场上，如果说我们正在同俄国的野蛮行径进行斗争，那么我们指的是沾满鲜血的沙皇政府！（热烈鼓掌）（**多梅拉·纽文胡斯**喊道：他讲得同卡普里维①一样！）阿德勒博士：如果卡普里维这样讲的话，我很高兴！（场内充满大笑声）但愿你们（朝向荷兰人）把我们看做是不好的革命者；如果时机到来，如果决定性的时刻到来，人们就会知道，谁是善于行动而且是一贯善于行动的人，谁是善于说大话而且是一贯说大话的人。（长时间的热烈鼓掌）

约翰森以挪威代表团的名义作出简短的声明：他们将投票赞成他们认为可行的荷兰人的决议案。虽然这会带来流血，但要比战争带来的流血少得多。

上午会议休会。

---

① 卡普里维·莱奥（1831—1899），伯爵，德国国务活动家和军事活动家，将军，德意志帝国首相（1890—1894）。——译者注

第八次会议

（1893 年 8 月 10 日下午）

主席**施米特**通知说，由于一封从巴黎发来的涉及被宣布无效的波兰人卢森堡小姐委托书的电报，主席团再一次研究了卢森堡小姐参加代表大会的问题，但波兰代表团声明不承认她的委托书。他建议大会开始讨论议程上的问题。法国人激烈抗议，但多数代表赞成开始讨论议程上的问题，于是代表大会继续进行辩论。

社会民主党对战争的态度

（继续）

德莱昂（美国社会主义工人党）：这个问题在美国看来与其说是一个实际问题，不如说是一个人道问题。一般说来，美国人同情荷兰人的提案；但我们必须对它进一步加以研究，而这样一来情况就完全不同了。军事罢工在开始实行的最初一瞬间就失去了罢工的性质，因为这样做就是暴力革命；但经济罢工就逐渐成为多余的了，因为工人们看到，资本家阶级从中得到的好处要比工人多。问题主要在于，社会主义思想究竟在多大程度上深入到人民之中了。当然不一定要就此问题作出回答，但必须问一下自己，本末倒置地采取这个步骤是否可取。由于在将来的行动中同样要考虑到政治形势，所以美国工人不能受代表大会决议的约束，在表决时自然弃权。

艾威林（代表英国代表团）：英国代表团以压倒多数的代表的名义宣布同意德国人的提案。英国工人过去、现在和将来始终把战争看做是一种罪行，因为战争的负担过去、现在和将来都始终落在工人头上，并使他们流血。英国还从未派出过有这样多人和这样大的代表性的代表团参加国际工人代表大会。65 位代表中绝大多数人来自纯粹的社会主义组织；另一部分人是由那些反对保守派和自由派阵线的、站在社会主义纲领基础上的独立的工人政党派遣的；第三部分人代表工会。这是工会第一次同社会党人手携手地一起前进和表示赞成社会主义纲领。这些事实当然使我们产生了最美好的希望，因为老的工会在它们的青年时代承担了工资斗争的所有重担，今天也还承担着这副重担。最近看起来好像德国和法国之间要发生一场战争；因此德国工人声明他们不想同法国工人发生争执是必要的，反过来法国工人也必须回答说，他们把德国工人看做自己的兄弟。（热烈鼓掌）同样，不久前在英国资产阶级和法国资产阶级威胁要进行一场战争时，英国人要是发表一项类似的声明就好了。事实上，我们必须一致声明：我们只知道、只承认一种正义的战争——**阶级斗争**。（热烈鼓掌）

英国人同意荷兰人的提案的思路，我们在这里的所有人都同意。但是，问题在于实行的方式。如果我们强大到足以进行军事罢工的程度，那么我们就会去干和这完全不同的事情，那时对我们来说要干的事情就是把资本主义送进天堂或者送进地狱。（暴风雨般的掌声）但是，今天我们要讨论的不是进行国际罢工的问题，而是要弄清楚这个问题并取得一致认识，并且表明，大家的心在这个问题上都为这样一种感情而激动，那就是我们要大声疾呼反对战争、拥护和平。

埃里蒂埃（日内瓦）：我十分怀疑，在战争问题上能够立下各国人民共同行动的严格规章。我也赞赏荷兰人的决议案的精神，但我同样认为它是实行不了的。通过决议案是一回事，把决议案变为现实又是另一回事。如果说什么时候曾经有机会把军事罢工付诸行动的话，那么今年春天就有这种机会，当时荷兰士兵曾奉命枪杀手无寸铁的人民；但是既然荷兰人当时在他们自己的国家里都未能做到这一点，那他们又怎能把这种办法推广到全世界呢？我们的任务是启发无产阶级的社会主义觉悟，使它强大到足以应付一切不测事件，这样我们就有强大的后盾，使我们能够在任何一场战争刚刚开始的时候就排除它。德国人的决议案包含有这种精神，因此我们赞成这个决议案。

沃尔德斯（比利时）：德国人的提案还不够，所以比利时人用一个决议案来补充它。德国人是从这样一个立场出发的，即进行社会主义宣传就是进行反对战争的最好宣传，而反对战争的专门宣传则好像是多余的了；但只要存在战争，社会主义就不能胜利。因此战争必须成为专门的攻击点。比利时被卷入战争的危险虽然很少，但被吞并的危险却很大；因此，比利时人也有一切理由采取准确阐明的立场。所以他们也努力在军队中展开鼓动工作，把社会主义宣传带到兵营中去；他们在兵营附近举行集会，让士兵们能听到真理；他们在报刊上撰写反战文章，并因此而遭受惩罚，但这是他们愿意承受的。因此他们提出下述补充提案：

> "工人阶级在一切立法会议中的代表有责任拒绝军事拨款、抗议军国主义和赞成解除武装。"

法国阿列曼派代表**德让特**表示反对德国人的决议案。他希望，只有工人参加大会，而不是由职业政治家代表构成大会的多数，如果是这样，代表大会的观点大概就会完全不同。他不认为，由于害怕军国主义的优势就可以放弃军事罢工和总罢工的手段。当局在5月1日这一天也会使用军事力量来反对无产者，然而这不能阻挡无产阶级举行争取世界和平的国际示威游行。比利时人的行动也证明，总罢工不是空想，而是十分可行的。我们不应关心讨论个别国家内的事，而只应关心共同的目标，因此我们要在所有的地方建立反对军国主义的组织，同时马上组织总罢工。法国代表团的多数从这种观点出发赞成荷兰人的决议案。

屠拉梯（意大利）：他不想继续已进行的讨论，而只想说明，他的同胞赞成德国人的决议案。荷兰人的决议案的想法固然是崇高的，但要在今天实行是不可能的，我们不得不把它推迟到我们有力量去实行的那一天，而到那时这又可能没有必要了。我们害怕为这样一项决议负责。如果我们不想当吹牛大王，而是要当行动的巨人，我们就必须执行决议。从我们同志们的英勇无畏和献身精神中我们知道，他们会在达不到什么目标的情况下牺牲生命。总罢工会成为大屠杀。他还想补充一点，即由资产阶级和政府人为地制造的仇法情绪在意大利社会党人中间是没有市场的；沙文主义在意大利社会党人的心中已经死亡，意大利社会党人的宣传一直是反沙文主义和反军国主义的。同时，各国工人团结一致的精神已深入人心，并已成为事实。（热烈鼓掌）

拉柯夫斯基以保加利亚代表团的名义声明，保加利亚人正在积极组织既反对本国的专制主义同时也反对德国和法国的政府和资本主义的专制主义的阵线；战争支持这种专制主义；保加利亚受俄国专制主义的威胁比任何其他国家都大，因此保加利亚代表团赞成世界和平。我们摒弃军事罢工，因为它是不可能做到的，因为它会成为反动派用来对付我们的一种新武器；如这个行动失败，它就会把社会主义长时期地打倒在地。我们也反对工人总罢工，因为这是一种幻想，而任何幻想都会给工人带来祸害。

谢乌萨（澳大利亚）：我来自一个既没有军事力量又没有外交手腕的国家。因此我不能理解，兄弟之间怎么能接受命令去相互残杀；如果我接到这样一道屠杀命令的话，那么我会第一个起来杀死我的司令官。根据这个理由，我赞成荷兰人的提案。

纽文胡斯：在荷兰开展反对军国主义的斗争也是有危险的，根据我在布鲁塞尔提出的决议案以煽动颠覆的罪名对我进行的审讯说明了这一点。荷兰社会民主军事联盟打电报来希望通过荷兰人的决议案。

普列汉诺夫致结束语。他说：把它说成德国人的决议案是不对的；这个决议案不是别的，而是两年前在布鲁塞尔由代表大会多数通过的**德—法**决议案，它是由**瓦扬**起草的，瓦扬是革命的社会民主党的英勇代表，他的名字在国际社会民主党中享有很高声誉。但是由于一种错误的先入之见，人们老是说**德国人**的提案。然后普列汉诺夫概括地对瓦扬的论述作了较长的说明。瓦扬指出，三国联盟与俄法两国联盟同样可耻。法国在 100 年前宣布了人权，而今天却跪倒在俄国沙皇的脚下。这是一篇坦率的讲话，没有任何沙文主义色彩，我们也应本着这种精神来讨论摆在我们面前的提案。法国代表团的部分代表从这种观点出发也发表了一项声明，全文如下：

"我们认为不能同意多梅拉·纽文胡斯的决议案，因为在我们看来这会引起无益的屠杀；且不说它根本没有指出军事罢工应如何进行。此外我们认为，即使那些同意纽文胡斯观点的人，也不能拒绝德国人的提案，这个提案声明，使战争消失的唯一手段是通过消灭资本主义而结束阶级斗争。纽文胡斯的决议案对我们来说是危险的幻想。每个社会主义者都能够而且应该赞成德国人的提案，不管他对多梅拉·纽文胡斯的建议有什么想法。

　　　　　　雅克拉尔（社会主义报刊联合会），**博尼埃**
　　　　　　（工人党）、**德扎伊**（革命中央委员会），**韦伯**
　　　　　　（独立社会党人）"

纽文胡斯给我们造成了一个假象，似乎他已把提倡推广世界语的提案付诸实施了，因为他的讲话非常没有逻辑和意义。（荷兰人发出喊叫声）他指责了德国人的沙文主义，但是他的整个讲话的目的只是为了勾起法国人对德国的忌妒心。是的，先生，我们不应有任何一点沙文主义感情，那些带着这种感情到这里来的人是可耻的，那些（法国人激烈地和长时间地打断他的讲话）心怀民族忌妒和民族仇恨的人是可耻的；我，难道我会有这种应受到十倍诅咒的感情吗？有人指责德国人有这种情绪，有人在这里引用了倍倍尔的一次演说，据说它是鼓吹反对俄国的民族仇恨的。我要反驳这一点。当倍倍尔说出了真实情况时，人们指责他什么呢？指责他是一个沙文主义者，而我，一个同意他的观点的俄国人，于是就成了我的祖国的背叛者！然而事实是否就像人们所说的那样呢？倍倍尔究竟说了些什么呢？他究竟鼓吹了些什么样的民族仇恨呢？好吧，公民们，他讲到了反对**官方的俄国**，他控诉了**沙皇**，他把沙皇钉到了历史的耻辱柱上。是的，在这方面我们同我们的朋友倍倍尔是完全一致的。现在正是结束俄国沙皇制度的时候了，这个沙皇制度是整个文明世界的耻辱，是欧洲和平和文化进步的经常威胁。我们的德国朋友对沙皇制度的攻击越多，我们就越要感谢他们。干得好呀，我的朋友们！揍它的脑袋，把它拉到被告席上来，只要你们哪怕有一点可能，就用你们拥有的一切手段打击它。至于俄国人民，那么他们知道，我们的德国朋友希望他们获得自由。

接受我们的决议案并不表示反对俄国人民，而只是表示反对沙皇制度。但是如果荷兰人的决议案得以通过，那就只能使沙皇的地位得到加强，而沙皇是一个压制自由、使人民挨饿的人，他必须同其整个制度一起垮台，如果俄国人民、如果自由要想获得胜利的话。如果德国军队越过边界进入我国国境，那么他们是作为解放者进来的，正如100年前建立了国民公会的法国人来到德国是为了作为胜利者越过诸侯把自由带给人民一样。

有人说俄国的威胁根本不严重。但你们忘记了，俄国沙皇已同你们的（朝向法国人）资产阶级结成联盟，沙皇是谋害波兰的凶手！法国怎么能把自己革命的过去忘得一干二净，以致愿意接受荷兰人的决议案而成为沙皇制度的帮凶呢？（法国人发出喧闹声）

荷兰人的决议案只是一句空话。正如法国少数派所指出的那样，它的实施在最好的情况下也将导致一场屠杀，并且是使无产阶级的优秀分子遭到屠杀，而不会给专制主义带来丝毫的损害。据说不存在俄国的威胁，但请你们问一下匈牙利、保加利亚和塞尔维亚的代表，俄国沙皇政府对他们有多大的威胁。

纽文胡斯说，德国资产阶级正在煽动强烈的仇法情绪，德国军队或迟或早总要入侵法国。德国入侵的危险难道就比俄国入侵的危险小吗？

这完全是对实际情况的错误判断。法国和德国都有有组织的无产阶级，因此**两国人民**都必须努力使这种入侵成为不可能。但是为了达到这个目的，必须铲除法国和德国的任何一种沙文主义。为了做到这一点，请你们以压倒多数票通过向你们提出的决议案，以此作为和平的示威，作为强大的团结一致的无产阶级力量的示威。

法国人、部分荷兰人和其他一些代表经常打断他的讲话，并出现长时间的喧闹声，普列汉诺夫的讲话时间已经超过，他不得不停止发言。在他的讲话翻译成德文和英文后，他获得了十分热烈的掌声。

对荷兰人的决议案按国家进行表决的结果是，赞成的有澳大利亚、荷兰、法国、挪威，其余 14 国反对。接着对比利时的修正案："工人在议会中的代表有责任反对一切军事预算和赞成普遍解除武装"① 进行表决。这个修正案获得大多数代表支持而得以通过。在表决包含比利时修正案在内的德国人的决议案时，澳大利亚、美国、荷兰、法国和挪威弃权，其余 14 国投票**赞成**。

会议于 6 点 30 分休会。

---

① 参见本卷第 93 页提案文字，原文不一。——译者注

第九次会议

（1893 年 8 月 11 日上午）

沃尔德斯（布鲁塞尔）任主席，他请求在今后的讨论中尽可能讲得简短一些；只有两天时间来讨论这么多的题目了。

纽文胡斯以荷兰代表团的名义提出抗议：普列汉诺夫利用致结束语的机会散布谎言。布鲁塞尔决议不是法—德决议，因为法国人在布鲁塞尔是赞成他的决议案的。

李卜克内西代替不在座的普列汉诺夫发表声明，他认为在代表大会上掺进个人争执是不严肃的。决议是法—德决议，因为这个决议是法国人瓦扬和德国人李卜克内西提出的，并为代表大会的多数所通过。

他还通告一件事。参加代表大会的有 20 个国家的代表；但直到现在只有 19 个国家投了票，另一个国家**巴西**弃权了。这个委托书是巴西社会民主工人联盟交给他的；但是为了防止委托书过多地集中在一个人那里，他至今还未使用过这个委托书。如果从现在起还不使用这个委托书，那对巴西人是不公正的。

大会讨论的下一个题目是：

五一节

阿德勒博士（维也纳）以委员会的名义作报告，委员会同意下述决议案：

1. 代表大会修正布鲁塞尔代表大会的下述决议：

"为了保持 5 月 1 日的真正经济性质：要求八小时工作日和确认阶级斗争。

代表大会决定：

5 月 1 日是全世界工人的共同节日，在这一天工人们要宣布他们的共同要求和他们的团结一致。

只要各个国家的情况允许，这个节日应成为休假日。"

2. 代表大会决定对此作如下补充：

每个国家的社会民主党都有责任争取把 5 月 1 日变为休假日，**并支持各个地方和各个组织**朝着这个方向所作的**一切努力**。

3. 代表大会还决定：

5 月 1 日举行的争取八小时工作日的集会，同时也应该是表达工人阶级通过社会革命消灭阶级差别，并由此走上通向各个国家人民内部和平以及通向国际和平的唯一道路的坚定意志的大会。

阿德勒博士阐述了提出这项提案的理由，它牵涉到两个方面：一方面，委员会面前摆着一系列提案，建议不仅要把 5 月 1 日组织成为争取八小时工作日的示威，而且要把它组织成为争取国际和平的示威。另一方面，我们奥地利人也提出了一项提案，它不涉及五一节的内容，而是涉及庆祝五一节的形式。

关于和平示威问题，委员会收到一系列表达了这种思想的法国提案。同样有许多法国党小组也发表了声明，有的赞成，有的反对这种思想。委员会中的奥地利人、比利时人、意大利人等认为，在 5 月 1 日这天举行特殊的和平示威是多余的，因为五一节本身就是最强大的和平示威。比利时声明，国际和平示威之所以是危险的，是因为这是一件非常惬意和不用付多少代价的事情，只要不做生意，连资产阶级这个完全无害的和平大会的拥护者也会参加国际和平示威。资产阶级和平协会成员在他们的代表大会上也通过反战的决议，然后他们又以议员的身份批准他们政府的军事预算。我们不想同这些人打交道，我们不想同这些人在一起。（热烈的赞同声）但英国人这次特别希望把和平示威同五一节结合在一起。工联决定，这次赞成 5 月 1 日为休假日，（鼓掌）并且认为，如把争取国际和平也作为五一节游行的目的，对他们来说是很容易做到的。因此德国人提出了一项相应的提案，奥地利人和其他国家都表示赞成。按照这个提案，5 月 1 日的和平示威要这样来举行，即无产者在用一切手段为无产阶级革命进行示威的同时，也为争取和平而示威，这样一种方式就可以使我们同带有宗派色彩的资产阶级的"和平天使"保持一定的距离。第二个问题引起了更多的意见分歧。我们奥地利人提议，对布鲁塞尔决议中关于 5 月 1 日应成为休假日的规定不仅要加以修正，而且要采取更严格的形式。我们觉得，有些国家在对待 5 月 1 日这一天能够做什么和不能够做什么这个问题上过于轻率。只有通过停止工作，5 月 1 日作为真正无产阶级的和革命的示威的鼓动性质才能得到保持。（鼓掌）布鲁塞尔决议已谈到了这一点。投票反对这个决议的英国人曾表示愿意服从。然而，他们根本没有在 5 月 1 日举行过庆祝活动，而是又把庆祝活动安排在 5 月的第一个星期日。德国一开始就属于不可能停止工作的国家之列。在法国，虽然在巴黎人们极少停止工作，但外省在 5 月 1 日却举行了大规模的、隆重的庆祝活动。现在情况就是这样：如果我们不向前迈一步，五一节的庆祝活动就会停顿。（赞同声）但我们奥地利人把这种庆祝活动看成是宣传鼓动的最有力杠杆，是激发无产阶级热情的最好办法。它不仅是一个社会民主党人的节日，而且是一个无产阶级的节日，是一个阶级的节日。因此我们认为，对于那些使用其他方法举行示威游行的国家来说，对五一节不能采取过于轻率的态度。由于外国人，特别是德国人的态度，我们奥地利人的宣传鼓动工作受到了严重损害。（赞同声）我们不向德国人发火，我们理解他们的行动，但我们不能原谅他们。在德国也有一些人赞成停止工作，甚至很多地方都准备这样做，但他们却被德国党代表大会的决议阻止了。使我特别感到高兴的是，我们带到这里来的关于停止工作的提案，得到瑞士、意大利和英国的附议，在委员会中由德国方面提了出来。从现在起英国也将在 5 月 1 日停止工作。很可能不久后在英国会出现比在德国规模更大的庆祝五一节的活动。如果我们的提案获得通过，那么布鲁塞尔的决议就不偏不倚：在那些不是不可能的地方停止工作。但这样一来每个党都要承担起自己的义务——在今天还不可能停止工作的地方使之成为可能。德国人应意识到自己的责任，不能只声明一下这办不到就把事情了结了。当然对于这样一个大国，我们确实不能说停止工作是可能的或者是办不到的。在德国也像在奥地利一样，停止工作在一些地区是可能的，而另一些地区则办不到。但是在德国，人们极其严格地遵守不把五一节作为停工日的决议，却很不重视在 5 月 1 日而不是在 5 月中的任何一个星期日举行庆祝活动的决定。（赞同声）至今还不可能停止工作的所有国家的党今后要使停止工作成为可能，并鼓励那些愿意举行庆祝活动的组织，而不是去泄它们的气！（有人喊：说得好！）我们奥地利人不是梦想家，也许是这个大厅里有些人过于理智了。当我们把五一节当做首要的宣传鼓动方法来看待的时候，不是出于幻想，而是出于现实。头脑当然是重要的东西，但是五一节能唤起直至最后一个无产者的国际团结的感情，这是我们的说理工作完全做不到的，这种感情因素也是一种现实。（有人喊：说得好！）假如我们忽视头脑或者忽视心灵，我们都同样是不好的政治家。（热烈鼓掌）

沃尔德斯以比利时人和荷兰人的名义发表声明，他们不参加辩论，但将同意决议案。

马克斯韦尔（英国独立工党）代表英国人的多数派对决议案表示

赞同。由于考虑到大工会，英国至今一直在星期日庆祝五一节。预期的效果也并非没有达到。不过，现在到了告别这种状况、在 5 月 1 日举行游行示威的时候了。开始一两次游行规模可能不大，但逐渐会变成为强大的示威游行。由于争取八小时工作日的示威游行，议会已在研究这个问题。现在我们也必须进行争取国际和平的示威游行，这样也就能把这个问题提到日程上去。

斯特德曼（来自伦敦工会委员会）以英国人少数派的名义赞成保留在 5 月的第一个星期日举行庆祝活动的意见。工会在星期日的游行示威非常有力，不仅对居民有影响，而且对两个大政党——自由党和保守党——也有影响。他们对庆祝五一节的热情并不比其他人少，但是实际的原因说明了他们的态度，因为只有在星期日，才有可能举行会产生巨大影响的群众示威游行。

王德威尔得（布鲁塞尔）提请注意文字上的差别。法国人说的是示威游行，德国人讲的是节日；这里必须要确定一个统一的措词。决议在奥地利、德国、意大利等国立即受到欢迎，但法国人可能反对节日的提法。因为不能把在富尔米发生的流血事件称为节日。人们必须举行示威游行，而不是举行庆祝。即使想举行庆祝，也要离开工厂，停止工作。

沃尔德斯提请大家注意，在布鲁塞尔已经作出这样的决定，即为了消除一切怀疑，将 5 月 1 日定为示威游行的日子。他希望代表大会作出决定，是否同意在文字上作这种改动；他建议，以法国的方案为基础。

倍倍尔：我的朋友**阿德勒**在开始阐述他的观点时发表了一个声明，就是委员会中多数人的意见是，必须修改布鲁塞尔决议的措词，使之更加严格，因为有些国家很容易规避布鲁塞尔决议，这也是针对德国而言的。在布鲁塞尔作出了可能实施就举行停工日的决定。人们是从这样一种想法出发的，即必须区别各个国家的政治状况和经济状况；因此必须保证各个国家有根据自己的情况选择庆祝五一节的形式的自由。当然不管是在本国同志还是在外国同志中间，对在个别场合选择什么样的庆祝五一节的形式会有不同看法。但是应该相信，对于必须作出什么样的决定，每个国家自己能作出最好的判断。在阿德勒也参加了的德国党代表大会上，这个问题得到了深入的讨论，并以 223 票对 6 票作出决定，不考虑在 5 月 1 日停止工作。大会并没有一劳永逸地解决这个问题；党代表大会也指出，停止工作是庆祝的最隆重的形式，至于是否能做到这一点，每年的党代表大会都要根据当时具体的政治情况和经济情况来作决定。因此这里不存在原则性的对立，但是我们必须保留由自己决定停止工作还是不停止工作的权利。在任何情况下，我们都不能同意所建议的决议案的第二部分，这一部分同重申布鲁塞尔决议的第一部分有着难以解决的矛盾。在布鲁塞尔曾明确承认，每个国家有权自己决定庆祝的形式。他们今天重申这个决定，但同时又要每个国家承担义务，以完全确定的形式进行庆祝，这是不可想象的。这个问题怎样付诸实践呢？假定在一个集会上一小部分人决定停止工作，绝大多数人表示反对；党代表大会则作出了与此相反的决议。结果会怎样呢？根据这个决议，多数人必须服从少数人，必须违反真诚的信念去执行人们认为是错误的、有害的决议。这恰恰是违反党的纪律的。党对此不仅要承担道义上的责任，而且还要承担财务上的责任。成千工人将失去生存手段，流落街头；另一些工人将由于违反合同而受到法律惩罚。（奥地利人喊：我们那里也是如此！）根据 1891 年的一条法律（当局正是出于此种目的而制定它的），成千的德国工人还将因此受罚整整一周的工资。那时我们有义务从物质上补偿所有这些损失。（其他国家的代表喊道：不，不！德国人喊道：是这样！）

　　如果德国作出停止工作的决定，那么我们也就有责任以**相应的形式**贯彻这个决定；于是就会发生一场在世界其他国家不会出现的同资产阶

级和政府的战斗。如果我们接受这场战斗，那么我们也想自己选择进行战斗的日子。（热烈鼓掌）

奥地利人抱怨我们说，由于我们坚持自己的立场使我们给他们的斗争造成了困难。这一点我始终承认并表示极大的遗憾。但是我们不能完全否定自己，不能仅仅为了减轻他们的斗争困难而使我们自己的党及其生存利益遭受最严重的损害。像他们一样，我们在这方面也必须走我们自己的道路。

在这个问题上我们也有自己的经验。1890 年有一个城市——那里有我们党最遵守纪律的同志，他们拥有最严密和最强大的组织以及最丰富的资金——在 5 月 1 日试行停止工作。这个尝试使我们付出了沉重的代价，同时也使我们获得一个教训：付出的代价不仅和已取得的成果而且和可能取得的成果是绝不相称的。我讲的是汉堡，其他各地也是如此。

还有一点，德国有 75 万在铁道、邮电和矿山等部门工作的国营企业工人。这几十万人由于那里规定的纪律，不能贯彻这样的决议。另一方面，在德国有一些大区，我们党在那里很强大，但是由于就业条件特别困难，根本不能要求工人停止工作。

德国代表团中最多只有几个代表赞成这个决议案。特别是决议案的第三点，即用"社会革命"的手段来消灭阶级差别的提法，是完全不能接受的。如果接受这个提法，许多德意志邦庆祝五一节的活动在法律上就完全不可能。（鼓掌）

英国代表希望结束讨论，或者根据沃尔德斯的建议，把发言人的讲话时间限制在两分钟之内。

舒迈耶尔（奥地利）：如果说多数英国人已相信在 5 月 1 日举行庆祝是可能的，如果说现在还声明反对在这一天进行庆祝的其他工会组织将来也会相信这是可能的，那么一向走在工人运动前面的德国党在这个问题上却落后了，这是非常令人惋惜的。在德国的一些地区停止工作是完全可能的，同时决议案的第二点已作了可能作出的最大让步。当德国人坚持他们的拒绝的立场，根本没有勇气进行停止工作的试验，从而使我们继续受到损害时，我为德国工人阶级和奥地利工人阶级之间的亲密关系深感惋惜。

澳大利亚代表**谢乌萨**首先抱怨说，他经过 5000 英里海路来到这里，由于英国代表结束讨论的提案，他无法就此发言了。

沃尔德斯宣布谢乌萨现在重新对这个问题发表意见是完全合理的，于是**谢乌萨**接着说：

澳大利亚对庆祝五一节持一种特殊的态度。5 月在北半球是春天的开始，但在包括澳大利亚在内的南半球却是初冬，大约相当于 11 月。再者，澳大利亚已经有了一个无产阶级的劳动节日，这就是工会胜利纪念日，人们在这一天为争取八小时工作日而斗争，并且政府也已承认这一天为劳动节。虽然如此，社会民主党还是赞成代表大会的决议，在 5 月 1 日这一天也举行庆祝活动；这当然不是一般意义上的无产阶级的节日，而是社会民主党的节日。即使社会民主党现在还很弱，但它已为发展打下了有力的基础，社会主义在无产阶级群众中的传播越广泛，5 月 1 日也就会越来越成为整个无产阶级的节日。

沃尔德斯通知说，委员会决议案第三点中的"社会革命"一词将用"社会**改造**"来代替，现在决议案全文如下：

1. 代表大会修正布鲁塞尔会议的下述决议：

"为了保持 5 月 1 日的真正经济性质：要求八小时工作日和确认阶级斗争。

代表大会决定：

5 月 1 日是全世界工人的共同示威日，在这一天工人要宣布他们的共同要求和他们的团结一致。

只要各个国家的情况允许，这个示威日应成为一个休假日。"

2. 代表大会决定对此作如下补充：

每个国家的社会民主党都有责任争取把 5 月 1 日变为休假日，并支持各个地方和各个组织朝着这个方向所作的一切努力。

3. 代表大会还决定：

5 月 1 日举行的争取八小时工作日的集会，同时也应该是表达工人阶级通过社会改造消灭阶级差别，并由此走上通向每个国家人民内部和平以及通向国际和平的唯一道路的坚定意志的大会。

接着，根据倍倍尔的建议，大会对每点分开进行表决。第一点和第三点被一致通过。第二点按国家进行表决；**赞成**决议案的有：荷兰、奥地利、英国（多数人）、美国、意大利、西班牙、罗马尼亚、塞尔维亚、比利时、法国、瑞士、匈牙利、波兰（5 票赞成、3 票反对）。反对决议案的有：德国（除 8 票赞成外其余都反对）、丹麦、保加利亚、俄国。弃权的有：瑞典和澳大利亚。

表决之后，**辛格尔**以德国代表团的名义要求将下述声明载入记录：刚才讨论的决议案在不同的文本中措词是不同的。如果按照英文文本的措词进行表决，**德国代表团就会一致投票赞成**。关于这个问题的德文文本说，各个工会在各个地方所进行的每一种尝试都应受到支持，英文译文满足于下述形式：

每个国家的社会民主党都有责任争取把 5 月 1 日的庆祝活动变为休假日，并**支持地方组织朝着这个方向所作的努力**。

法文文本的措词也与此相仿。关于第三点的英文译文少了"**通过社会革命**"消灭阶级差别这句话。**辛格尔**继续声明说，德国同志也像奥地利和其他国家的同志一样，衷心和真诚地赞成停止工作的原则，但是在这方面我们不能接受任何单独的规定。（鼓掌）

第十次会议

（1893 年 8 月 11 日下午）

由于议程上第 3 个问题的决议案尚未提出，因此辩论议程上的第 5 个问题：

保护女工

报告人**路易莎·考茨基**（维也纳女工代表）受委员会的委托论证并建议通过下述决议案：

"鉴于，

资产阶级的妇女运动拒绝任何有利于女工的特殊保护立法，将其视为对妇女的自由、对妇女享有同男人平等的权利的干扰；

它这样做，一方面忽视了建立在资本家阶级对工人阶级（女工和男工）的剥削基础之上的我们今天的社会的性质；

另一方面，它又没有认识到由于性别差异所造成的妇女的特殊作用，即她们作为孩子的母亲对社会未来所具有的重要作用；

苏黎世国际代表大会声明：

实现下列措施，最坚决地维护对女工的法律保护是一切国家工人代表的义务：

1. 妇女每天的工作时间最多不得超过 8 小时，18 岁以下的少女最多不得超过 6 小时；

2. 规定每周有一次连续 36 小时的休息日；

3. 禁止上夜班；

4. 禁止在一切对健康有害的企业使用女工；

5. 禁止孕妇在产前 2 周和产后 4 周工作；

6. 在一切有妇女从事劳动的工业部门委派足够数量的女工厂视察员；

7. 上述措施适用于一切在工厂、作坊、商店、家庭工业中工作的妇女或作为农业工人的妇女。"

在委员会的两次会议上决定，除最后一句外保留原来的提案。坚决提出反对意见的只有两位比利时女代表。比利时的这两位女代表反对任何保护立法，特别是反对决议案的第 7 点，理由是，所有这些法律只会歧视妇女而有利于男人。她们的建议只针对技术学校、职业学校和糕点铺。这些建议被委员会的其他代表拒绝。相反，意大利人关于把农业女工也包括在内的补充提案被绝大多数人接受了。除比利时女代表及法国人克费反对外，当前的这个决议案被大家一致通过。克费表示愿意同意这个决议案，但要列入另外一些要求。从讨论中可以看出，在一切国家里妇女劳动所受的剥削最重，妇女劳动的时间较长而工资较低。实物工资制在女工中要比在男工中普遍得多；还有，男人下班离开工厂后他的劳动就结束了，而对于妇女来说，家务劳动、教育孩子才开始。已婚妇女的工资只能当做是男人工资的额外补贴。迄今为止，妇女越来越成为用来对付男工保护的攻城槌，因为在那些男女工一起工作的行业里，缩短妇女的劳动时间也会造成缩短男工的劳动时间的结果。从这一角度出发，必须重视对妇女的保护。必须注意到，让妇女进行长时间的劳动而又付给她们低工资，会造成整个工人阶级退化的恶果。我们提出保护妇女的要求，不是为了我们妇女的自身利益，而是为了促进整个社会的利益。男人们直至今天只用一只手臂进行斗争，而缺乏妇女这只左臂相助；如果妇女参加进来，这样才会有完整的战士。（鼓掌）

　　俄国、西班牙、荷兰和英国的一些代表提议，还要提出"同工同酬"的要求；**克莱斯**女士（比利时）赞成这个提案。英格兰和爱尔兰女工联合会提出下述补充提案：

　　　　"代表大会摒弃中间阶级的企图，他们自称要保护劳动妇女，但却反对旨在打破雇主强迫加班加点和付给低报酬的权力的立法。

　　　　代表大会声明反对以低工资雇用女工和童工，这种做法的唯一目的是反对男工和压低男工的报酬。

　　　　为了同这种弊病作斗争，代表大会希望全世界工人一致努力，让女工和童工接受协会或工会的教育，并保证使她（他）们获得同男工一样的报酬。

　　　　此外工人们必须善于使用自己的政治力量，以便把关于有损健康的工业部门、关于缩短劳动时间等的一切法律，既运用于女工，也运用于男工。"

　　肖伯纳（伦敦费边社）还提出下列提案：

　　　　"国际代表大会声明，一切国家的工人代表都有义务坚决要求在一切商业部门和工业部门委派一定数量的女工厂视察员，并决心反对一切旨在为妇女采取保护措施但不同时适用于男人的法律草案。"

　　埃米莉·克莱斯（比利时）：比利时委员会声明反对这个决议案，不是由于它原则上反对保护女工立法，而只是因为人们对这个问题的处理方法。我们确信，这种做法恰恰会导致同我们的愿望相反的结果。当我们一方面想保护女工的健康和道德的时候，另一方面就不该使她们在这方面遭受更多的危险。我们特别不赞成这样的要求，即与男人相比，要更多地缩短妇女的劳动时间；我们不为妇女要求特权。此外我们认为，首先必须对妇女问题进行深入的研究，这个问题太广泛了，不可能把它硬塞进这样一个决议案里去。而且如果我们不想欺骗自己的话，正是在这个问题上存在着许多有害的东西，这些东西会使任何实现这些要求的保证和防止滥用这些要求的保证遭到破坏。我虽然是一个社会主义者，但我仍然认为，妇女问题必须同雇佣工人问题分开处理。

德沃夏克小姐（奥地利）：我们不要求对我们妇女有什么特殊的保护，当然产前 2 周和产后 4 周休息除外，对这种特殊保护大概没有一个男人会责怪我们。我们确信，这项在奥地利已实现了的保护措施实在太不够了。因此我们提议，产后要有 6 周调养时间，但这遭到了英国人的反对，他们在这个问题上还完全没有法律规定，因此必须从最低要求开始，以便至少能取得一些成就。但我们认为首先要强调的是，必须把家庭工业置于保护立法的监督下，因为那里的劳动时间照例为 13—16 小时。

库利绍夫夫人（米兰）主张同工同酬，因为不这样做，就会造成妇女排挤男工的不可避免的结果；此外也会造成大批妇女被迫卖淫的危险，因此她对决议案提出一项补充。

克拉拉·蔡特金：关于规定最低工资的问题没有列入大会议程，所以对这个问题根本无法讨论；此外要求制定关于最低工资或同工同酬的法律是一种空想。前面一位发言人说，如果不提出规定最低工资的要求，工业部门里的女工就会完全排挤男工，这种说法是毫无根据的；相反，通过缩短女工的工作时间，男工的劳动时间也可能同时得到缩短，这样对劳动力需求就会增加，于是工资也会提高。还有一种说法，受保护的女工中会有更多人去卖淫。经验告诉我们恰恰相反，绝大部分卖淫的人不是受保护的女工。此外我也要反对克莱斯女士的说法，这位代表所持的立场是旧女权主义者的立场；我们必须反对承认女权主义者所持的视每个男人为女人的敌人的立场，这对一次无产阶级代表大会来说是有原则性的意义的，我们作为无产阶级妇女必须同她们一刀两断。

资产阶级女权主义者总是忘记，在资产阶级妇女和无产阶级妇女之间存在着不可逾越的阶级对立。女工们必须大声对这些人说：我们不会为你们火中取栗；你们的特权造成我们的贫困，你们的文化是建筑在强加给我们的愚昧无知上面的。你们口中的"劳动权"只是意味着允许你们去从事高贵的职业！关于普遍的人权的空话也没有使任何一个资产阶级妇女下到矿井去或者把石料运到工地去，日复一日地每天干14—16小时的活。妇女不是要为扩大所谓的女权而是要为限制剥削的自由而斗争。

欧文夫人（英国）表示，总的说来同意决议案，但希望删去反对资产阶级妇女运动的段落和尖锐的措词，因为这些话会引起那些同我们携手前进的人的反感。

范科尔夫人（荷兰）表示反对决议案。她在决议案中看不到消除妇女劳动所产生的弊病的充分保证。她担心，成百万未婚妇女，如不允许她们参加任何劳动，也就是说剥夺了她们的生计的话，为了逃脱贫困会被迫作出可怕的选择：要么去卖淫，要么投入死神的怀抱。

辩论结束。

肖伯纳抗议没有把他的决议案提交大会讨论。

比利时、西班牙、罗马尼亚、荷兰、意大利、法国和英国的一大批代表提出下述决议案：

> "鉴于在一切把妇女作为女工使用的行业里，她们的劳动时间几乎到处都比较长，而她们的劳动报酬却比男劳力低一半，这种情况不仅造成可怕的竞争，而且还使工人经常被解雇。
>
> 代表大会决定：
>
> 为了保护妇女劳动，首先必须坚决限制对妇女的剥削，不仅要缩短劳动时间，而且也要实行'同工同酬'的原则。"

路易莎·考茨基夫人作为报告人赞成接受肖伯纳的决议案作为原决议案的修正案，因为它仅仅是原决议案的文字上的补充；但她反对关于要求实行同工同酬的修正案。甚至连工资法都不是为男工制定的，因此这个要求无法实现。

原来的文本被鼓掌通过，同样，关于实行同工同酬的补充提案也通过简单表决的方式以绝大多数票赞成获得通过。

一些奥地利代表要求将下述声明载入记录：

投票反对保护妇女决议案的奥地利代表们，为了避免引起任何误解，特此声明，他们之所以投票反对这个决议案，只是因为对他们来说，特别是第五项要求是非常不够的，甚至苏黎世政府委员会当前的法案也比它走得远。

约·雷塞尔、舒迈耶尔、斯卡雷特
约瑟夫·施泰纳、约·汉尼希、托姆西克
罗雷尔、卡尔·德第、约·希贝什

转入讨论大会议程上的第 3 个问题：

社会民主党人的政治策略

报告人**王德威尔得**（比利时）阐述由委员会提出的下述决议案：

一

鉴于政治行动只是达到无产阶级经济解放的一种手段，
代表大会
援引布鲁塞尔代表大会关于阶级斗争的决议声明如下：
1. 为了反对剥削制度，把各国工人在全国范围和国际范围内组织到工会和其他组织中去是绝对必要的。

2. 不论是为了宣传鼓动和公开阐明社会主义原则，还是为了争取迫切需要的改革，政治行动都是必要的。

因此，代表大会建议各国工人争取和行使政治权利。为了使工人的要求在一切立法机构和管理机构中受到最大的重视，为了夺取政治权力手段，以便把它从资本统治的手段变为解放无产阶级的手段，争取和行使政治权利证明是必要的。

3. 经济斗争和政治斗争的形式和方式应让各个国家根据本国的特殊情况自行选择。但是代表大会声明，在这场斗争中必须把社会主义运动的革命目的，即从经济、政治和道德上彻底改造今天的社会，置于首要地位。绝不允许把政治行动用来作为有损于我们的原则或我们的独立自主精神的妥协行为和结盟的借口。

二

鉴于在现今社会中代表机构不能真实地反映其所代表的人的思想和要求；其次，鉴于几乎大多数国家里盛行的选区制度是与按多数决定的原则进行的选举相适应的，而这种人民意志与代表的表决不协调的现象还在加剧；为了充分实现人民主权，代表大会声明，除了代表制之外，实行法律建议权和法律表决权（提出法案和全民公决），以及实施比例选举制。

王德威尔得：委员会收到了许多建议；我不想谈那些没有被决议案采纳的建议；我只想提一点，阿列曼关于直接立法的详细建议之所以没有被接受，不是因为它在原则上遭到反对，而是因为它在形式上远远超出了这样一个决议案的范围。此外，还有荷兰人提出的两个决议案，一个是对无政府主义者的态度问题，另一个是对国家社会主义的态度问题。我们之所以没有研究第一个问题，是因为代表大会的态度已经明确地限定了我们对无政府主义者的立场；我们之所以没有研究第二个问题，是因为关于这个问题的决议案只是用德文书写的，所以无法进行讨论；另一方面，由于这个问题很重要，应由下届代表大会讨论。于是，目前这个文本的决议案获得一致通过。

可以断定，议会策略只能是达到目的的一种手段，而主要目的是无产阶级的解放；但是为了达到这个目的，除了利用议会制度之外，还必须使用其他手段，首先是工会运动和组织有阶级觉悟的无产阶级。即使有了强大的政治宣传鼓动，工会运动本身也是决不可少的，因为如果没有完善的工人组织就不可能对劳工保护规章的实施进行监督。每一个工人都必须成为本厂的视察员，但是只有当他有一个强大的组织作为后盾时，他才可能做到这一点。工会运动同政治组织站在同一行列里。因此，把这种或那种活动放到次要地位的做法都是不对的；因此，我们也不能同意那种为了工会活动的利益而完全忽视政治活动的观点。相反，我们通过我们的决议要求各国工人，凡是在他们已经拥有政治权利的地方使用他们的这种权利；凡是在他们尚未拥有政治权利的地方用他们可以支配的一切手段去争取这种权利，但是这一切都是为了把无产阶级从资本主义统治下解放出来而夺取政权这一目的。

可能有人说，劳工保护法什么也没有保护，它对工人毫无用处，因此参加制定劳工保护法是白费力气。但英国工人运动证明事实恰恰相反。这个运动通过宣传十小时法案，为工人阶级的体质和道德水平的提高开辟了道路；而这正是我们希望从劳工保护立法中得到的东西。

我们不能低估议会制度的腐蚀作用，因为议会制度会导致最勉强的妥协，甚至导致背叛原则。但是这种腐蚀作用的根源不在于议会制度本身，而在于议会掌握在资产阶级手中；一旦议会掌握在解放了的无产阶级手中，这种腐蚀的根子也就被铲掉了。由于我们认清了资产阶级社会议会制度的危险，我们提出了一些防范措施，我们要求进入议会的工人代表要满足一定的条件。在任何情况下都不允许他们忽视阶级斗争，不允许他们同资产阶级政党进行哪怕稍微有损于无产阶级的阶级性的妥协。只有这样无产阶级才能获得胜利。如果不把资本主义彻底打翻在地，无产阶级就不能取得胜利；而任何妥协都会阻碍消灭资本主义。

自由——平等——博爱，今天的社会已经提出这个要求。但这个三位一体的要求在今天的社会中只是一个骗局。无产阶级的党是唯一实现了这个要求的政党，也只有它才能实现这个要求——它在人所享有的一切经济关系中实现**平等**，在精神世界中实现**博爱**。

妥协和结盟问题在委员会中引起了激烈的争论，但最后达到了完全一致的认识。在无产阶级政党获得充分发展、政党已相当强大的国家里，任何妥协都是对无产阶级事业的背叛；但在委员会中也有人主张，在工人政党还不太强大、还没有实行普选权的国家里，严格禁止同资产阶级政党进行任何妥协会束缚工人的手脚。因此委员会的多数决定，对这些国家作一些让步，这就是不完全禁止那里的工人同资产阶级政党结盟，但要有一个明确的条件，就是不允许通过这种妥协作出使工人事业的原则哪怕只是遭到一点点损害的最微小的让步。在这方面，各国的任务就是努力使这些规定到处都得到遵循。在反对资本主义的斗争中各国无产阶级是团结一致的。我们早已知道，这场斗争比以往的任何阶级斗争都更持久、更可怕和需要作更多的牺牲；我们也知道，政治斗争像经济斗争一样会带来一些失望，毫无疑问，政权问题不会在议会基础上得到解决，因为今天存在的议会是违背民意的。为了使立法机构尽可能符合人民的意愿和需要，为了消除民意和议会决议之间的矛盾，为了开辟人民主权的新的源泉，我们在委员会中一致同意争取实行直接立法，就是说，争取人民的法律建议权（提案）和对法律的表决权（全民公决)。不久前我们在德国看到，在最近一次选举中产生的议会是怎样违背民意的。人民反对军事提案，而由人民选举的议会却以多数票通过了这个提案。如果实行全民公决和人民提案就可以使这类现象完全成为不可能。

其次，依照委员会个别委员的观点，比例选举制的必要性继续受到强调，这种选举制可以防止多数人强奸少数人的意志。

最后，我还要以奥地利代表团的名义，希望代表大会一致通过一项声援正在为争取普选权而斗争的奥地利同志的声明，从而向奥地利工人表示代表大会的道义上的支持。通过一致通过的决议，我们将从一开始就促进他们的斗争，使他们更容易取得胜利，而这个胜利同时也是整个无产阶级的胜利。

还有一句话：在代表大会开始的时候我们进行过辩论，它让敌人产生了这样的希望，似乎我们中间不能取得一致；有过这样的情况，它给人一种假象，即似乎有些国家对另一个国家遭到的小小的失败感到幸灾乐祸。让我们抹掉这种印象，让我们向敌人阵营表明，我们是一致的，我们只有一个敌人；如果我们一致通过提交大会的这个决议案，我们就用最好的方式，最明显地表示了这种一致。

弗利根代表荷兰多数派讲话。委员会的决议案接受了我们的大部分要求；只有一点我们还不满意。我们同样同意接受经济斗争。政治行动始终只能是争取工人阶级经济权力的一种手段。经济决定政治，而不是相反。这个思想在德国人的决议案中没有包括进去。可能主义的特点是把手段当做目的。在一些国家里人们是按照可能主义的原则办事的，尽管他们没有这样说，也没有这样写。我们并不摒弃议会制度，而是想限制它。有些好的东西体现在政治行动中，选举季节也是鼓动季节。普选权为我们提供一种进行组织工作的好手段。议会制度不好的地方是腐蚀作用。阿列曼在委员会中对议会制度的后果作了非常黯淡的描写。但是不仅在当选者中会出现腐化现象，而且在选举人中也会出现腐化现象。为了使候选人能够当选，人们就同资产阶级政党妥协。他们掩盖了党的原则，仅仅追求眼前的目标。我没有时间用事实来说明我的论点，但事实确实存在。（喊声：赶快说。）我的话不仅是针对德国说的，而且也是针对英国和法国说的；所以也是对全世界说的。两年前我们在布鲁塞尔接受了阶级斗争的立场；站在阶级斗争的立场上就不能有任何妥协。很多朋友要我们接受直接立法。我们有一个责成我们投票赞成自己提案的明确的委托书；因此我们不能赞成委员会的决议案，但也不投反对票，因此我们将在表决时弃权。

荷兰决议案如下：

"鉴于如果各国政府同意通过劳工改良法案使劳动阶级的状况得到小小的改善，而且政府只有在下述条件下才肯这样做，即这种改善要在政府的监督下进行；

鉴于这种改善会导致通过政府渠道控制劳动，并使工人处于当局的监护之下；简言之，会给我们带来国家社会主义，即使统治者是通过普选选举出来的，这种国家社会主义也仍然会保留它作为国家社会主义的特征；

最后，鉴于在生产手段私有制的基础上不可能持久地改善劳动阶级的境况；

代表大会声明：

各国工人的任务是，在规定劳动合同时，保护有关工人的自决和自治的原则，这样将把一切用来压迫工人的武器改铸成解放工人的武器；

其次，工人只能在改善他们的状况有助于改善他们的斗争地位的意义上欢迎在今天的社会内改善工人状况，并且把这作为使他们更好地组织起来和更便于对有产阶级进行剥夺的手段。"

由于高温和大厅通风设备差，代表们普遍感到疲倦，原定的晚间会议取消了，下午会议于7时休会。

第十一次会议

（1893 年 8 月 12 日上午）

屠拉梯-库利绍夫同志（米兰）任主席。人们没有期待她发表长篇讲话；纪律、忍让和平静——这是今天向代表大会参加者提出的要求，以便使讨论顺利结束。

代表大会继续讨论：

社会民主党人的政治策略

李卜克内西第一个发言：使我们感到非常满意的是，在经过几天的激烈讨论之后，现在在议会制度问题上出现了美妙的和谐。对荷兰人的提案并不存在任何原则性的反对意见。我们之所以没有接受这项提案，只是因为我们想在一次新的代表大会上论述国家社会主义问题。昨天，弗利根对于我们也认为政治行动只是达到目的的手段表示惊讶。这相当清楚地向我们表明，针对我们的那种狭隘和非兄弟般的感情是怎样产生的。人们对德国的运动同样有一种错误的观念。我要满意地向荷兰人声明，在我们的纲领中已清楚而明确地表达了阶级斗争的基本思想。在国际的纲领中，在 1868 年于纽伦堡举行的我们的第一次代表大会的纲领中，已经接受了这一段。我们感到幸运的是，在经过激烈的争论之后，代表大会已看清了资产阶级和警察所散布的、说我们德国人不再站在革命的阶级斗争的立场上了的神话。在兄弟党的所有纲领中，我们的纲领是最激进的纲领。世上没有哪一个国家在这个问题上看得像我们那样清楚。攻击我们的那些人是先向我们学习的。（鼓掌）策略问题已经得到过阐述。策略不是一个原则问题，而是一个实践问题。没有革命的策略和反动的策略，而只有达到革命目的或达到反动目的的策略。策略是随机应变的。如果一天之内情况发生了 24 次变化，我们的策略也要改变24 次。（赞同声）我们的策略是视敌人的行动而定的。如果在德国出现了像在俄国出现的那种情况，那么我们德国社会民主党人除了采取虚无主义者的策略而外别无他法。（暴风雨般的掌声）引起关于策略问题的争论的根本原因是混淆了因果关系。关键在于目标！在今天德国的现实情况下，我们的看法（这种看法在委员会中除荷兰人外也得到了所有兄弟党的赞同）是，我们有责任利用国家和社会提供给我们的一切手段来反对这个国家和这个社会。我们利用普选权，在这一点上荷兰同志也是同意我们的。只是荷兰人想限制议会活动，说我们在议会中只应提抗议，因为这个代表机构是反动的，同时参加议会工作会导致妥协和腐化。这里也是把实际情况弄混了。正如不存在革命的策略或反动的策略一样，国家机器本身也不是反动的。它只不过是行使权力的工具，是一种强大的、锐利的武器。如果敌人用武器来攻击我，我不会因为藐视武器而战胜敌人；如果我不想亲身尝尝武器的滋味，我就要奋力夺走敌人手中的武器。我们面前的这个政权，我们只有夺走它的利剑才能战胜它！（有人喊："说得对！"）这是一场夺取政权的斗争，必须在政治的基础上把这场斗争进行到底，以便把我们的敌人 100 年来狡猾地用来压迫和剥削无产阶级的立法机构掌握到自己手中。（荷兰人科尔纳利森喊道："请您读一读《共产党宣言》！"）在您还没有出世之前，我们已经读过了！我只希望这位荷兰同志学会理解它。（热烈鼓掌）腐化问题是一个党的组织问题！英国人还没有坚强的党组织，因此那里有些领导人由于被敌人收买而腐化堕落了。在我们这里如有这样的议员，他马上就会成为一个不可救药的人，声誉扫地而被开除出党。（热烈鼓掌）在委员会中只有一个问题存在意见分歧，这就是同资产阶级政党妥协的问题。我们德国人反对任何妥协。我们希望在决议案的有关段落中加上排除同资产阶级政党结盟的最尖锐的措词。但在委员会中有人认为，有些国家里的党还年轻，那里的情况有时不允许拒绝妥协。由于我们没有权利给那些有可能实行妥协的国家里的同志们规定他们的策略，所以我们同意某种妥协，但有一个条件：这种妥协不能损害党的独立性和原则的纯洁性。在德国任何妥协都是不可能的。（鼓掌）如果所有的国家在这个问题上都像德国那样意见一致，那么它就根本用不着提交代表大会讨论了。我们之间的分歧不是原则性的分歧，一旦笼罩我们之间的革命空话云消雾散，这一点马上就会清清楚楚地表现出来。社会民主党必须从空话中解放出来！（热烈鼓掌）单是革命空话就能引起种种丑闻。对于来自鏖战中的汗水淋淋、血迹斑斑的朋友必须怀有兄弟情谊，而不是去窥探他的弱点！当然什么都不干的人也就不会有任何缺点。（暴风雨般的掌声）在斗争最激烈的时候很容易离开路线，向右或向左跨一步。但是路线必须正确。德国运动的路线是明确的、坚定的，通过这个决议案，它现在将被推荐给整个国际工人阶级。请你们一致通过这个决议案。（暴风雨般的掌声）

埃伦博根博士（维也纳）：尽管我们奥地利人同样没有低估议会制度的危险，但我们仍然同意前面提出的决议案。在我们那里，把工人阶级排除出立法机构意味着给统治阶级进行秘密勾当打开了方便之门，使它能在这种情况下满足其统治欲望。我们需要议会制度，以便迫使我国资产阶级（它在我国的一些地区为所欲为，仿佛奥地利是一个亚洲国家）至少尊重它自己制订的法律。我们要把阶级斗争带到议会中去，这一点统治阶级是知道的，因此它们处心积虑地想把我们排除在议会之外。其次，为了在议会中进行人们可以想到的最有效的宣传，我们需要议会制度——在这一点上我们同荷兰迥然不同。王德威尔得昨天说，在一定意义上讲妥协也许是必要的，我们奥地利人相反，我们站在坚决拒绝任何妥协的立场上。

根据这种精神，我们提出这样的提案，即代表大会认为在一切国家开展争取男女普选权的群众运动的时机已经到来。我们已开展了这个运动，在比利时所取得的成就已对我们国家的运动产生了巨大的影响，不仅在我国工人中而且在统治阶级中产生了巨大影响。请你们通过这个决议案，这将是你们对奥地利工人的最有效的支持。

屠拉梯（米兰）反对王德威尔得的意见，并否认在小党中进行妥协是恰当的。相反，一个强大而团结一致的党更有可能同资产阶级政党妥协，而不会有丧失自己的某些作用的危险，而恰恰是年轻和较弱的党必定会怀着忌妒的心理执著于以最彻底的纯洁性保持自己的原则立场。

卡恩（美国）：我们赞成面前的决议案，迄今为止我们也是这样做的。在最近一次总统选举中，选民已经投了23000张选票支持社会主义候选人。但我们还要求更多的东西；在议会中不仅要做宣传工作，而且也要做真正的实际工作。只有通过积极的工作为群众做点好事，我们才能开展有效的宣传工作。最有说服力的例子是德国。如果德国人对军事提案仅仅简单地在原则上提出抗议，那就会在群众中造成混乱；所以他们积极地进行工作，并争取到了成千名新的拥护者。关于腐化的危险，纽文胡斯作为前议员从反面提供了最好的证明，而李卜克内西和倍倍尔也没有被腐化。

辛格尔建议，讨论到此结束，对这个问题以及以后涉及的问题，只听取报告人的讲话，然后马上就所提出的决议案进行表决。

科尔纳利森：那我们就成了投票牲口！（法国人发出吵闹声）

王德威尔得：辛格尔在提出他的建议时当然根本没有考虑到，这样做就取消了两位已经登记的法国人的发言权。他提议，先让这两位法国人和一位英国人讲话，然后就结束关于这个问题的讨论。

这个提议获得通过。

阿列曼（巴黎）为他的关于直接立法的建议进行辩护；但因受讲话时间限制未能发完言，他提出抗议后离开会场。

荷兰人提议，代表大会在讨论完这个问题之后结束，尚未解决的问题留待下次代表大会去讨论。有人提出一项修正案，认为农业问题和工会问题也应当讨论，代表大会对此进行了表决，结果9国赞成、8国反对，决定同意荷兰提案。

科莫（巴黎市议会）：他的小组也赞成政治行动；现在是由工人来结束资产阶级议会和政府中的丑恶做法的最好时机。他让人们注意巴拿马丑闻和袭击劳动介绍所事件。人们必须铲除这种议会制度，如果没有别的方法，也可以采用最极端的方法：号召进行社会革命。

奎尔奇（伦敦社会民主联盟）：工人政党必须在一切资产阶级政党之外独立地开展政治活动。但这不是唯一的手段；还必须强调工会组织的经济斗争。许多英国工会不喜欢"革命"这个词，但在改造资本主义社会的事业中大家是一致的。在同资产阶级政党妥协方面英国人获得了最痛苦的经验，妥协简直起了破坏性作用，所以英国代表团十分坚决地声明反对任何妥协。

在表决时，18个国家赞成委员会的决议案，荷兰弃权，挪威缺席。在热烈的欢呼声中表决结果被大会接受。

弗利根代表荷兰人提议，在这个问题完了之后就结束代表大会。不经讨论就进行表决是不合情理的，因此最好是让代表大会就此结束，尚未解决的问题留待下次代表大会去讨论。此外，必须在剩下的短短的时间内决定下届代表大会的地点和时间。

格罗伊利希反对上述意见，他认为在农业问题上不会有什么矛盾，至少应听取报告人的报告，然后就可以简单地通过决议案。

意大利代表和罗马尼亚代表声明，农业问题对他们来说极端重要；美国代表和英国代表声明，解决工会问题对他们来说是十分重要的，他们将来是否参加国际代表大会，取决于在这里是否讨论和解决这一问题。荷兰人同意把这个问题提出来讨论。在这之后，代表大会决定（9国赞成，8国反对），在对关于农业问题的决议案以及关于在国际范围内和全国范围内改造工会的决议案进行表决后才结束代表大会。

拉布里奥拉教授（由于结束了关于策略问题的讨论，他不可能再有发言的机会）要求将下述声明载入记录：

"拘谨，意大利人在这里的举止非常拘谨；这种举止对于那些代表一个刚刚成立的党的人来说多么恰当。因此我们也没有资格在这里高谈阔论原则问题和策略问题。我们愿意等待，直到有一天我们自己的经验和我们自己的行动能够赋予我们的忠告和言词以分量。但是我们意大利人，作为有阶级觉悟的社会民主党的代表，不愿失去这个机会来向正在进行普选权斗争的奥地利人表示我们最衷心的同情，希望他们的运动从刚才通过的决议中得到最有效的支持。我们知道奥地利是什么国家，我指的当然不仅是过去专制的、官僚的、教权派的奥地利，而且也是指今天假立宪主义的奥地利。我作为意大利人为能同奥地利同志们握手而感到十分高兴和骄傲。意大利社会党人和奥地利社会党人之间没有流过罪恶的血。这个事实是将来自由和幸福的一切机会之所在，是各个民族和种族的兄弟情谊的一切希望之所在。我们没有什么办法来从旁协助正在同政府进行斗争的奥地利兄弟们，只能在这里表达我们最美好的祝愿，并愿共同努力以实现刚才通过的决议。现在，硬要意大利人承担把所有奥地利人都当做专制者和专制者的帮凶来仇恨的那种严格的爱国主义义务的时代，已经成为过去。当前残暴地统治着我们大家，特别是统治着意大利的是巴拿马三国联盟。但是，当我们今天支持奥地利无产阶级时，我们作为意大利人在这个时刻也并没有不忠诚于过去正当的爱国主义；因为我们作为国际社会党人在继续为反对奥地利政府、反对旧的专制主义和新的资产阶级而斗争。"

接着讨论下一个问题:

农业问题

雅克拉尔（巴黎）作为报告人对决议案作了简单的说明。这个委员会只决定了一般的措词;但这个问题非常重要,不予理睬的态度必须放弃。在德国的选举中,农业无产者的选票大量增加;在法国,农民们选出了社会主义的乡镇议会。他请求一致通过下述决议案:

"代表大会拥护土地公有制的基本原则。

代表大会认为,各国社会民主党最重要的任务之一是,除了把工业工人组织起来外也要把农业工人组织起来,并吸收他们参加全世界社会主义的战斗队伍。

代表大会决定,所有国家都应向下届代表大会提交一份关于农村宣传工作进展情况和有关国家农业情况的报告。这些报告应特别说清楚,社会主义者认为什么立场、什么宣传手段和什么鼓动方法最适合于本国的情况,最适合于无产阶级、小私有者和佃农,等等。

由于农业问题具有决定性意义,而且前几次代表大会都没有对这个问题进行充分的讨论,代表大会决定这个问题应列入下届代表大会的首要议程。"

这个决议案被一致鼓掌通过。

最后讨论议程上的第 6 个问题:

在国内和国际上扩大工会组织

埃尔姆（汉堡）作为报告人对决议案加以说明:

在整个委员会中基本上取得了一致意见,即认为有必要不仅在国内而且也在国际上加强工会运动；委员会承认布鲁塞尔代表大会通过的关于经济斗争的决议。

只有一个问题，即**如何**使各国工会在国际范围内最好地联系起来的问题，引起了意见分歧；这方面要考虑到一些国家，特别是德国和奥地利在法律上的困难。

德国参加工会的大多数工人同英国人有一致的看法，即认为一个松散的组织是不能充分发挥作用的，地方组织同今天的经济发展情况不相适应，必须实行集中，这种集中的最好形式是中央联合会。在建立全国中央联合会的过程中，德国工人曾经同某些邦政府进行持久的斗争。在德国有 26 种不同的结社法；即使一个工会侥幸避开了一个法律的礁石，那它大概很快又会落入各自为政的各个小邦的立法网布下的其他法律的魔爪中；地方当局作出的裁决往往是最武断和矛盾百出的。在这个迷宫中要找到路径，需要有特殊的机敏和长时期的经验。

今天在**整个**德国成立全国性的**联合会**还不可能，组织固定的国际性的联合会更不可能，这种组织会立即使德国工会同检察官发生冲突。在这方面，只能考虑可以选择的进行联系的形式。通过国际卡特尔条约或协议，能够在双方有良好愿望的情况下达到通过建立固定的国际组织所达到的同样目的，印刷工人和烟草工人已经证明了这一点。至于国际工人书记处问题，委员会多数成员认为，首先在各种不同的职业中成立全国性的书记处是最适宜的，这些书记处能相互交换关于工人运动、罢工和开除会员等一切有意义的消息，以及交换各个工会的年度报告；成立总书记处或国际性的书记处的任务，必须交给一个共同确定的国家。在那些当局可能制造麻烦的国家里，全国性的书记处可以由在公共集会上或在国际代表大会上选出来的深孚众望的人组成。要为一个国家的所有工会做组织工作，唯一的一个国际性的书记处会太不灵活；它最好是做一些有关国际工人事务的咨询工作。

委员会就成立劳动介绍所的问题达成了一致意见；不过，它认为有必要强调指出，工会必须把劳动介绍所的领导权掌握在自己手中，否则职业介绍所机构可能被利用来压迫工人。

讲话人随后简要地阐述了根据美国、澳大利亚和意大利代表团的提议在委员会中获得一致通过的决议案，并建议代表大会予以通过。

讲话人最后指出，在先前的辩论中已强调过，除了争取政权的斗争外，加强工会运动是必要的。从向委员会提交的报告来看，在许多大国中组织工作是做得很好的；德国有一个强大的工人政党，但德国的工会运动却很弱。这一方面是由于持续的危机、另一方面是由于在德国参加工会运动的自由受到极大的限制造成的。促进工会运动对整个工人运动的利益来说是非常迫切的。在本届代表大会上，要是英国工人代表同其他国家的代表在政治策略问题上取得一致的看法就好了。讲话人说，我们在分手的时候向我们的英国兄弟们保证，我们对他们在英勇的斗争中取得的成就十分钦佩，我们承认他们的组织是模范的组织，同时我们愿意在组织起来的道路上努力赶上他们。如果能把工人群众很好地组织到工会中来并对他们进行政治教育，那么我们不久就会达到呈现在我们大家面前的伟大目标：把无产阶级从资本主义的压迫下解放出来！

他请求通过下述决议案：

"在考虑到和承认1891年布鲁塞尔代表大会通过的关于罢工和联合抵制的决议的情况下，1893年苏黎世国际社会主义工人代表大会决定：

只有工人组织才能统一和有效地开展工人阶级在经济领域里的斗争。一切有阶级觉悟的工人的义务是，参加他们各自的组织。工人政党和工人报刊的义务是，大力促使工人在工会领域内组织起来；工会负有成为未来社会组织支柱的使命，因而除了争取工人阶级的政权之外，工会的组织建设是绝对必要的。

　　资本家阶级联合起来压低工人生活水平的努力，要求工人在工会范围内把力量更大规模地联合起来，要求所有国家的全体工人（不分宗教信仰和民族差别）互相关照和认识到他们的利益共同性；要求他们在反对资本主义的一切斗争中有力地相互支援。

　　为了达到这个目的，代表大会建议：

一

　　1. 建立同一职业的全国性联合会；

　　2. 缔结旨在保证提供相互支援的国际协议；

　　3. 建立一切联合会都参加的各劳动部门的全国性工人书记处；工人书记处所担负的义务是：相互交换关于工人运动、罢工和开除会员等一切有意义的消息，以及交换各个工会的年度报告；

　　4. 为了统一组织职业介绍所，工会必须在各地要求市政当局成立劳动介绍所，其领导权只能掌握在有关城市的工会组织手中。

二

　　特别与美国和澳大利亚有关的是：

　　鉴于资本主义的发展在这两个幅员辽阔的国家里已达到了这样一个阶段，即这两个国家里的工人阶级的纯经济组织，如果不迅速被在国际社会主义运动基础上的政治行动所代替的话，将变成绝对软弱无力的组织；

　　其次，鉴于这两个国家在经济世界中日益增长的作用以及它们具有的世界性质对于欧洲无产阶级的存在使命和社会革命的进展都有极其重要的关系；

　　代表大会强烈要求，美国和澳大利亚的工人组织不仅要按照预定的计划同欧洲有关组织建立联系，而且尤其要脱离资产阶级政党，并建立强大的社会主义工人政党，以便同它们的欧洲兄弟们为工人阶级的解放而共同前进。

三

意大利代表团鉴于国外移民进来的没有组织起来的工人对工人组织产生的有害影响（他们压低工资，阻挠罢工，有时引起激烈冲突），要求那些出现这种'不正当竞争'的国家里的所有社会党和工人联合会，在移民中宣传社会主义思想，而意大利社会党人自身将提供他们可能提供的帮助，如提供有关意大利移民的信息，散发用移民的本国语言写成的小册子，或者专门在侨民主要中心进行宣传工作。代表大会考虑到上述事实的普遍意义，决定：

在那些因国外流入的未参加工会的工人的竞争而引起的弊端已变得明显的国家里，社会党和工人联合会必须致力于扩大宣传组织无产阶级和宣传国际团结精神的工作。

上述国家的社会党和工会联合会将请求工人移出的国家的联合会中央代表机构和有关政党，直接或通过全国工人书记（如果设有这样的干部）提供报告和帮助。"

沃尔德斯提出下述与之相对的提案：

代表大会坚持在布鲁塞尔通过的关于工会组织的决议，并强调指出，工人阶级有义务参加行业协会组织。

因此，代表大会声明，工业工人、农业工人和海员工人有责任：

1. 成立职业协会，以维护职业利益，保护他们的工资以及抵抗资本主义的剥削；

2. 利益一致的同一职业的工会，凡是在有可能做到的地方都要联合成全国性的联合会；

3. 全国各个联合会相互达成一致，建立一个由组织起来的行业组成的国际联合会，以便把各国的组织联合成一个巩固的联盟；

4. 只要有可能，就要在地区、全国和国际范围内把各行各业的工会组织起来，以便各种团体的工人在工资斗争中能够团结一致地采取行动；

5. 通过由布鲁塞尔代表大会决定成立的工人秘书处（它的职能必须得到保障），促进国与国之间的相互交往，以及必要时通过受到委托的国际工人秘书处，向全国联合会通报特别是和各个团体有关的一切消息；

6. 通过工人的倡议或者执政机关的干预，在那些没有劳动介绍所的地方建立这样的机构，以便工人能更容易找到工作，而且也更容易加入工会；

7. 举行各种职业专门的国际代表大会，以便各种联合会能在会上讨论自己的问题；

8. 参加各种组织的工人（不分种族和职业）组成一个紧密的集体，以便在政治活动中，在反对资本主义的斗争中，拥有足够的力量，确保无产阶级的彻底解放。

接着是委员会提案中的第二节和第三节。

> 英国：阿·格林伍德；比利时：让·沃尔德斯、E. 皮埃龙；意大利：菲·屠拉梯；美国：吕·萨尼亚尔；澳大利亚：弗·谢乌萨；罗马尼亚：马尼、米勒；西班牙：伊格列西亚斯；保加利亚：加布罗夫斯基；塞尔维亚：Iv. 巴罗伊契奇；法国：莫尔蒂埃；荷兰：多梅拉·纽文胡斯、科尔纳利森

在对决议案的第一节进行表决时，12 个国家赞成沃尔德斯的提案，6 个国家（德国、奥地利、丹麦、瑞士、匈牙利、波兰）赞成委员会的提案，2 个国家（瑞典、俄国）弃权。

决议的第二节和第三节按委员会的提案被鼓掌通过。

欧仁妮·科隆讲话表示，希望这些组织从现在起按照无政府主义的精神进行宣传。

勒努对关于提供工人情况报告的巴黎决议至今尚未得到执行深表遗

憾，他要求各个工会提供它们的地址。

日内瓦州议员**西格**通知说，社会主义大学生及过去的大学生国际代表大会将于 12 月 21 日至 24 日在日内瓦召开。

在通过荷兰人的提案后，代表大会的议程全部结束。

霍布森以英国代表团的名义建议下届代表大会于 1895 年在伦敦召开；那时人们可以在那里看到，英国的社会主义运动的进步比人们通常想象的要大得多。

辛格尔声明说，德国人愉快地接受英国人的邀请，但希望代表大会在 1896 年召开。

11 个国家赞成 1896 年，8 个国家赞成 1895 年。因此，下届代表大会将于 1896 年在**伦敦**召开。

奥地利代表团提出下述提案：

> "代表大会决定：现在是所有尚未实行普选权的国家的无产阶级发起一场为不分性别和种族的所有成年人争取选举权的进攻的时候了。大会要求全世界的无产阶级参加到这场斗争中去。"

这项提议未经讨论立即被鼓掌通过。

库利绍夫夫人：代表大会的事务至此已经结束。我只有一个消息要通知大会。无产阶级光荣的先锋战士、国际社会民主党的精神先驱**弗里德里希·恩格斯**此刻正在我们中间。主席团一致决定，请他担任名誉主席，并主持代表大会闭幕式。

这个通知和恩格斯的出现受到热烈欢呼。恩格斯非常健康，充满活力。在代表们和走廊里的旁听者中间不断响起激动的欢呼声，欢迎这位忠诚和英勇的同志。在大家平静下来之后**恩格斯**发表了下述演说：

恩格斯致闭幕词

男女公民们！

请允许我把我说过的话（演讲人刚才是用英语和法语讲的）译成我祖国的语言——德语。你们对我的这种意料之外的盛大接待使我深受感动，我认为这不是对我个人的接待，我只是作为那个肖像就挂在那上面的伟人（指马克思）的战友来接受它的。自从马克思和我参加运动，在《德法年鉴》上发表头几篇社会主义的文章以来，已经整整五十年过去了。从那时起，社会主义从一些小的宗派发展成了一个使整个官方世界发抖的强大政党。马克思已经去世了，但是如果他现在还活着，那么在欧美两洲就不会有第二个人能怀着这样理所当然的自豪心情来回顾自己毕生的事业。还有一个值得纪念的日子。1872 年举行了国际的最后一次代表大会①。在这次大会上发生了两件事情。第一，同无政府主义者彻底划清了界限。这个决定是否多余呢？巴黎代表大会、布鲁塞尔代表大会和这次代表大会都不得不做同样的事情。第二，国际停止以旧形式进行活动。当时是喝饱了光荣的公社鲜血的反动势力猖獗到了极点的时候。旧的国际如果继续进行活动，就只会造成得不偿失的牺牲；国际把自己的会址迁到了美国，也就是退出了舞台。每一个国家的无产阶级得到机会以独立自主的形式组织起来。这一点实现了，因而现在国际要比从前强大得多了。我们也应当按照这一方向在共同的基础上继续我们的工作。为了不致蜕化成为宗派，我们应当容许讨论，但是共同的原

---

① 恩格斯指第一国际海牙代表大会。——编者注

则应当始终不渝地遵守。自由联合①和历次代表大会所支持的自愿联系——这就足以保证我们取得胜利,这种胜利已是世界上任何力量都不能从我们手中夺去的了。

这里有这样多的英国代表出席,这一点使我特别感到高兴,要知道英国人在组织工人方面是我们的老师;但是,尽管我们从他们那里学到了许多东西,他们也毕竟在这里看到了一些新的、他们可以学习的东西。

我路过德国时,不止一次地听到有人对反社会党人法的垮台表示惋惜。据说,同警察作斗争要更有意思得多。像这样的战士,全世界任何警察、任何政府都是制服不了的。

我受主席团的委托宣布代表大会闭幕。国际无产阶级万岁!

(全场暴风雨般的祝贺声、经久不息的欢呼声。与会者全体起立齐唱"马赛曲")②

* * *

关于两个来不及讨论的问题——世界性罢工和社会民主党的国际组织,大会任命的两个委员会提出了下述决议案:

关于世界性罢工的决议

鉴于罢工只能在特定情况下和为了达到特定目的才能有成效地进

---

① 在本书德文版的会议记录中,原文为"松散联合"(die lose Verbindung),此处以《马克思恩格斯全集》中文第 1 版第 22 卷的译文为准。——编者注

② 《马克思恩格斯全集》中文第 1 版第 22 卷第 479—480 页。——编者注

行，而这些情况和目的不是事先能够确定的；

鉴于单是由于各国经济发展十分不平衡，世界性罢工就无法进行，而当世界性罢工可以进行的时候，这种罢工已经没有必要了；

其次，鉴于即使是一场局限于一国范围内的总罢工，如以和平的方式进行，是没有希望的，因为罢工者首先会遇到饥饿问题，并且会被迫投降——而一场暴力罢工则会遭到统治阶级的残酷镇压。

代表大会声明：

在当前的社会政治情况下最好是各工业部门举行总罢工，这种罢工有可能获得胜利；

其次，群众性罢工也许不仅是经济斗争中而且也是政治斗争中的一个最有效的武器，但要有效地使用这一武器，工人阶级必须先成立强大的工会组织和政治组织。

因此，代表大会建议各国社会党，全力以赴地促进这种组织的成立。关于世界性罢工问题大会不予讨论。

社会民主党的国际组织

鉴于所有社会民主党人都迫切希望用一个共同的名称在国际范围内组织起来，但是由于不同国家的反动法律对结社自由所作的种种限制，目前这个愿望还无法实现。

代表大会承认所有那些承认阶级斗争、承认生产资料社会化的必要性并拥护国际工人代表大会决议的组织、协会和政党为国际革命社会民主党的成员。

代表大会号召一切党员和工人组织——不管是工会性质的还是政治性质的——的一切成员加紧努力，为废除一切限制结社权的法律而坚持不懈地施加影响。

　　代表大会希望，各国社会民主党的纲领中阐述经济改造的必要性的第一部分要使用同样的措词，第二部分，即包含应采取的手段的部分，则由各国根据自己的经济政治条件来确定。

记录负责人：

H. **路克斯博士**，于马格德堡

各国党和工人组织向大会提交的报告

关于德国社会民主主义运动情况的报告

　　当我们就德国社会民主主义运动的情况向国际工人苏黎世代表大会作此报告时，许多重大政治事件的影响依然存在。一个从冷酷无情的雇主利益和极其残暴而又极其狭隘的警察专制立场出发颁布的非常法，企图压制反映社会民主主义运动的状况和进展的任何言论，企图彻底绞杀政治运动以及工会运动，长达 12 年，但是却枉费心机。每三年一次的帝国国会选举向统治权力表明，它虽然可以影响社会民主主义工人运动的表现方式，但却无法遏制这一运动的发展壮大。

　　仅仅几个月，皇冠便二易其主。当今德皇接连发出诏令，宣布将采取使最广大阶层产生在社会立法的基础上彻底改变体制的种种希望的措施。只有社会民主主义工人坚定不移地走自己的路，新的大选临近了，社会民主党获得的选票从 1887 年的 78 万张一跃而为 1890 年的 142.7 万张，所获得的帝国国会议席从 11 个增长到 35 个。简而言之，上层各界本指望皇帝在著名的二月诏书中那些动听的许诺会"使社会民主党在选举中一筹莫展"。但是他们的希望落空了，社会民主党在竞选中取得了不容争辩的胜利。

　　这决定了反社会党人法的命运。大选结束后不过几个星期，那位万能的首相①便倒了台，数月之后，他那绝无仅有之作，当代耻辱的纪念碑也无声无息地随他而去了。

―――――――――――

　　①　指俾斯麦。――编者注

　　社会民主党恢复了活动自由。现在情况表明，社会民主党选票的增长并不像敌人所断言的那样，仅仅是暂时的政治上不满情绪的表示，这一选举结果表明了德国工人阶级的严肃的意愿，它不仅抗议现存的统治制度，而且同样强烈地、明确而坚决地抗议现存的社会制度，抗议整个资本主义经济制度。

　　自那以后三年过去了，德国资本家阶级向所谓新路线的吹捧者们强调表明，在今天的社会内，任何政府都只能奉行为掌握经济实力手段的那个阶级服务的政策，换句话说，任何政府不论采取何种形式，都必须关心资本家阶级的事务。所谓社会改革的鼓噪已沉寂下来，劳工保护立法自布鲁塞尔代表大会以来毫无进展，"新路线"完全是"旧路线"的继续。镇压去年萨尔矿区皇家模范矿井煤矿工人暴动时所使用的办法；皇家矿务局宣布暂时或长期解雇成百上千的一家之主，以惩处他们试图改善自己生活状况的行动，从而使妇女和儿童遭受饥饿、窘困和贫穷之苦时所依据的规章；所有国营工场工人的结社权被断然取消时所持的那种毫不留情的态度，这一切彻底地揭露了现政权的阶级性质——赤裸裸的资本家阶级的统治。

　　不言而喻，德国社会民主党从未怀疑过"新路线"的性质；无论是1890年大选期间，还是在那以后的三年当中，党对政府或对资产阶级政党的原则立场和策略方针从未动摇过，从未使人产生过怀疑。党仍然是过去的党，党仍然是现存阶级统治、现存工资制度不妥协的敌人；党的宗旨仍然是：夺取政权以推翻阶级统治、消灭资本主义经济制度。

＊　　＊　　＊

　　总的说来，反社会党人法废除后的三年，是我们党组织恢复、发

展和团结起来的时期。党在行动和思想上的一致，正如反社会党人法
废除后在哈雷召开的党的第一次代表大会所表明的那样，极其显著地
展现出来，尽管形形色色的敌人百般希望我们出现分裂，但是自那时
以来历届党的代表大会都一再清楚地显示了这种团结一致。有时外国
兄弟党内似乎有人听信了敌人报刊的报道，担心德国社会民主党内部
存在着两种思潮，即有所谓"青年派"，他们赞成一种更加"革命
的"立场和"激进的"行动；还有所谓"老年派"，他们好像想否定
自己革命的过去，把运动引向目光短浅的种种改革的航道，甚至急于
同现存社会和解。

　　许多所谓的德国社会民主党党内矛盾，实际上不过是一小撮人无谓
的喧嚣和对党代表进行的人身攻击，这一小撮人的威信、品质和能力同
他们的要求是成反比的。一家喜欢耸人听闻的报纸通过十几名记者利用
在公开集会上散布的诽谤，故意败坏党的声誉，削弱党的宣传的作用。
因此才使得这种危害党的行为短时间对外有所影响，结果促使党的领导
通过一个呼吁书，将这一问题提交给 1891 年 10 月 14—21 日在爱尔福
特召开的党代表大会解决。该呼吁书写道：

　　"近来柏林第六选区召开几次党的会议，讨论了党的策略和党的执行委员会
及帝国国会党团的态度。从《前进报》的有关报道可以看出，反对派的先生们
趁机对党的工作和对个人都提出了极其严重的指控。他们说执行委员会和国会
党团**有步骤地腐化**党并把党**引向堕落**，尤其是党的执行委员会**随意把党的钱款**
提供给**寄生虫**和**阿谀奉迎之徒**，而置党的最重要的利益于不顾。

　　如果这些指控成立，那么党的领导人就应该**受到声讨而被驱逐出党**。

　　全党亟待仔细了解那些指控的真实性有多大；鉴于即将召开的爱尔福特党
代表大会是有权最终审查和处理这些指控的唯一机构，因此我们要求，反对派
的先生们认真陈述他们的指控，并且附以必需的证明材料，提交爱尔福特党代
表大会。这是他们对党应尽的义务。

　　但是，如果这些指控被证明是毫无根据的或是捏造的，那么反对派的先生们就必须对他们的行为负责。我们相信，党的代表大会无论如何定将本着党的荣誉和利益的要求妥善处理。"

　　在各种集会上和在一份传单中提出的所谓反对派的全部指控，党的执行委员会均汇集在一起并印发给党的代表大会；党的代表大会开了几次会，详细讨论了这些指控，但是无论哪一条指控都找不到丝毫证据。由于这些先生们拒绝向党的代表大会所任命的调查委员会为他们的指控提出辩护和证明，而同时他们又缺乏道义上的勇气公开收回指控，所以，党的代表大会根据有关委员会的报告，明确批准党的领导机构的做法，决议开除提出这些指控的几个代言人出党。

　　由于驱除了诽谤分子，对党来说，这个问题得到了一劳永逸的解决。在第二年举行的柏林党代表大会上，党的执行委员会的报告"以喜悦的心情庆贺，党终于不再对这些分子的言行负责了"。在几星期前"于1893年6月"出现的一份传单上，所谓"青年派"的代言人联名撰文承认："人们还会**认真**对待**任何一方**的独立运动吗？不会的，**资产阶级**并不害怕我们，而是在嘲笑我们。"

　　下列统计数字也可说明那些分子对于党是绝对微不足道的，他们是毫无影响的。1890年，柏林第三和第五选区以及柏林农村选区泰尔托—贝斯科的候选人，是后来成为反对派代言人的那些人。当时党获得的选票为：

柏林第三选区	12287
柏林第五选区	7234
泰尔托—贝斯科	19169

　　1893年，由于人口迁移，柏林第三选区和第五选区的选民人数分

别减少 1368 人和 650 人，而且所减少的选民全是工人人口，尽管如此，党在这次选举中获得的选票却为：

柏林第三选区	12732
柏林第五选区	9729
泰尔托—贝斯科	31424

并且在复选中，这三个选区大获全胜。

* * *

爱尔福特党代表大会最重要的任务是制定新的**党纲**。在 1875 年哥达合并代表大会上所确定的党纲，自相当长一段时期以来，已不再适合党的理论观点和实践需要，然而外部情况使党在反社会党人法的条件下不可能着手制定新的纲领。下述纲领在爱尔福特被一致通过，它再好不过地驳斥了那种说德国社会民主党好像否定了自己的革命性质或者似乎在原则问题上热衷于让步妥协的言论。

德国社会民主党纲领

资产阶级社会的经济发展自然必定导致以劳动者私人占有自己生产资料为基础的小规模经营的灭亡。它使劳动者同自己的生产资料相分离，变成一无所有的无产者，同时生产资料被为数较小的资本家和大地主所垄断。

随着生产资料被垄断，庞大的大规模经营逐渐排挤了分散的小规模经营，生产工具发展成为机器，人的劳动生产率有了巨大的增长。但是，这一变化的种种好处都被资本家和大地主所独占。对于无产阶级和每况愈下的中间阶层——小资产者、农民——来说，这一变化则意味着他们生存不安定、贫困、压迫、奴役、屈辱、剥削的与日俱增。

无产者的数量越来越大，过剩工人的大军人数越来越多，剥削者与被剥削者之间的对立越来越尖锐，资产阶级与无产阶级之间的阶级斗争越来越残酷，这一斗争把现代社会分裂为两个敌对的阵营，而这是所有工业国家的共同特征。

根源于资本主义生产方式本质的危机，范围越来越广，灾难越来越深，使普遍风险成为社会常态，因而更加扩大了有产者和无产者之间的鸿沟；并且证明，今天的社会已驾驭不了生产力，生产资料私有制同合理地使用和充分发展生产力发生了矛盾。

生产资料私有制从前是确保生产者占有其产品的手段，如今则变成了剥夺农民、手工业者和小商人，同时使不劳而获者——资本家、大地主——占有劳动者产品的手段。只有把生产资料——土地、矿井和矿山、原料、工具、机器、交通手段——的资本主义私有制变为社会所有制，把商品生产变为社会主义的、为了社会而且通过社会而经营的生产，才能够使大企业以及不断增长的社会劳动收益能力，由迄今为止的被剥削阶级经受贫困和压迫的根源，成为获得高度的富裕和实现全面的、和谐的完美的泉源。

这一社会转变不仅意味着无产阶级的解放，而且意味着经受现存状况折磨的全人类的解放，但是，这只能是工人阶级的事业，因为其他一切阶级尽管彼此之间存在种种利害冲突，但都以生产资料私有制为基础并以维护今天社会的基础为共同的目标。

工人阶级反对资本主义剥削的斗争必然是一场政治斗争。没有政治权利，工人阶级就不能进行自己的经济斗争和发展自己的经济组织。工人阶级不掌握政治权力，就不能实现生产资料向全体居民所有的过渡。

把工人阶级的这一斗争塑造成为一种有觉悟的和统一的斗争，向他们指明他们天然必须实现的目标——这就是社会民主党的任务。

在具有资本主义生产方式的所有国家中，工人阶级的利益是一致的。随着世界交往和为世界市场进行的生产的扩大，每一个国家的工人的状况越来越依赖于其他国家工人的状况。因此，工人阶级的解放是一切文明国家的工人都要一致参加的事业。鉴于这个认识，德国社会民主党感觉到并且宣布，自己同其他各个国家的有阶级觉悟的工人**保持一致**。

因此，德国社会民主党不是为了新的阶级特权和优先权而斗争，而是为了消灭阶级统治和消灭阶级本身、为了不分性别和出身的所有人的平等权利和平等义务而斗争。从这种观点出发，党不仅反对剥削和压迫雇佣劳动者，而且反对任何种类的剥削和压迫，不论其矛头是指向一个阶级、一个党派、一种性别还是一个种族。

从这些基本原则出发，德国社会民主党首先提出如下要求：

1. 所有年满 20 岁的帝国公民，不分性别，在所有选举和投票中都拥有普遍、平等、直接的选举权和投票权，并进行秘密投票。实行比例选举制，而在这以前，在每次人口统计之后，都要依据法律重新划分选区。立法机构任期两年。选举和投票在法定假日举行。对选出的代表支给薪金。除了被宣布丧失行为能力的人以外，废除对政治权利的任何限制。

2. 人民依靠提案权和否决权实行直接立法。帝国、各邦、各省和各市镇实行人民自决和自治。由人民选举行政机关，它们要履行职责和承担责任。税收逐年审批。

3. 普及国防教育。以人民军队取代常备军。人民代表机构决定宣战与媾和。通过仲裁法庭的途径调解一切国际争端。

4. 废除一切限制或压制言论自由以及集会和结社权利的法律。

5. 废除一切在公法关系和私法关系中偏袒男子、歧视妇女的法律。

6. 宣布宗教是私人的事情。取消一切用于教会和宗教目的的国家经费。教会团体和宗教团体应视为私人协会，它们完全独立地管理自己的事务。

7. 学校世俗化。规定进入公立国民小学读书的义务。在公立国民小学中实行免费教学、免费提供学习资料和免费供应伙食，在高等教育机构中对那些被认为具有适合进一步培养能力的男女学生也实行本规定。

8. 免费的司法和法律援助。由人民选举的法官进行审判。刑事案件允许上诉。对于无罪的被告人、被错误监禁和错判的人进行赔偿。废除死刑。

9. 免费的医疗救助服务，包括助产和医药。免费的安葬。

10. 为了支付一切应靠税收支付的公共开支，实行累进的所得税和财产税。实行财产自我申报制度。根据遗产多少和亲疏程度征收累进遗产税。取消一切间接税、关税以及其他为了优先照顾少数人而牺牲公共利益的经济政策措施。

为了保护工人阶级，德国社会民主党首先提出如下要求：

1. 根据以下基础制定一种真正有效的、国内与国际的工人保护法：

（1）规定最多为 8 小时的标准工作日。

（2）禁止使用 14 岁以下的儿童从事职业劳动。

（3）禁止夜间工作。根据自身特性、由于技术上的原因或公共福利的原因必须进行夜间工作的工业部门不在此例。

（4）每个工人每周至少有 36 小时无间断的休息时间。

（5）禁止实物工资制。

2. 由帝国劳动部门、各地方劳动局及劳动委员会对全部工商企业进行监督，研究和调整城乡劳动关系。采取有力的工商企业卫生措施。

3. 农业工人、服务人员在法律上享有与工商企业工人平等的地位；

废除仆役制度。

4. 确保结社权利。

5. 在工人决定性地参与管理的条件下，由国家承担全部工人保险。

*　　*　　*

柏林党代表大会（1892 年 11 月 14—21 日）所要解决的是 1893 年的**五一节**问题。布鲁塞尔代表大会坚持 5 月 1 日这天是游行示威日，但并没有把在 5 月 1 日停止工作作为原则条件。因此党的领导通过自己的报告人向党的代表大会提出下述提案并说明了理由：

"5 月 1 日是纪念节日。这一天，有阶级觉悟的德国工人将同全世界有阶级觉悟的工人们一道，为实行八小时工作日和根据众所周知的巴黎决议案的精神对劳工保护立法作出国际性规定而举行集会游行。

为使这个节日成为统一的节日，并把它组织成为对外界影响尽可能巨大的节日，党的代表大会决定，同去年一样，今后这个节日同样由政治组织即由党来领导。

党的代表大会认为，停止工作是节日最庄重的庆祝形式。但是，鉴于无论是巴黎国际代表大会的决议还是布鲁塞尔代表大会的决议，均未把停止工作作为绝对的义务，而是由各国根据具体情况自行决定采取行动；另外，鉴于节日庆祝的方式首先是由各国的经济情况决定的，所以，党的代表大会决定不作一成不变的规定，而由一年一度的党的代表大会就节日庆祝方式作出规定。

考虑到当前笼罩着经济困难，致使明年以前绝无可能出现经济繁荣，党的代表大会认为，宣布 1893 年 5 月 1 日全部停止工作是无法实行的，因此决定，5 月 1 日晚上举行庆祝活动。"

不少人，特别是**阿德勒**同志（维也纳）代表奥地利社会民主党发言拥护在 5 月 1 日停止工作；记名投票表决结果以 236 票对 5 票**否决了**

5月1日停止工作的提案，2名代表弃权。赞成在5月的第一个星期日举行庆祝活动的只有73名代表，而赞成在5月1日举行庆祝活动的有167人。因此，5月1日举行庆祝活动便成为党的决议，并且在德国有我党组织的数以千计的城镇，我们党的同志于5月1日这一天向成千上万的人宣告他们与全世界有阶级觉悟的无产阶级的国际团结，表明他们不打碎阶级统治和人剥削人的桎梏誓不罢休的坚强意志。同时，五一节还是拥护国际和平、反对统治阶级国际挑拨行径的庄严示威。

*   *   *

除了五一节，德国工人运动最近几年都没有机会展现出特别的力量。悲惨的经济形势，危机的重压（它对纺织工业、煤炭工业、钢铁工业和建筑业的压力最重，使数以千计的产业后备军陷于孤立无援的境地），不言而喻也阻止了工会采取任何进击行动。煤矿工人由于对企业主的经济优势认识不清和估计不足，而试图以暴动作为武器来反抗剥削者毫无收敛的残暴行径和一再降低工资，这一行动所得到的结果只能是沉重的失败和对矿工组织的巨大损害。自那以后，白色恐怖一直笼罩着萨尔矿区，当地矿工组织已荡然无存，它们的机关报停刊，它们的储金会破产。而威斯特伐利亚煤田的矿工们只是由于他们较为团结和政治教育时间较长，所以，他们为声援萨尔矿区煤矿工人而举行的同情性罢工没有付出牺牲自己组织的代价。

从来没有一次罢工像这次那样使工人更清楚、更明确地看到我们这个阶级国家的性质。矿工运动的"领袖们"在罢工的最初几天便被捕入狱，据说有人指控他们煽动撕毁合同或散播假消息。在接下来的审讯中，他们因这些行为被判相当严厉的刑罚，而这样的行为过去一向是不受惩罚的。为了惩治这些行为，当局刚刚发现了刑法典的一个条款——第 110 款：煽动撕毁合同，或者更确切地说，煽动不服从法律。在这种情况下就出现了两难的局面：数以千计的矿工举行罢工从而撕毁合同，这是刑事上**不受惩罚**的行为；但是号召举行罢工却要受到**几个月甚至几年监禁的惩处**！然而法官和原告都不得不公开承认，**这些受到起诉的领袖们谁也没有直言不讳地号召撕毁合同**！但是罢工是在撕毁合同的情况下发生的，所以任何间接号召罢工、任何间接号召坚持到底的行为，同时也就意味着间接号召撕毁合同！于是，因这次煤矿工人罢工**被判处的徒刑**总计长达 15 **年**。煤矿工人们从中吸取了怎样的教训，几个月以后的帝国国会选举便说明了这个问题。在多特蒙德选区，1890 年社会民主党候选人获得 10422 张选票，1893 年则是 17170 张选票；在波鸿—盖尔森基兴，1890 年是 8388 票，而 1893 年则是 19585 票；在西里西亚煤矿区瓦尔登堡，1890 年社会民主党获得的选票是 6344 张，而这一次却是 11386 张，一名社会民主党人煤矿工人第一次被选进帝国国会。

工会总体活动的表面平静绝不等于工会鼓动的停顿，不等于工人解放思想的倒退。工会斗争、工会组织的兴旺，只不过是经济繁荣和经济活动活跃的另一面；反之同样，经济危机的后果就是工会组织成员数量减少，工会斗争出现间歇。

不过，在工会被迫耐心等待的情况下，工商业仲裁法庭选举给它们提供了机会教训企业主阶级，使企业主阶级看到，经过艰苦努力，德国工人阶级现在确信，今天只有一个政党准备着并且能够毫无保留地去维护和代表工人阶级的利益，这就是社会民主党。由于一系列敌视工人的规定，如把拥有选举权和被选举权的年龄分别提高到 25 岁和 30 岁，女工没有选举权，法律具有纯粹的选择性，等等，社会民主党党团在帝国国会内投票反对这一法律①。就在该法律通过以后，同志们在各地纷纷参加工商业仲裁法庭的选举，但是并没有过高估计这一选举的意义。情况表明，在所有较大的工业城市中，社会民主党人提名的候选人仍然取得了无可争辩的胜利。有些地方，一批人数不多、不主张阶级斗争的希尔施—敦克尔工会在这个问题上公开站在社会民主党人一边；但是，在他们与敌人相勾结提出自己的候选人名单的地方，他们则处于可悲的少数派地位。在诸如天主教的莱茵省、巴伐利亚和西里西亚那些城市和地区，多数工人在选举中一向投票反对社会民主党人而赞成社会民主党人的敌人教皇至上派，并且对于我们的努力抱着公开敌视或者无动于衷的态度，而恰恰在这些地区，社会民主党人取得了辉煌的胜利——各个地方的企业主们都对这次选举的结果大吃一惊。令我们感到高兴的事，就是他们感到恐惧的原因：第一步已经迈出去了，就是说，过去无动于衷的群众被部署在阶级斗争广阔的战线，从而确保了社会民主党未来的胜利。

除了这些情况以外，**工会报刊**的情况也出色地表明，工会运动这一整个工人运动的分支已深深地扎根于全国。1891 年第三季度，工会运动拥有 54 家机关报刊，同今天的数量相同；但是 1891 年只有 24 种周报，如今则有 29 种，这表明工会运动内部的巩固。工会报刊的出版情况如下：

	1891 年	1892 年	1893 年
每周三期	1	1	1
每周二期	—	—	—

---

① 指工商业仲裁法庭选举法。——编者注

	1891 年	1892 年	1893 年
每周一期	24	28	29
每月三期	3	3	2
每半月一期	22	20	18
每月一期	4	3	4

尽管由于结社和治安规定方面的原因，工会运动和政治运动在形式上是严格分开的，但是，鉴于国内的历史发展，鉴于遭到同样的迫害和警方的刁难，同时鉴于我们党的强大，德国党的运动和工会运动已经成为两个意义相等的概念，在数量上微不足道的所谓希尔施—敦克尔分子是个例外，然而这个例外正在彻底消失。工会运动和政治运动追求着相同的最终目标，两个运动具有相同的思想，它们相辅相成、相互促进——在组织方面和报刊方面都是这样。

＊　　＊　　＊

政治生活表面上比较活跃。**社会民主党**各种党报的情况再好不过地表明，自反社会党人法废除以来，我党的形势十分稳定。社会主义运动的高涨并不像剥削者统治阶级所断言和期望的那样是暂时的现象，而是一个内部团结的政党赢得了它应得的与其拥护者的数量相称的斗争基础和武器。1891 年第三季度党的政治报刊有 68 种，今天已达 72 种，它们出版的情况如下：

	1891 年	1892 年	1893 年
每周六期	27	32	33
每周三期	23	20	24
每周二期	7	6	4
每周一期	10	12	11

	1891 年	1892 年	1893 年
每半月一期	1	—	—

　　此外，还有在斯图加特出版的一种学术周刊《**新时代**》，两种每半月一期的社会主义幽默画报，以及在**汉堡**出版的一种文艺性周报《**新世界**》，这是党报的一个星期日副刊，发行量很大。

　　如果说数字上的增加尚不足以说明问题，那么**每天**出版的党报增加了 6 种同时各种报纸的订户数以千计地增加的事实则无可辩驳地证明，社会民主运动的重要性正日益提高，它对德国整个社会生活的影响也在与日俱增。党的报刊不断批评所有政治事件和经济活动，党的报刊和大量著作论述政治上、经济上受压迫和不能自主的根源，此外，主要还有社会民主党国会议员和邦议会议员的**议会活动**以及各地方领导机关党员同志的活动，经常给我们党输送新的追随者，经常促使更多的群众认真思考自己的处境，使他们冲破冷淡主义这一敌人政治势力的堡垒。

　　揭露那些具有军国主义性质的虐待士兵的行为；揭露所谓的国家社会主义；严厉谴责按照资本主义唯利是图法则指导国有工厂，谴责这些工厂工资低微、存在着令人屈辱的依附和对下级职工的压迫；控诉本来就十分可怜的劳工保护法得不到充分的实施，控诉视察员数量少、缺少行政权力并且对那些亲企业主的管理官员无能为力；要求修改和认真改造所谓的社会改革法——医疗储蓄保险、事故保险、残疾保险和养老保险，所有这些控诉的矛头一齐指向今天的统治制度，通过数十万份议会报告和报纸报道而深入到我们以其他方式的宣传所无法接近的阶层，这些都证明是传播我们思想的最有效的鼓动演说。除此之外，我们的议员也没有忽视提出各种议案，如取消一切压榨广大人民群众的粮食关税，要求实行民军制度，讨论去年冬天遍及全国的贫困状态等。通过这些议案，他们从帝国国会这个到处都可以听到的讲坛证明，所有资产阶级政党，从极左翼到极右翼，既无能力，又不准备认真消除当今社会制度所造成的种种弊端；这些资产阶级政党为了大大小小企业主剥削者的利益，正一致努力去维护和加强他们的阶级国家现存的社会状况和政治状况。因此，我们今天可以心安理得地而且毫不夸张地确证这样一个令人兴奋的事实：社会民主主义运动已经逐渐在全国超出了党的范围并纳入一个不可遏制的**群众运动**的轨道，这个群众运动使得个人生活、政治生活和经济生活的各种关系都具有阶级斗争的精神。

　　近两年，凡是在举行政治代表机构的选举时，党就有同敌人较量的机会——这一事实已经显而易见。尽管按财产划分等级的制度或者间接选举人制度使得参加个别邦议会选举往往变得十分困难，甚至时常几乎不可能，但我们党在萨克森邦议会选举中所获得的选票，仍从15000 张增加到 34000 张，所获得的议席从 7 个增加到 11 个。我们的同志由于选举获胜，也进入了**阿尔滕堡、罗伊斯、哥达、迈宁根和巴登**的地方议会，就在几周前我们党在**巴伐利亚**也终于成功地以压倒多数赢得了邦议会 5 个议席。正是在巴伐利亚，尽管我们党多年来在诸如纽伦堡和慕尼黑等选区均获得了多数选票，但那里卑鄙的间接选举制度使我们被关在各级代表机构门外。所有这些选举的胜利之所以意义更加重大，对于社会民主党本身更加可贵，原因就在于，它们都是**在同敌人毫无妥协、依靠党自己的力量**并且丝毫没有放弃我们的纲领的情况下取得的。

＊　　＊　　＊

　　德国社会民主党在 1893 年 6 月 16 日**帝国国会**选举中强有力地表明，社会民主主义思想已不可抗拒地在德国工人阶级中间扎下根。众所周知，由于军事法案被否决，政府解散了国会。在帝国国会里，我们的代表进行斗争不是单纯着眼于赋税重负的增加，而是根本反对军国主义这一资本主义所绝对必要的补充，因此，我们党进行竞选不仅仅反对军事法案，而且从根本上反对所有资产阶级政党，反对整个资产阶级社会制度，并且提出我们原则上的、社会主义的基本要求。在德国政党形势发展的条件下，我们方面不再可能有其他的竞选；如果我们的同志忽视这种原则上的对立，不去强调这种原则上的对立，那么敌人就会提出来，就会指责我们党怯懦和虚伪。最近这次竞选正是以格外鲜明地强调社会民主党同资本主义社会制度之间这种原则上的敌对为其特征。国会解散前几周，结成联盟的敌人获胜的呼声在整个德国甚嚣尘上。教皇至上派和新教徒，容克地主和工厂主，行会分子和维护国家的社会改革派，所有这些人一致认为，经过数天对所谓未来国家的辩论，他们已经在帝国国会内从学术上战胜了社会民主党，把社会民主党批判得体无完肤。敌人数百万份竞选传单一再转载那几次辩论的摘要，从而使得这种对立本身变成了竞选口号，当然，如同在帝国国会一样，在竞选中敌人也没有好下场。

我们相信，把向布鲁塞尔代表大会所作的报告中为说明1890年选举情况而陈述的**那些地方**和数字再次列举于此，同时把今年获得的票数一并列出以作比较，就会更清晰、更公正地说明我国运动的面貌，并通过选举结果反映出我们的运动。在德国几个最大的城市我们获得选票的情况如下：

地点	1878 年	1890 年	1893 年
柏林	51164	126317	151122
汉堡	29629	67303	70552
布雷斯劳	13065	21555	26205

（续表）

地点	1878 年	1890 年	1893 年
慕尼黑	5249	28218	29907
德累斯顿	17303	25079	29455
莱比锡	5822	12921	11784
科隆	2189	10646	12093
马格德堡	6253	17261	16633
美因河畔法兰克福	4080	12663	13482
柯尼斯堡	1108	12370	10964
汉诺威	6588	15789	19538
斯图加特	4136	10446	13340
不来梅	6304	14843	14572
杜塞尔多夫	486	8228	9367
纽伦堡	10162	17045	18015
但泽	114	3525	4265
阿尔萨斯的斯特拉斯堡	141	4773	6206
开姆尼茨	9899	24641	23296
埃尔伯费尔德—巴门	11325	18473	19005
阿尔托纳	11662	19533	20448
斯德丁	914	7759	9586
亚琛	909	1744	3029
格雷费尔德	467	3030	3730
不伦瑞克	7876	13621	15470
哈雷	1046	12808	12991
吕贝克	1588	6393	7339

在反社会党人法期间处于所谓小戒严状态的那些地区 1890 年时选票的猛增，在敌方看来纯粹是对警察压迫的一个抗议，而根本不是社会民主主义信念的一个证据。此次我们在这些地区所获得的票数（柏林、汉堡—阿尔托纳、莱比锡、美因河畔法兰克福和斯德丁上面已经列出）如下：

选区	1878 年	1890 年	1893 年
下巴尼姆	2775	13362	17044
夏洛滕堡	4763	19169	31424
波茨坦—施潘道	—	3977	10140
哈尔堡	1763	6860	9055
奥滕森—平讷贝格	5452	10820	13097
劳恩堡	347	2072	3287
莱比锡（农村）	11253	30127	33349
美因河畔奥芬巴赫	5557	10343	11063
施普伦贝格	1242	5610	6542

上面列举的这些地区全部是工业中心，由于我们运动的无产阶级性质，所以这些地区同时也是社会民主党的堡垒，这是可以理解的。但是近几次选举证明，社会民主主义思想在纯农业区也越来越深入人心，从而给敌人的心脏插上了一支箭，这些选举的主要意义就在于此。所谓"工人之友"的那些令人陶醉的博爱空话，没能阻止社会民主主义思想在工业雇佣奴隶当中胜利进军；同样，农业无产者那种所谓反集体主义的农民头脑也没有拒绝接受社会民主主义思想。

在**勃兰登堡省**（柏林除外）社会民主党得票数为：

	1878 年	1890 年	1893 年
波茨坦行政专区	9975	54192	87280
奥得河畔法兰克福行政专区	5034	29139	41326
	15009	83331	128606

在普鲁士的旺代，在**波美拉尼亚省**，社会民主党所得选票（按各个选区排列）如下：

	1881 年	1884 年	1887 年	1890 年	1893 年
安克拉姆—代明	—	—	—	—	577
乌瑟多姆—沃林	—	—	—	1730	2631
兰多—格赖芬哈根	159	770	3786	8422	10508
斯德丁市	910	1139	4276	7759	9586
施塔加德—比利斯	—	—	18	763	2331
瑙加德—雷根瓦尔德	—	—	—	84	352
格赖芬堡—卡明	—	—	—	—	1125
施托尔普—劳恩堡	—	—	—	148	903
比托—施拉韦	—	—	—	—	652
科尔贝格—罗斯林	—	—	—	227	2626
贝尔加德—德拉姆堡	—	—	—	—	765
新斯德丁	—	—	—	—	10
斯特拉尔松德—吕根	—	—	—	735	2382
格赖夫斯瓦尔德—格里门	—	—	112	763	2860
总　　计	1069	1909	8192	20631	37308

梅克伦堡是纯农业区，至今还没有宪法。1878 年社会民主党在这

个地区获得 2070 张选票，1890 年已经达到 28235 张，而 1893 年达到 32220 张！

在**巴伐利亚**王国，有职业的居民 80% 属于小农阶层。1878 年社会民主党获得的选票为 22532 张，1890 年为 101100 张，1893 年为 125952 张，这些选票遍布在所有选区。**阿尔萨斯—洛林**无疑工业十分发达，但同时小农也有势力。几十年来，这个地区在选举中为新教徒资本家或者教皇至上派取得不容争辩的胜利帮过忙，现在则开始逐渐转向社会民主党阵营；1878 年社会民主党获得 141 张选票，1890 年获得 19157 张选票，而 1893 年得了 44885 张选票，并且有 2 名社会民主党人当选。

关于选举结果的正式数字统计尚未公布，但是估计社会民主党获得的选票总数为 180 万张，不会差多少。诚然，这不是从 1887 年的 78 万张选票增加到 1890 年的 142.7 万张那样的飞跃，但是此次这样巨大的增长却也是始料未及的。过去可从政府执行的压制政策等外部因素来解释的突然增长的时代，随着党的内部的巩固而告结束；现在选票的增长用数字说明，社会民主党已进入有机的发展。但是，如果我们考虑到，目前我们正处于经济危机，而 1890 年选举则是工业高潮刚刚结束，那么所取得的成绩就更加了不起了。此外，在城市中，由于去年冬天遇到巨大的困苦（例如莱比锡或汉堡由于霍乱流行），成千上万的工人领取贫困救济，从而失去了选举权。同样，就勃兰登堡省、梅克伦堡等地农村各界来说，应考虑到，夏季我们将在这些地方失掉成千上万张选票，这是因为成千上万的工人，如船夫、木材筏运工、砖窑工整个夏天都不在家，泥瓦匠和建筑工人同样整个星期都在附近的城市里上工，只有星期六才能回家，因此选举日他们就无法在家投票了。然而不仅我们将在选举日失去选票，更为重要得多的是，这样一来，我们党在农业地区就缺乏鼓动员，发放传单和争取选票的极其有效的小型鼓动就几乎根本搞不成了。如果说尽管这样我们在纯农业区仍然取得了可喜的进展，那么这些进展的意义就更加重大。因为无论在什么地方，这句话都是适用的：我们不应单纯计算选票数量，而且还要称称这些选票的分量。

实际的成就同票数是相符合的。在第一轮选举中有 24 名社会民主党议员当选；在 85 个选区中，我们的候选人凡获得微弱多数或较大的少数者均进入复选。不过，只是在我们党本身有足够力量的地方，我们在复选中才能赢得或保持那里的席位，这一点不言自明。敌人在各地纷纷投向政府一边，把他们自己的领袖、纲领和竞选诺言丢弃在竞选战场，这是此次竞选的特点。各地的敌人都组织成为"维护国家"分子的"反动的一帮"来同无产阶级革命的社会民主党相抗衡。鉴于敌人联合起来建立这种利益联盟，我们在 85 次复选中除 20 次外全部落选也就可以理解了，几乎所有地方的复选都是那些所谓资产阶级自由思想的貌似激进的拥护者们左右了大局。因此，根据复选的这一结果，社会民主党在帝国国会中的议员数增加到 44 名，而上届国会是 36 名。

*　　*　　*

虽然反社会党人法已经废除，但是，在执行"新路线"的情况下，警察的迫害、法庭对一些过失和事件的处罚（而**其他任何党都不会因此遭到追究**）依然如故，同"旧路线"时期毫无二致。我们的中央机关报《前进报》在每月综述中记录了全国因社会民主主义运动，或者确切地说因**工人运动**被宣判的各种处罚，逐年数字列表如下：

	徒 刑	罚 款
1891 年	89 年 2 个月 13 天	18302. 30 马克
1892 年	117 年零 26 天	20532. 10 马克
1893 年	77 年 5 个月 12 天	13894. 80 马克

列入 1893 年的处罚，其涵盖的时间是 1892 年 10 月至 1893 年 6 月。虽然数字庞大，这个表还根本不可能把各种刑罚完全统计出来；实际数字，尤其是罚款的实际数额要大大高出。还有，被判刑的同志如果不打算让法警把自己的全部家当拿去抵押，那么，就必须花费成千马克向国库交付辩护费，特别是**诉讼费**，这些钱是数不清的，要超出罚款总额许多倍，在这里根本无法列举。

社会民主主义运动不顾种种迫害仍在稳步前进。统治阶级看到，它的覆灭如同一场不可阻挡的灾难正在临近，它感到它脚下的地面每天都在塌陷；它最后一个非常坚固的堡垒农业无产阶级已经动摇。它惊恐万状，四处寻觅救命的手段。它无论采取什么做法，结果都是自己倒霉，它锻造的用来对付我们的法律武器，结果证明利弊参半，使用这个武器的人反受其害；只有**一颗**希望之星还在它的头顶闪耀，这就是常备军！不过随着社会民主党的发展，随着具有社会民主主义思想的父亲和母亲教育出具有社会民主主义思想的儿子们，同样，随着小农阶层和小市民阶层的无产阶级化，随着在工农业中大资本占有的状况越来越不稳固和工商业形势越来越令人不堪忍受，这颗星也会越来越暗淡，以至熄灭。

但是，在资本主义统治日落西山之前，德国社会民主党将决不停息，无论在过去还是在自己取得成就和满怀斗争的喜悦之情时，它都永远坚信最后的胜利是属于自己的。

德国社会民主党执行委员会

关于德国工人运动的报告

苏黎世国际工人代表大会与会各国，均就上次代表大会以来近两年的工人运动提交报告。德国社会民主党的报告无疑写得很好；从报告的字里行间可以看到，我们这里的工人运动取得了巨大的进展，并且这一运动同以倍倍尔、李卜克内西、辛格尔等人为首的社会民主党完全休戚相关。

因为我知道，我同样在为无产阶级战胜剥削和压迫而斗争，为社会民主主义的思想最终取得胜利而斗争，所以，尽管我对形势和对一些人有着根本不同的看法，我仍不揣冒昧向大会就我所观察到的德国工人运动作一报告。在报告中，社会民主党报告中肯定已经非常充分地写到的具体情况和意义不大的细节，以及那些令人感到疲倦的数字统计表，我尽可能放在一边不谈。

在国外，人们常常乐于从存在一个实际上强大的并且发挥着比旧的资产阶级政党更为巨大的吸引力的社会民主党这一事实中得出结论说，德国工人运动远远走在前面。然而情况并非如此。我们应当首先考虑到，我们这里的政治生活还非常不成熟，党的每一项新的教育之所以有希望在那些不满意者（那么谁不是不满意者呢？）当中取得成就，原因就在于，大家不再相信旧政党的那些许诺，或者是这些旧政党所能拿出来的东西显得不够。例如，反犹太主义党去年取得了巨大的飞跃，它可以把尚未接受启蒙教育的群众聚集在自己的旗帜下，它的吸引力堪与德国社会民主党相比。尽管论据幼稚，反犹太主义本身也不失为一种新产品，何况其代表人物还向群众漫天许愿。社会民主党，也就是说德国社会民主党也许愿，一会儿是改革，一会儿是黄金时代，然而它只知开展有关社会主义思想及实现社会主义思想的彻底的原则性启发教育，而后号召人们采取行动，它几乎完全没有打破这套陈规的能力了。追随社会民主党的群众依赖的是画饼充饥，而且党的领导人还在人为地去培养这种依赖性。

被一向眼睛朝上的迷信的党员群众极端神化了的社会民主党的领袖们，很会阻止和约束无产阶级的群众运动，把它纳入议会制度的航道，使它变得极其浅薄平庸。

在我们这里，群众几乎只是在选举时才有所行动；大规模的经济行动几乎成了社会民主党的禁忌。社会民主党人的一举一动都战战兢兢，他们担心冒遭受牺牲的风险和遭到失败。群众把社会民主党人请出来，但是他们却害怕群众，因此用铁的纪律来控制群众；现在他们无论如何都不愿意革命热情爆发出来。他们或许本来就十分相信，党必然变得更大些，新的群众必然会涌来，而忍无可忍的无产阶级还得长时间地忍耐下去；为了不致流血，无产阶级就仍然不许行动。

这样的思想对于这样的一个党来说是可以理解的。它从一开始便自视为未成年人的主宰，并且从不努力使每一个追随者都明白要热情而又冷静、清醒地进行思考，知道自己的位置在哪里和在具体时刻要做些什么。

但为达到这一目的而运用的策略则几乎根本无法让人理解。人们担心达不到某一个目标，于是就更加迅速、更加有力地向这个目标冲击，要么是推倒一切障碍，要么是同归于尽。可是我们的情况却颠倒过来了：社会民主党害怕前进得太快，所以就不慌不忙、慢慢腾腾。它打击那些最优秀的拥护者；动摇那些无主见者对迅速取胜的信念，从而使这些人变得更加没有主见；对那些新争取到的拥护者，既不去教育他们掌握社会主义的基础知识，也不去想方设法使他们做好准备为自由的新社会独立地进行斗争，他们是拖住党的后腿的可怕的累赘，正在把党引向议会合作和妥协的泥潭。

目前德国社会民主党就是这么一个状况：没有勇气进行实际的斗争，对我们的最终目标也没有热情。人们反而陶醉于虚假的成就，陶醉于一切可能有的选举的胜利，这些胜利同消灭私有制、同结束剥削、同自由和正义毫不相干，因为现在选举社会民主党人的那些人，昨天选的是德意志自由思想党人，而明天说不定就会选反犹太主义者。不满者是些什么人呢？是经济上受压的小市民，他们没有任何主见，也无能力采取自己的行动、独立地奋起，在举行秘密选举不担什么风险时，他们时刻准备哪个党叫得最响就投哪个党的票。社会民主党自从变成议会党以来主要指望的就是这些分子，所以它必定也要善于百般蛊惑人心，必然更多地反对各种各样政治上的不公正，主要反对间接税，而不是反对建立在受国家保护的私有制基础上的经济压迫。

在像德国社会民主党这样一个有着革命传统的党内，强烈而坚决地反对放慢速度、反对纯改良策略的呼声很高，这是理所当然的。但是，上次召开的布鲁塞尔国际代表大会后不过几个月，就发生了这样的事件：德国社会民主党爱尔福特党代表大会在党的执行委员会的推动下正式审判了反对派，把完全赞同在柏林散发的一份反对党的现行策略的传单上的思想的大会代表们全部开除出德国社会民主党。像爱尔福特那样组成的如此不光彩的审判异教徒的法庭简直前所未有。持有和党的执行委员会不同意见的人解释说：这个或那个应该是党的策略，应该做这做那，他们发表这些看法时自然声调是尖锐的，然而人们却由此罗织出崭新的罪名：**诽谤党**。难道一个党是能够被诽谤得了的吗？不可能。这一点连党的执行委员会法庭顾问们也看到了，于是撰写起诉书的奥尔只好公开伪造传单的正文，以证明个别人进行了诽谤，同时通过补充一些伪造的言论把泛泛而谈的谴责描述成针对某些人的。当时反对派的力量已经相当强大而且十分危险，所以党的执行委员会不得不采取公开的和永远也不可否认的扯谎手段！

当时挺身而出打算对社会民主党进行一番改革并给它注入新的革命精神（他们的努力仅此而已）的那些人是真诚的、经过考验的，他们多年在社会民主党内工作、斗争和受苦受难。当他们敢于持有与党的执行委员会不同的意见时，他们所作出过的这些贡献就被人们一下子全部忘掉了。最恶劣的是这种自上而下流进群众中间去的极其卑鄙的猜疑的毒汁。在那时，任何具有独立思想的人都不能确保自己不被称做密探和警察特务、流氓和叛徒。

然而提出忠告的反对派无疑是非常**正确的**，这一点在过去的两年中表现得再充分不过了。

在德国出版了一种由社会民主党人为社会民主党人写的历书，叫做《新世界历书》。同其他所有历书一样，这本历书前面有全部天主教圣徒的名字，明年大概就要附上社会民主党的圣徒，目标坚定的同志或许真的会按他们的名字给自己的孩子命名呢！接着是对 1892 年 5 月至 1893 年 5 月发生的事件的回顾。有关德国社会民主党的活动和进展的部分，开头是这样写的：

　　"对于社会民主党来说，过去这段时间是精力充沛地前进的一年。鼓动工作在稳步地、不断地开展，在农村也进行得卓有成效。在阿尔滕堡、罗伊斯、哥达和迈宁根的地方议会选举中，各有一名社会民主党人当选。在柏林市议会复选中，我们的选票迅速增加。在工商业仲裁法庭的选举中，我们全线获胜。12 月 16 日斯图加特市民委员会 14 名委员的选举中，社会民主党人有 2 名当选。在 1893 年 5 月 3 日多特蒙德的补选中，社会民主党候选人特耳克得到的选票比 1890 年增加差不多一半。"

这些无足挂齿的幼稚把戏在社会民主党看来都是无比重要的。相反，若是真的由于一时冲动和没有人命令而在工人中间发生点闻所未闻的大事，德国社会民主党就会勃然大怒，因为个人以及群众的任何独立自主行为都是违反纲领的。

1892年2月，柏林大部分工人证明了，他们同有学问的、会算计的社会民主党有点不同。失业，尤其是建筑业失业现象严重，困难巨大。社会民主党试图通过提出紧急法案、派代表团和请愿来解决问题，自然毫无结果。此外，它仍然熟练地利用失业进行鼓动。不过，它所能做的也就到此为止了。失业工人只能充当感人的点缀品，用以装点人民领袖们辉煌的演说，他们必须闭上嘴巴，勒紧饥肠辘辘的肚皮。然而却令人吃惊地发生了异乎寻常的事情。失业的建筑工人集会开完之后，在柏林爆发了一场饥饿暴动，这场暴动起初就具有威胁性并持续了数日。本能驱使着成千的无产者来到普鲁士国王的王宫前。国王在前一天曾向勃兰登堡边区的王公贵族们发表演说，其登峰造极之处是要求那些牢骚满腹和心怀不满的人离开德意志祖国去流浪！拥挤在皇宫前的一群群工人的这种做法想要说明什么呢？尽管天寒地冻，许多人真的穿着破烂不堪的拖鞋，因为他们根本没有靴子，衣衫褴褛，没有帽子。或许他们想请求皇上发给他们旅费去美洲吧？种种眷恋的纽带肯定不会把他们滞留在勃兰登堡邦的。也许他们想向皇上证明，假如所有有理由心怀不满的人都要出走的话，那么他虽然不是没有国土的国王，但却会成为没有臣民的国王了？无论如何，成群结队的人涌到这里来，既为了进行示威，也为了鼓起自己的勇气和力量，因为他们是齐心协力的。群情激奋到了何等地步，下面的事便是最好的证明：夜间，各个城区成群的人走过街头，沿街的商店被一抢而光。

这样的骚乱无须过高估价。从一开始人们就知道，这样做搞不出什么名堂。但无论如何我们还是要为此感到高兴；我们感到与之休戚相关，我们希望，资产阶级真的重视柏林的失业现象。最主要的是，失业工人聚集起来表明了他们的贫困，并表示他们不愿再长期忍受下去。在这些天里，他们起码是革命的无产者。

那么社会民主党又怎样呢？它的所作所为还从未像这次那样卑鄙无耻。第一天，德国社会民主党中央机关报《前进报》根本就置若罔闻，并且声称整个骚乱纯属资产阶级报刊的捏造。可是当同警察发生激烈冲突并且出现抢劫的事实再也无法否认时，《前进报》及其主编李卜克内西用一句老话大骂失业的暴动者，说他们是**流氓无产阶级**，不是工人，《前进报》就是这样写的。于是，一场令人难以置信的、不堪入耳的侮辱和谩骂便开始了，那些闹事的人被扣上了诸如什么戴绿帽的、无赖之类的帽子，就像一个不知所措的老太婆谩骂妨碍她的那些不听话的孩子们一样。究竟是为什么呢？因为社会民主党已经有了议会活动的能力，不能再毫不犹豫地声援人们的激情和群众本能的任何发泄，因为失业工人独立自主的行动根本不符合社会民主党的温和的策略。社会民主党有三条路可走：要么客观地报道，既不表示同情也不表示反对；要么完全而且多少是理直气壮地站到失业者一边，因为失业者在对整个现存制度大声疾呼并明确地发出令人畏惧的控诉；再不就是对这些被推向绝望的无产阶级，像使徒彼得对他的主所说的那样：“我不认识这个人。”社会民主党采取的是最后一个做法，并且同时在群众中大量散发一号警告柏林工人要冷静从事的《前进报》。社会民主党人称这一切为有谋略的手段，可我却说这是卑鄙！

德国社会民主党阻挠每一个令人钦佩的、真正独立自主的行动，或者阻止不了就加以诽谤，它以此作为自己的一个任务。在其他一些事件中，这一点也表现得非常清楚。

我们首先来谈**五一节**吧。各国无产者都赞成在这一天停止工作来作为国际工人阶级一致的示威行动，以此来庆祝五一节这个无产者的节日。促使五一节产生的最初的原因——争取八小时工作日已逐渐退居次要地位，所有工人在同一天拒绝上工这件事本身就有许多极好的激发革命情绪的因素，所以，五一节的思想只能是实现我们的最终目标。

奥地利无产阶级首先证明，通过停止工作可以非常出色地庆祝五一节。然而那里的经济形势决不比欧洲其他国家更有利。有人挑剔说，奥地利人主要是为争取普选权而游行示威的，这使得他们有采取这种行动的力量。可我们是有普选权的，是不是这就使我们的力量削弱了呢？

事实似乎如此，因为上次在柏林召开的德国社会民主党代表大会终于确定，通过晚上举行集会而不是拒绝上工来庆祝五一节。

为什么在奥地利可以做到的事，在德国就办不到呢？倍倍尔说：越是大党就越要谨慎从事，以免遭受失败。我的看法刚好相反：应该是一年比一年更勇敢，群众的冲击应该更有威力、更有热情。不过，我们同奥地利最大的区别就是：奥地利人还必须争取政治自由，而我们已经有了某种程度的自由。合乎逻辑的结论应该是：我们要更为有力地开展经济解放运动。但是社会民主党却反其道而行之：他们忙于种种琐事，绝口不谈最终目标，不谈消灭私有制。为此不许搞示威游行，否则无产者就会很容易不习惯于议会活动。因此在德国，五一节看来最终就要流于空谈。

与此相应，德国社会民主党对大规模总罢工所采取的也是反对态度。1892 年底，萨尔矿区爆发一场煤矿工人大罢工，随即蔓延到了鲁尔区。对于资产阶级敌人来说，造反的工人和社会民主党人是一码事：资产阶级在帝国国会里也把谴责的矛头指向社会民主党，这不足为奇。社会民主党则极为恼火地否认任何这类共同之处，他们说，罢工工人不是社会民主党的选民，而是教皇至上派的选民，投票选举社会民主党人的萨克森矿工就一直很平静。好一个保障平静的社会民主党！后来他们当然就说："亲爱的祖国，愿你平平静静！"在我看来，虔诚的天主教工人虽然平时仍然相信彼岸，这次却同自己尘世间的剥削者吵翻了。社会民主党竟然否定他们，这真是耻辱！它为什么要这样做呢？是因为它预见到现在正值经济危机罢工会失败吗？不错，可是如果工人不采取有力的行动去改善经济状况，经济状况究竟怎样才能好起来呢？

严肃的社会主义者绝对不会相信，无产阶级的解放通过参加议会活动就能获得，即使德国社会民主党的领袖也不真信这个。这些人分成两大类，一类人根本不再相信，在可预见的将来，通过无产阶级的大规模冲击，社会主义即可获得胜利；他们是纯改良派，如福尔马尔先生便是，他们至多出于旧习惯而有时使用革命的言辞，然而这只不过是他们口中的一种空话而已。另一些人现在还摇摆不定；他们仍然愿意相信革命，但他们又不采取革命的做法；在内部，他们为自己的策略辩护说，我们在议会中提出的法律草案根本不会被通过，它只是为了把广大群众争取到我们一边来，我们必须这么做，因为只有通过这样的许诺才能赢得人心。

但是，他们有时在议会中公布的提案却不是这样的，也就是说，我们的提案搞成了资产阶级都可以接受的样子。

人们什么时候见到过这样一种耶稣会士的策略？但是耶稣会士还从来没有发动过什么革命。

如果我们所孜孜以求的胜利应该是进步和自由与正义的胜利，那么，我们就只能用不受压制的**真理**，只能用真理去斗争才行。

丢掉一切妥协！为了革命的目标，采取革命的办法！

但是在最近的国会选举中，社会民主党的做法却截然不同。在国外，大概人们常常对此次选举运动有着一种完全虚假的印象。

180万张选票——这听起来是令人鼓舞的，尽管社会民主党人预期的远比这高。不过取得这些成绩用的是什么手段呢？绝对不是通过宣传社会主义！只是通过反对军事法案和反对赋税的重压！社会民主党大多数选民同其他反对党选民的不同之处，既不在于他们的思想，也不在于他们的意图。其他反对党的选民拥护的是，在资产阶级国家的范围内，即在资产阶级社会的范围内进行改革，他们与社会党人截然不同的是比后者更诚实。

就连反对军事法案的斗争，也绝不是一场从原则上反对军国主义本身的斗争。有些传单和党的执行委员会公告就明文写着：社会民主党人不赞成削弱我国的军事，一旦国家受到攻击他们也准备参加战斗（似乎打起仗来还能把自卫者和侵略者分清！），他们只是争取减轻负担。因此，社会民主党拥护民军体制，好像民军体制照样可以被资产阶级使用这一点，在瑞士和美国还没得到过证实似的。

所以，社会民主党在选举中取得的平凡成绩是一种恶劣透顶的虚假成绩，只有失去理智的人才会为之陶醉。坚定的革命拥护者不会因为这些无原则的鼓动就被争取过去。

只有通过真理的热情语言，通过有关现存社会及其基础的彻底的启发教育，通过和流传至今的关于国家、权利、习俗、道德等传统概念彻底决裂，才能把这些拥护者争取过来，除此之外还有什么别的办法吗？归根结底，只有通过不倦地传播无国家的和不加强制的社会主义自由思想，通过不倦地传播可用一个词"自由"来概括的造反观念，除此之外还有什么别的办法吗？

过去我们就是这样斗争的，今后也将坚定不移地这样斗争下去，我们无政府主义者和自由的社会主义者不畏惧来自这样一个党的辱骂和诬蔑，这个党实际上打算罗织种种理由，通过这样一些手段把其他更为自由的派别置于死地。

无产阶级只有通过自己英勇无畏的行为才能解放自己。

无产阶级只有在建立没有统治、没有民主原则、没有任何高高在上手握决定权的人物或领袖们的发号施令这样的社会主义时，才能最终解放自己。

对此我们满怀信心。

无产阶级和社会主义思想必将战胜**一切**敌人和一切假朋友！

自由万岁！

G. L. ①

---

① G. L. 即古斯达夫·兰道尔（Gustav Landauer），是德国"青年派"的代表人物。——译者注

澳大利亚社会民主联盟的报告

同志们：

在澳大利亚殖民地，社会党仍处于幼年时期。尽管澳大利亚工人阶级开明、有组织和数量上占优势，但澳大利亚在所有文明国家中是参加伟大的社会主义运动最晚的国家。除了 1882 年几个意大利和法国的流亡者曾试图在悉尼成立已解散的国际的支部外，1885 年以前在澳大利亚和新西兰进行的宣传工作都没有取得多大成就。澳大利亚直到那时还是"工人的乐园"，还没有感到需要进行根本的经济改革。我相信，只是到了 1887 年才在阿德莱德和墨尔本分别成立了南澳德意志总同盟和前进同盟（这两个团体的会员都是德国人）。继它们之后，1889 年在悉尼成立了澳大利亚社会主义同盟，该组织夸耀说，它成立三年以来，在整个新南威尔士共有 15 个支部和 9000 名盟员。接着成立了维多利亚社会民主同盟和昆士兰社会民主联盟。

乔治分子在大陆南部掀起的土地国有化运动大大地帮助了我们的学说在这里的传播和被人接受。许多著名的单一税倡导者，或亨利·乔治的追随者，经过争论和犹豫之后无可争辩地和毫不踌躇地得出结论说，既然私人占有土地是一种掠夺，那么个人占有一切其余的生产资料和生活资料也是一种掠夺。于是，他们终于转入了我们的阵营。几次大罢工的失败使许多工联主义者加入我们的行列。最近三年中，最成功的宣传工作是由分布在大多数城镇及本大陆的采矿和牧畜中心的社会主义会友们进行的。他们宣传政治改良和社会改良，挫败了某些损害工人利益的资本家的计谋，领导了几次罢工。他们已有一些殉道者和一小段可以引以为傲的光荣历史。只要指出下面这个事实就够了：领导有名的布罗肯希尔罢工的人是澳大利亚社会主义同盟地方支部的领导人。

目前，澳大利亚公开承认的和积极的社会主义者的人数难以与欧洲大陆任何一个大国的社会主义者的人数相比。但是，另一方面，澳大利亚工人是无意识的社会主义者，民众的个人主义思想愈来愈少，立法倾向有利于社会主义。不断加剧的工业萧条和失业，以及最近发生的银行倒闭和欺骗事件，增强了上述精神和倾向。人们到处纷纷要求国家帮助、成立国家银行和对私营企业进行监督、土地国有化、政府开矿、建立国营或市营工厂等，纷纷要求取消那些明显敌视改革的机构，等等。群众举行集会，要求把失业者安置在公有土地上，要求创办行政长官、主教和保守党的其他著名人士所领导或提倡的那种合作农场和类似的农场。这种群众集会在各大城市屡见不鲜，具有重要的意义。

澳大利亚的社会主义者基本上是民主主义的。但是，社会主义运动在各地有堕落成国家社会主义运动的危险。至于斗争方法问题，他们大都是"合法主义者"，讨厌使用暴力，尽管不乏红色革命分子。他们相信组织的作用和议会活动。

上面提到的五个社会主义组织中的四个组织的代表于去年 12 月26—28 日在悉尼举行了会议。会议决定把澳大利亚的一切社会主义团体联合成澳大利亚社会民主联盟，接受共同纲领和准备采取统一的政治行动，参加本届和将来的国际工人代表大会。尽管澳大利亚的资产阶级报刊用"沉默的阴谋"来反对我们的这一举动，但是这个事实在澳大利亚社会主义发展和进步的历史上将是不可磨灭的。因为正是在这次会议上，澳大利亚工人才第一次承认了工人问题和国际主义，并宣称愿意和整个文明世界从事艰苦劳动的伙伴一起为共同事业奋斗。

澳大利亚社会主义者的任务是比较简单和容易的。工人已经组织起来并且已在同雇主进行艰苦的斗争。我们的南方同志们要做的事只是按照我们的理论去教育他们，把他们现有的组织改造成纯粹的社会主义组织。

现在，我简要叙述一下澳大利亚工会的地位和力量以及导致它成立的事件。

同志们，我想你们大多数人已听说过关于澳大利亚庞大的工人组织即工联的情况，听说过它们的机构给澳大利亚苦工保证的高工资、短工作时间以及其他好处。你们知道，世界把目前争取八小时工作日运动归功于澳大利亚工联；你们知道，具有历史意义的伦敦码头工人罢工在它们的资助下赢得了胜利。工联在澳大利亚曾经一度是一支强大的力量，能够把自己的条件强加给资本家。但是这种状况注定不会长久。资本家仿照其对手的榜样，已把自己的力量组织起来，决定不再听任别人支配。借口是容易找到的。船主依靠其他资本家组织的支持，拒绝承认他们的船员的结社权利，用立即解雇来威胁船员。这是一个涉及雇员的尊严和自由的原则问题。船员勇敢地离开了工作。坚决支持船员的水手也罢工了。接着，司炉工、装料工、装卸工、码头工人、搬运工等举行了罢工。于是1890年的海运大罢工开始了，它受到剪羊毛工人罢工的鼓舞，持续了整整四个月，几乎使澳大利亚的贸易陷于瘫痪。这次罢工以工联主义者的大失败而告终，他们中的很多人至今仍感受到那次失败的可怕后果。

有组织的工人暂时消沉了。说也奇怪，他们被工人压垮了，被那些流浪工人压垮了。排外的工联主义者使流浪工人沮丧和孤立无援，从而把他们投入不择手段的资本家的怀抱中，充当杀害工人兄弟的雇佣凶手！几个月之后，昆士兰的工人试图抬起头来，在澳大利亚中部的银矿产地又作了一次尝试。但尝试再次遭到失败，只不过在艰苦的劳动道路上又抛下了一些新的牺牲者，使挣工资的人的情况变得更坏。有人说，澳大利亚船员、矿工和新开垦地移民的这几次失败是指挥无能的结果。

我认为这主要是由于下述事实造成的：工人尽管组织起来了，但无法和有组织的资本家较量，因为他们控制着政府机器和一支失业大军。工人想从资本家手中得到公平待遇或赔偿的任何尝试都不可避免地要遭到失败，除非采取新的更有效的斗争手段。在海员罢工期间，我们的一些同志公开提出了这个观点。他们劝说工人大胆走上政治舞台，争取把政府控制在自己手中，这样就会得到劳动群众的响应。1891 年大选前夕，在新南威尔士的几个选区迅速成立了工人选举联盟。工人候选人大多是体力劳动者，他们获得提名，并取得了惊人的选举结果：37 名工人代表被选进了共有 139 名议员的议会；在总计 268500 张选票中，工人候选人得票 103780 张。

于是，工党在新南威尔士成立了。它作为一个独立政党进入了议会。它在内阁派（49 个议席）和反对党（50 个议席）之间掌握着决定权。它的指导原则是"对让步报以支持"。它曾经使帕克斯政府倒台和促使政府实行新的财政政策。遗憾的是，在财政政策问题上党内发生了一两次争论。一些党员发誓支持新政府，显然是为了推进劳工立法。尽管他们有分歧和不怎么团结，工党议员还是赢得了几项重要改革，其中包括废除双重投票制。由于实行这一选举改革，工人阶级将能在下届立法机构中使自己的代表增加一倍。

工党在澳大利亚各殖民地的一院制议会中的议员人数如下：

殖民地	议会席位总数	工党在本届议会中的席位	工党在上届议会中的席位	增加的席位	注
新南威尔士	139	37	0	37	在上届议会中工人议员还没有组成独立的政党。
维多利亚	95	12	6	6	

（续表）

殖民地	议会席位总数	工党在本届议会中的席位	工党在上届议会中的席位	增加的席位	注
南澳大利亚	54	13	2	11	在上院中也有 4 名工党议员。
昆士兰	65	17	4	13	
新西兰	70	15	?	15？	还有 24 名"自由派"（执政党）议员，他们和工党结成联盟，是"国家社会主义者"。
合计	423	94	12？	82？	

可以看出，几乎四分之一的澳大利亚议员来自工人队伍，他们的观点和愿望多少都具有社会主义的性质，即使他们的纲领并非如此。因此，在议会中的工人代表人数和劳工立法问题上，澳大利亚和新西兰远远走在世界上所有其他国家的前面。澳大利亚和新西兰的工人占选民65%或更多一点，没有根深蒂固的贵族作风和偏见，与某些欧洲国家流行的习惯相反，他们的政府在选举中不施加任何不正当的影响。因此，我可以有根据地说，澳大利亚这个实行八小时工作日的国家，将是世界上第一个实现了人们现在正努力争取实现的劳苦阶级的解放的国家。

1893 年 8 月 8 日于苏黎世。

国际工人代表大会澳大利亚社会主义者代表

弗朗西斯·谢乌萨

关于比利时工人党和比利时社会主义
运动情况的报告

争取普选权的斗争

自从布鲁塞尔国际代表大会召开以来，比利时工人党的活动主要是争取实现年满 21 岁的全体公民都享有选举权。多年来，授予普选权这一极其重要的问题，已成为人们积极宣传的主题。

与工人党一起诞生的选举改革，是在一个大规模的运动的推动下向议会提出来的。这个改革只是在一次罢工的压力下才得到了解决。这次罢工把 20 多万人卷入了选举改革运动，他们通过在全国的一切重要中心和乡村举行的报告会和群众集会而长期受到教育；在罢工过程中全国各地散发了成百万份宣言、小册子和报纸；在城市里举行了有 2 万人和 10 万人参加并通过工业区的示威游行；还举行了好几次政治性罢工；在根特、阿洛斯特、布鲁塞尔、安特卫普以及其他 20 个地方，举行了一次民众意见磋商（公民投票）。

凡是年满 25 岁的公民都享有选举权的原则，今天已经成为事实，但是，这个原则只是在进行了积极活动和去年 4 月罢工之后才争取到的。恐惧动摇了议会的惰性并结束了它的长期反抗。

选举问题的解决，并没有使充分的普选权得到实现。因此，工人党将继续进行斗争，反对新的选举制度，即复选制，因为这种制度没有为每个公民提供平等的参与政治生活的机会。

选举权的争得使我们付出了重大的代价。在罢工之后，全体战士都成了压迫的对象，他们当中的大部分人被判处了巨额罚款和长期监禁。

总罢工的结果

就结果来说，罢工使工人阶级更加增强了对自己的信心。罢工向工人阶级灌输了团结精神。这一点的证明是：成立了新的工会组织，我们原来的一些小组扩大了，有相当多的人入党，韦尔维耶的手工织布工人两个多月来都在为规定最低限度的工资额而斗争。

女工的觉悟空前提高，她们意识到自己是自己的主人，正准备献身于争取改善自己的生活和争取自己的权利的新战斗。人们越来越懂得成功的秘诀在于组织。这是我们的政治斗争的最有特色的结果。

社会主义运动

社会主义思想的传播虽然缓慢，但却是确定无疑的。八年来在宣传过程中播下的种子已经发芽、滋长；这些种子已经长出了茁壮、坚强的幼芽，它们在长得根深叶茂之后，将把资本主义制度窒息。

党的影响是相当大的，它既对我们的敌人也对劳动者阶级内部发挥巨大影响：政府、立法机构和评议会都受到党的道义力量的影响；资产阶级报刊经常议论我们的组织和我们的受托人，这是我们的组织和我们的受托人具有真正的重要性的证明；军队这根资本主义的支柱也受到了社会主义的影响，其证据是在兵营周围成立的社会主义士兵小组，以及在总罢工期间被陡然镇压下去的造反行动；大学教育正向新学说发展；

社会主义大学生团体纷纷成立。

这是一方面。

另一方面这种影响还表现在：在产业和劳动委员会以及劳资调解委员会的工人代表的选举中，他们通常全都以压倒优势获胜；一些与党建立了联系的行业的全国联合会最终成立——这些行业是：冶金工人，林业工人，烟草工人，油漆工人，车厢装配制造工人，碎石工人，制鞋工人；另外还有三个同样与党建立了联系的联盟，它们是社会主义大学生和研究生联盟，互助协会，社会主义音乐、合唱和戏剧协会；自从1891年国际代表大会召开以来，与党建立联系的团体约有100个。我们的"人民、前进、进步之家"的繁荣昌盛与日俱增，其中有些单位已拥有将近10000名成员，在这些地方每天消耗的面包大约有15000个。

各党派的改组

反对、长期反对扩大选举权的各政党，又想在选举中获得好处。斗争是激烈的。作为地产保护人的教权派保守主义，代表金融界和大工业的理权派保守主义，依靠小资产阶级的进步主义，都将进行竞争。工人党屹立在它们面前。在所有这些党派中，为了未来的斗争而进行改组的问题已提上日程，并且正在实现之中。

工人党的组织

工人党不等新选举制度诞生就认真地组织起来了。

在党的支持下，全国已分为若干自然区和工业区。各地区的大部分无产者已组成小组，然后联合为地区联盟，这些地区联盟同时也是政治组织、工会组织、合作和互助组织。

工会（总共约有200个）主要是为了保护和改善劳动者的利益而成立的；由积极分子管理并以"人民之家"著称的合作社，保证着我们的运动的活力和连续性；成百的政治小组、学习和宣传小组负责研究市镇政策、宣传社会主义原则、传播党和工人组织的报纸的工作；互助会、医疗服务、救济基金用直接利益来吸引劳动者，并使他们做好加入我们的其他组织的准备。

这就是比利时工人党的组织结构。

音乐、合唱、戏剧艺术、击剑和体操团体、青年近卫军（它的使命是通过散发宣言、小册子，散发《新兵》和《士兵》这两种专门报纸，在军队中宣传社会主义）等机构是对我们的组织的补充。

最后，还有7个全国性行业联合会，其中一部分已经签订国际协定，其余的也全都打算这样做。党的一次代表大会宣布，一切和党建立了联系的工会都必须分别加入它们的联合会。

所有这些组织都赞成夺取政权，以实现无产阶级的彻底解放。

比利时工人党已完全形成了，它只需要时间来增强自己的力量：任何利益都会受到保护，任何需要，不管是物质方面的需要还是思想、精神方面的需要，都将得到一个防御性或进攻性组织的答复。

工人代表大会

自从上一次即1891年国际社会主义工人代表大会召开以来，组织精神在我国的发扬已得到新的证明：召开了9次各行业全国代表大会，5次党的全国代表大会，15次社会主义工人团体的其他地区性或全国性会议，3次国际代表大会：矿工，大学生，制手套工人。

自由工人的联合

除了受高级僧侣、贵族和金融界操纵的弱小的天主教工人（！）组织之外，在我国还有几个虽然没有与我们党建立联系但经常和我们并肩前进的团体，它们是：制手套工人联合会，以及排字工和印刷工协会、互助协会全国联盟和劳动骑士团，后三个组织全都被经常纳入党的宣传活动的范围。

总之，比利时的工人组织都在红旗下前进。

新纲领

新的选举制度的诞生，促使党完善自己的纲领。将提交明年10月举行的全国代表大会审查的纲领草案，包括一整套政治和经济改革方案，其中有关于产业工人的专门措施，关于农业工人的其他措施。还提出了市镇改革纲领。

因此，我们的组织工作差不多已经完成。我们准备去向农民宣讲农业社会主义，向产业工人宣讲为了斗争而组织起来，在全国各地传播将使社会主义获胜的鼓舞人心的消息和榜样。

工人报刊

我们在比利时这个操两种语言的国家有三种正式机关刊物，这就是为法语区出版的《人民报》和《人民之声报》，以及为佛兰德语区出版的《前进报》。还定期出版几种报纸——各行业的机关报：《裁缝》、《雪茄烟工人》、《林业工人》、《雇员》、《印刷业联盟》、《制手套工人》。此外，还有几家友好的报纸：《社会主义大学生》、《工人》、《社会主义者联合会》、《雇员机关报》、《比利时合作社社员》、《社会主义者》、《正义报》。

我们每年都出版廉价的年历和大量廉价小册子，因为我们认为，书面宣传是最好、最有效的宣传。

教权派的反社会主义

随着选举战和经济战的临近，天主教反动派企图用下述手段来瓦解社会主义运动：它继前几年用沉默的阴谋来扼杀我们党之后，又进行了恫吓和诽谤。在看到这一策略所产生的结果只是使工人党变得更加强大和更孚众望之后，它变换了手法。今天它力图把天主教工人网罗到所谓的"工人之家"中去，这是用教会资金修建的仿造我们的"人民之家"的冒牌货。它还用一大堆既恶毒又枯燥无味的小报来和我们的报纸对抗；它用它的团体来和我们的团体相抗衡。教权派反社会主义者已被人们称为"社会主义民主的拙劣模仿者"。他们正在把工人阶级中态度最冷淡的分子组织起来——这是一项很快就会使我们受益的工作。基督教的劳动者像具有自由思想的劳动者一样，只有一面旗帜，这就是无产阶级的红旗。

五一节

由于群众在政治上处于与世隔绝的状态，在比利时，到去年为止五一节都具有特殊的性质。然而，今年人们在各大城市和工业区都共同进行了庆祝，尽管我们在较长时期内都没有进行鼓动工作和大规模政治罢工。停工庆祝五一节的思想取得了进展。我们一致同意保留五一节游行中原有的经济性质，因为这种性质使游行产生巨大影响，并使它带有阶级斗争的特点。

全国劳动书记处

今年在根特举行的全国代表大会明确地解决了这个问题。比利时工人劳动统计书记处不久就要开始履行职能，并将同我们外国兄弟的类似组织建立联系。

妇女问题

妇女问题每年都有重大进展。已经有若干妇女团体以女工工会、储金会、妇女同盟等形式组织起来了。她们有自己的专刊《妇女》。其余的出版物也是专门保护妇女的。这些组织和报刊大部分都同力求实现男女政治上、法律上、经济上平等的工人步调一致。

我们的代表

由于同自由派进步党人结成了临时联盟，我们党在旧的、在欧洲限制最多的选举制度下，把工人代表送进了 20 多个重要的市镇和工业区的市政委员会，还把工人代表送进了两个省的委员会。

国家的经济状况

两年来，法律没有使工人阶级的命运得到任何改善。某些所谓的社会法尽管已经在议会表决，但仍然是一纸空文；当局没有采取任何措施来有效地执行这些法律。

至于国家的经济状况，目前也达到了令人难以想象的糟糕地步：矿工的工资大幅度地降低了；在许多煤矿，矿工们一周中只劳动 4 天或 5 天；在其他产业部门，失业人数也相当可观，他们往往为了获得菲薄的、不正常的工资而争夺别人的位置。去年冬天，我国已有大批失业者成群结队地穿着破衣烂衫，在我们的一些大城市的商业大街、贵族聚居区和政府所在地"要工作！要面包！"在根特已开始发生骚乱。今年，鉴于农业工人和工业工人的工资都被大大压低，还鉴于农业歉收和某些食品将要涨价，同样，鉴于许多国家，特别是法国搞的税率战争，可以预料，失业工人的运动会更加汹涌澎湃。很可能，在下一个痛苦的冬季里，我们将看到由饥饿引起的新的骚动！

罢　工

统计证实我们的估计：

罢工次数	行业	原因
1891 年（8—12 月）——6 次罢工		
2	冶金工人	1 次由于降低工资；1 次因为车间条例
3	手工织布工人	2 次由于降低工资；1 次因为工头的行为
1	煤炭工人	1 次要求增加工资
1892 年——72 次罢工		
33	煤炭工人和矿工	38 次由于降低工资，有时降低幅度达到 30%
5	手工织布工人	20 次要求提高工资；1 次要求尊重最低工资额
5	采石工、凿石工	3 次由于专横的条款
3	制鞋工人	

（续表）

3	火柴工人	
2	军火制造工人	
2	印刷工人	
2	玻璃制造工人	
2	雪茄烟工人	
2	林业工人	
2	建筑工人	
	1893 年（1 月—7 月 20 日）——58 次罢工	
22	其中有 2 次波及 3 和 4 个市镇的煤炭工人罢工	26 次由于降低工资 12 次为了增加工资
8	冶金工人	9 次由于专横的条例或措施
2	军火制造工人	5 次为了缩短劳动时间
5	采石工、凿石工、大理石加工工人	1 次由于解雇工人
3	林业工人	1 次由于工作场所不卫生
1		
2	雪茄烟工人	1 次为了最低限度的税率
1	火柴工人	
2	油漆工	
1	煤炭业工厂工人	
	手工织布工人和纺纱工人（继 34 家织布厂和纺纱厂的罢工之后还发生了 10 次左右小规模罢工）	
12	其他行业	

比利时罢工的原因在于为工资而斗争。这种斗争主要是防御性的，也就是说，这个斗争的目的是为了保持工资的水平，防止工资下降；它不是为了获得更优惠的工资条件，而是为了保存现有的条件。

比利时不仅是一个工资低的国家，而且还是一个劳动日长的国家。它的劳动日从未低于 10 小时，往往长达 14、15 和 16 小时，平均约为 12 小时。

目前，在商行的雇员和推销员中，正在开展一个争取"星期日休息"的运动，它在几周之内就有了很大的发展。我们可以预言，这个运动将获得成功。

如果说比利时劳动者的政治状况有所改变的话，那么关于他们的经济状况就不能这样说了，相反，他们的经济状况在日益恶化。

怎么办？

在全国范围和国际范围内组织起来，孜孜不倦地进行斗争！

为无产阶级的经济、精神和政治解放而奋斗！

比利时工人党总委员会

报告人：**塞维**

保加利亚社会民主党的报告

保加利亚社会民主党向国际社会主义工人代表大会所作的报告中，首先想到和讲到的只能是向伟大的社会主义世界的代表们致意。保加利亚第一次派代表出席国际社会主义工人代表大会，除致以兄弟般的问候之外，它的代表还有一项崇高的使命，这就是把小国保加利亚正式引到社会主义思想发达国家的大家庭中来。

在开始叙述我国社会民主主义运动目前的情况之前，请允许我们在本报告中用一点篇幅来谈谈保加利亚的历史、半个世纪以来的经济发展简史。这或许有助于更好地理解保加利亚社会民主主义运动目前的形势以及近几年的社会政治生活。

我们之所以这样做，是因为我们认为，世界各文明国家社会主义运动的代表们日理万机，无暇研究保加利亚经济发展的历史。而且我们觉得，对此而言，保加利亚社会民主党代表向国际社会主义工人代表大会作报告的机会自然是再合适不过了。请放心，我们一定尽量简短。

这段历史，始于西欧几乎是突然惊奇地看到博斯普鲁斯海峡两旁患病的巨人那庞大的消化器官已不能顺利地运转之时。这个病人只好放弃一些小国家：罗马尼亚、塞尔维亚、希腊。只剩下保加利亚人还在期待着从穆罕默德的统治下获得解放。与此同时，起初几乎纯属军事组织的穆罕默德部落逐渐变成一个国家，于是**货币**和**商品**就成为不可缺少的了。1853—1854 年同俄国的战争是这一转变的顶点。在那以前，奥斯曼帝国还是以自然经济为主。

土地归苏丹从而也就是归所有帕沙和官员们所有，因为苏丹把土地作为馈赠赐给了他们。保加利亚人不得不只是劳动而把收获缴给这些帕沙。留给自己的仅仅是使他们不致饿死的一点点。每一个人不论在什么地方若能找到空地，他就可以去开垦耕种。如果一个人连续五年不耕种他的土地，那他就失去了继续耕种这块地的权利。任何人都可以占用耕种。① 手工作坊和行会在这一时期也活跃起来，产品主要还是为满足自己的需要，也有部分出售。1853—1854 年塞瓦斯托波尔一战只在下面一点上使得土耳其帝国跻身于欧洲国家的大家庭之中，即土耳其政府为满足钱款上的大量需要而颁布一项条例，要求帝国全体居民，凡愿意把所种土地作为**世袭的私有财产**拥有者，可前往专区首府，按地块大小交付一定的款项，便可得到买地的文书。所有其他财产也都照此办理。

突然间，保加利亚民族感到自己占有了帝国的绝大部分田地。因此，过去只由有钱的官员们经营的原料产品贸易，现在人人都可以经营了。这样，土耳其帝国就向对外竞争敞开了大门。这种竞争使得土耳其帝国的生活渐渐欧化。不过，私有财产仍然是我们国家得以发展的最大的因素。经济上的任何一个哪怕是微小的变化都将引起社会生活所有领域发生变化，马克思的这一思想恐怕在任何地方都找不到像保加利亚的情况这样更好的说明了。旧的生活基础一下子都被推翻了。土耳其政府越来越仰仗人民的钱袋。所有人的行动都是自己独立作主！所有的人都在发财致富。教育事业兴旺起来！保加利亚人摆脱了君士坦丁堡希腊大主教的宗教束缚！同希腊人的这场精神之战逐渐变为反对土耳其人和希腊人的战争，而这些运动导致由各民族虚伪的解放者俄国来解放保加利亚民族。

---

① 显然，每一个家庭只能耕种全家劳动力所能负担的那么多耕地。土耳其人的蹂躏政策及其绞架屠刀政策已经想到使每个家庭拥有足够的土地。

保加利亚的政治解放彻底激发了自货币和商品经济及私有制实行以来已经活动起来的一切社会经济力量。在土耳其人当中业已形成的资产阶级一下子掌握了政权，于是还十分年轻的资本的庆典便开始了。土耳其政府早就使我们从贵族那里解放出来，而在摆脱了这个解放者之后，资产阶级却成了独裁者。

沿巴尔干山脉一带，长期以来已经发展起大规模的家庭纺织工业。土耳其政府还在斯利文建了几座毛纺工厂以满足自己的需要。在我们解放后，工厂的数量在极短的时间内增加了。但是每个工厂的建立都夺走了数千人的饭碗。最初几年，使用机器的工业就已表现出它所带来的后果：繁荣的家庭工业和小工业开始百病丛生，逐渐在竞争中败下阵来；从前独立的手工业者和小工业者变成了无产者，不得不去工厂做工。在斯利文、索波特、卡尔洛沃这些工业十分发达的城市，发生了反对机器工业的暴动和骚乱，妇女由于挣钱的路子受到机器的威胁也参加了骚乱。然而就像在世界各地一样，在这种条件下我们这里的情况同样是：资本主义以其现代的形式——机器工业——胜利发展的势头无可阻挡。工厂在急剧增加，尤其是在兼并了东鲁米利亚以后，这次兼并是对保加利亚人民的极其不合理的安排的结果。北保加利亚和东鲁米利亚之间以巴尔干山脉为界，但是这里是整个保加利亚工业最发达的地方。人们不得不付的关税导致了兼并。保加利亚是欧洲货物运往东方的必经之地，这种地理位置也是铁路网越来越扩大的重要原因。修筑铁路的工作几年来一直连续不断。明年即将动工修建舒门—特尔诺沃—索非亚这条最长的铁路干线。近年来，采矿业，特别是煤炭工业也有飞跃发展。最大的煤矿在佩尔尼克附近，大约一个月前已有铁路同索非亚相通。在这种条件下，手工业者等级渐渐无产阶级化，这一点几乎无须再提。

这里应该同样描述一下工厂工人和女工的境况。上面我们已经说过，我国年轻的资本现在正经历它的鼎盛时期。过去，在保加利亚获得政治上的独立的最初几年，政府是小工商业利益的得力代表，现在则死心踏地地、可以说全心全意地成为资本家的朋友和保护者，成了资本主义经济的推动者。

无论哪个资本家都从政府那里得到了许许多多的特权，例如，制作鱼罐头的特许、造纸工厂股份公司的特许、火漆制造厂的特许，等等。政府不惜为工业支出经费，颁布种种扶持工业的法律。这还不够！大笔钱款投进了资本主义这个贪得无厌的无底洞，而且是无息的，例如一个股份公司在加布罗沃有一座工厂失火烧毁（1889 年），政府给了它 15 万法郎。一项针对这种事故的救援基金得以设立。光是最近三年，纺织厂的数目在加布罗沃由 3 家增加到 6 家，在斯利文由 12 家增加到 16 家，在特里亚夫纳新建了 3 家（纺纱厂和织布厂），在卡赞勒克新建了 2 家。在政府方面如此照顾的情况下，上述种种不足为奇。1892 年在全保加利亚有 105 家烟草厂、数千名工人。但是，在这工业繁荣时期，工人却不得不每天劳动 12、14、16 甚至 20 个小时，而工资则童工为每天 20—50 生丁，女工为每天 50—60 生丁，男工为每天 1—2 法郎。由于缺少劳工保护立法，所以工厂主在工厂里俨然以专制君主自居。在加布罗沃和斯利文常有工厂主亲手殴打工人的事件发生！卫生条件要多糟有多糟，遇有工伤事故，自然无人关心受害者。所有这一切推动着工人在最近几年参加政治斗争。政府在改善工人的状况方面毫无作为，以致去年在菲利普波利斯召开的实业家代表大会鉴于社会主义宣传日甚一日，竟然亲自出马要求政府调节劳资关系。

我国的农业状况是一言难尽的。在上述条件下，耕地进行了相当平均的分配。但是，在保加利亚获得政治解放后，便出现了土地迅速集中到少数人手里的趋势。土耳其居民移居国外尤其加速了这一集中的过程。在保加利亚东北部，这个过程最为迅速。据 1888 年财政部报告，全保加利亚有 174 个农庄，每个农庄的规模有 50 个配备齐全的家庭农庄加起来那样大（每个家庭农庄约耕种 15—25 公顷土地）。① 我们不要忘记，我国在政治上获得新生的最初几年，政府各部都曾忙于把土耳其大帕沙遗弃的农庄土地分给保加利亚农民，特别是在保加利亚西部，是在卡拉维洛夫所主管的部的领导下进行的。总的来看，当时政府各部是农民和小企业的部。

至于农业工人的状况，那是再坏不过了。每年二三百法郎的工资在我们这里称得上是一笔不错的工资了。可想而知，农业工人的生活条件是非常困难的。他们根本没有什么劳工保护立法，这一点无须重复。

多瑙河和黑海沿岸的商业同样集中于极少数人手中。布尔加斯州的商业由 10 家贸易公司操纵，鲁斯楚克州的商业由 11 家贸易公司操纵，利亚霍沃的商业由两家贸易公司操纵，等等。

一个国家资本主义发展的标志除去工厂、工人数目、商业等这些实证的数据以外，在某些前提下，只拥有自己双手的劳动力的人的数量同全体人口数量的百分比也是一个标志。据法国作家拉米什（《过去、现在和未来的保加利亚》）统计，在 320 万保加利亚人口中约有 150 万人靠出卖自己的劳动力为生。据官方统计，在工厂、作坊、港口、商店、农村等地劳动的工人人数计有 85.7 万人。

关于保加利亚的经济发展史和目前的经济状况就讲这些。

保加利亚在政治上摆脱了土耳其的统治，也摧毁了束缚国家经济力量的锁链，并且创造了新的政治形式，这些形式虽然实际上还是有缺陷的和片面的，但毕竟为发展国家的经济力量开辟了广阔的天地。自然，由于政治形式的片面性，只是富人利用了新经济自由的一切好处。资本家阶级异常迅速地形成了，并且在不断成长。当然，在我们这里也同其他各国一样，这个阶级一出现，便立即伸出巨掌去抓国家的管理权，最

---

① 从 1884 年起，农业也开始使用机器。

后把政权完全交给一群只为资本主义金钱效力卖命的教士兼忠实的奴仆去独断专行。这个教士集团的首领便是现今保加利亚的独裁者斯塔姆布洛夫。

只有在形形色色的资产阶级政客认为有用和被他们利用的情况下，无产者才被允许参与我国的政治生活。根本没有工人的组织。事情就是这样。这时，一些人开始传播工人要有自己的政治组织的思想，这是俄国社会主义书刊和西欧社会主义运动蓬勃兴起的影响的结果。

当然，个别人甚至成群人所作的这一切努力，假如不同时具有天然的适宜的土壤，那也只能蜕变为用心良好但却不能生存的实验。不过，正如我们刚刚叙述的那样，保加利亚虽说是欧洲最年轻的文明国家，却没有因而幸免于资本主义的分化，这一分化过程甚至来得更为迅速。因此，正如人们所料，在新生的无产阶级当中也存在着植根于坚实土地上的工人政党的真正的幼芽。这些真正的、唯一有能力抗拒分化过程并因而使国家获得康复的幼芽，现在虽然还很弱小，但却在一天天甚至一小时一小时地成长，从而使人们完全有理由确信，一支不可战胜的未来力量正稳步发展。

我们的社会民主党是1891年成立的。已经存在着的社会民主主义小组于1891年4月在特尔诺沃召开了第一次全国代表大会。此次代表大会制定了保加利亚社会民主党的纲领和组织章程。当年又在博斯鲁扎召开了第二次代表大会，由各小组代表通过纲领和组织章程。纲领及章程均获得通过，15名代表中12人赞成。按照章程规定，社会民主党由叫做"德鲁日纳"（分部）的组织组成。1891—1892年分部数量增加，差不多每个城市至少有一个，尽管并非每个分部都加入了党。

根据加布罗沃州各小组的倡议，1892年8月在菲利普波利斯又召开了一次代表大会，大会作出发表党的纲领和创办党报的决议。党的机关报的名称叫《工人报》，自1892年11月出版，由尼克劳斯·加布罗夫斯基主编。《工人报》的主要读者是工人，订户数量达 1200。

　　主要由于党的机关报的热情宣传，我们在下列地方又新成立了社会主义工人组织：斯利文、加布罗沃、德雷诺沃、旧扎戈拉、维丁、扬博尔、哈斯科沃、特尔诺沃、菲利普波利斯、腊兹格勒、索非亚等。

　　党决定出版一套"保加利亚社会民主主义丛书"，以之作为宣传的一个措施。自 1891 年起，党已经出版了 16 种。翻译的书籍和小册子中最重要的有：奥·倍倍尔的《妇女和社会主义》、盖得和拉法格的《工人党纲领》、格·普列汉诺夫的《五月一日》、拉法格的《资本的宗教》和《共产主义与经济进化》等。

　　一个月前在特尔诺沃召开了全国特别代表大会，在此次大会上党决定创办一个月刊。此外，党还决定参加今年 7 月 30 日的议会选举。在现存统治制度下，党不可能指望取得什么成就。政府千方百计阻挠社会民主党人。执政党在各城市都纠集起一帮歹徒，为确保政府在选举中获胜，他们不惜纵火和谋杀。例如在旧扎戈拉就发生过两起政治谋杀案，当时报刊都确认此事。新闻法是自由地发表言论和批评时政的巨大障碍。谁要是对某个官员提出控告，那他自己反倒要受法律的制裁，了解这一点就足够了。即使证人很多，也不允许直截了当地向法庭控告官员。这一切不管看起来多么荒谬，却明文写在新闻法上。在这种情况下，很难指望在选举中取得什么成就。特尔诺沃和菲利普波利斯的社会主义者在选举前举行的集会，被警察驱散了。① 我党在选举前发表了一个宣言，在全国收到十分良好的反应。

　　保加利亚社会民主党宣传的作用，从庆祝 5 月 1 日可以明显看出。根据 1889 年巴黎国际代表大会的决议，在索非亚、菲利普波利斯、特

---

　　①　刚刚得到消息说，我党在加布罗沃州的候选人波斯特姆皮洛夫同志被警察驱逐出该州。

尔诺沃等许多城市都庆祝了这个工人的节日。

最后我们希望能够这样说：我们这个小国的这个年轻的党必将越来越壮大，并将能够对其他国家社会民主党的成就作出自己的贡献。

我们感到幸福的是，我们的声音能同全世界的声音汇合在一起。

以解放各族人民为使命的国际社会民主党万岁！

　　　　　　　　保加利亚社会民主党参加苏黎世
　　　　　　　　国际社会主义工人代表大会代表
　　　　　　　　　　　尼·加布罗夫斯基
　　　　　　　　　　　　　　于 1893 年 8 月

丹麦社会民主党的报告

　　丹麦社会民主党作为国际工人协会的一个支部于 1871 年成立，并且迅速取得了从当时的情况看极其显著的发展。党的领导立即着手出版《社会主义者》周报，一年以后周报扩大为日报。置于一个中央领导机构之下的各工会支部构成党的内部组织。

　　日益成长的社会民主党很快就成为政治迫害的对象，所有资产阶级报刊也把它们全部的仇恨都指向了社会民主党。在 1872 年，国际工人协会的组织就已经因为警察法令而遭到禁止，可是这一禁令到一年以后才由王国（即最高）法院的判决予以确认。

　　国际工人协会支部被强行解散后，丹麦党的同志们立即又开始组织起来。自由行业工会纷纷建立，这些协会联合在一个中央领导机构之下，中央领导机构由各工会的代表组成，同时这些行业工会还通过了一个与国际工人协会的原则相一致的纲领。在这个基础上，我们党在随后数年间满怀信心地稳步前进。1876 年在哥本哈根召开了丹麦社会党人第一次代表大会。参加此次代表大会的有 75 名代表，他们代表 5500 名工人、55 个组织。

　　1878 年，我们决定取消行业协会的中央领导机构，代之以新的组织，其专门任务就是进行宣传鼓动以传播社会主义的原则，同时承担社会民主党的政治活动，而行业协会则继续以为工人谋求工会方面的利益为己任。这里所说的社会主义政治组织是于 1878 年 2 月 12 日建立的，名称为社会民主主义联合会，社会民主党的主要领导人组成联合会的中央执行委员会。联合会现有大约 150 个分会，约 17000 名会员，即在哥本哈根及其周围地区有 13 个分会（主要是各选区的社会主义选民协会），约 6000 名会员；各省城有 50 个分会，约 6000 名会员；各地方行政区有 87 个分会，约 5000 名会员。

除了我们党的这一政治组织，还有工会组织，目前约有 400 个，总计约 35000 名成员。哥本哈根大约有 90 个工会，约 20000 名会员；其他地区约有 310 个，约 15000 名会员。在 21 个行业部门建立了工会联合会，这些联合会在全国各地均有自己的分支机构。此外，有多个行业加入国际工会组织，组成了国际工会联会会的分会。

追随丹麦社会民主党的人数实际上大于上面统计的数字，因为许多工人（尤其是农村）部分由于贫困、部分由于雇主施加压力而被迫待在我们的组织之外。

1878 年工会运动与政治运动分开后，丹麦社会民主党的这两个方面之间的联系仍然继续得以保持。这种联系后来具有了稳固的组织形式，因为哥本哈根的各种工会联合成一个卡特尔，名称叫做总工会。各协会均由自己的执行委员代表参加总工会的会议，党的中央执行委员会（即社会民主主义联合会执行委员会）也有权参加；同样，在总工会设立的范围较小的业务委员会中，党的中央执委会也有代表。

许多省城的地方组织也建立了卡特尔，其组织基础同哥本哈根的情况一样。

自工会运动和政治运动分开以来所召开的历届**党的代表大会**，参加者**只是**社会主义政治协会（即社会民主主义联合会分会）的代表。在此基础上，我们党于 1892 年在哥本哈根召开了第五次代表大会，共有 104 名代表出席。

除了自己的党代表大会，我们还举行了整个斯堪的纳维亚工人代表大会，丹麦、瑞典和挪威的所有工人协会均派代表出席。第四次斯堪的纳维亚工人代表大会是于 1892 年在马尔默（瑞典）召开的。参加此次代表大会的代表共 131 人，其中丹麦 68 人，瑞典 53 人，挪威 10 人。在此必须说明，马尔默城的位置对于瑞典南部和丹麦来说十分有利，但是距离瑞典北部和挪威很远，这在一定程度上妨碍了上述两地派代表出席大会。

除了社会党代表大会和整个斯堪的纳维亚工人代表大会之外，已经组成联合会的工会还专门召开了工会代表大会。

丹麦社会民主党一方面通过口头宣传鼓动，另一方面通过报刊，努力把劳动人民团结在社会主义原则周围。目前我党出版 5 种社会主义日报和 1 种讽刺幽默周报。党的中央机关报是《社会民主党人报》，该报在哥本哈根出版，每天印刷 25000 份。其他 4 种日报分别在日德兰半岛的奥胡斯、霍森斯、兰讷斯和阿尔伯格出版，总印数为 6000 份。此外，党还出版了许多社会主义的小册子。

我们党拥有 3 座协会大楼，每座大楼各有一个大会议厅和若干小的场所。其中有一座在哥本哈根，价值 22 万克朗（约合 24.6 万帝国马克）。其他两座分别在省城奥胡斯和赫尔辛格，每座价值都有大约 6 万克朗（约合 6.7 万帝国马克）。此外，党在哥本哈根拥有一个合作社面包房，营业额约有 50 万克朗（约合 56 万帝国马克），并在外地拥有许多类似的设施。

根据丹麦社会民主党的纲领，它的原则和主要目标如下：

"劳动是一切社会财富和一切文化的源泉，因此劳动的全部成果均应归劳动者享有。

在当今的社会，劳动资料（土地、工厂、机器、运输工具，等等）被资本家占有，这样他们就攫取了千年劳动的成果。资本家掌握劳动资料，是政治不自由、社会不平等和民族分裂的根源，它把社会的生产成员推进贫困的深渊。私人资本主义使建立一种以正义为基础的社会制度成为不可能，并使生产毫无计划，从而使巨额财富遭到破坏。

社会民主党的任务就是使劳动摆脱资本主义的剥削。一切不把这一任务作为国家目的承认的党派，都是社会民主党原则上的敌人。

根据上述原则，社会民主党设法争取国家的公共权力，以借助这一合法武器使劳动资料为人民共同拥有。只有把现在由私人资本家、股份公司、国家和公社所领导的生产置于人民的直接领导和监督之下，即通过废除现存的雇佣劳动，劳动的成果才能按照公平合理的尺度进行分配。实行社会生产这一巨大事业的人民立法手段，是没收劳动资料。

丹麦社会民主党主要是在一国范围内进行活动。但是它完全承认，社会主义不仅是一个国家或一个地区的问题，社会主义需要全世界工人在理论和实践两方面的支持。世界各国社会民主党的任务都必须是彻底解放所有的人，不分性别、肤色和民族。"

此外，我们的纲领还包括一些特殊的要求，部分是在当今的社会条件下需要实现的。

工会运动同样与社会主义紧密地联系在一起，这一点从 1892 年在马尔默召开的全斯堪的纳维亚工人代表大会上通过的下述决议中可以看出：

"工人的工会组织和政治组织有着共同的任务：集合全体工人为争取充分尊重他们的天赋人权而斗争，争取在今天的资本主义条件下尽可能好的经济条件和尽可能大的政治自由，以及教育启发工人认识到社会发展和由此产生的影响。

为最大限度地实现工人经济和生活条件的持续改善，工人的工会组织和政治组织须力争对立法施加影响，为此，它们的活动一方面要使工人在政治上同社会其他阶级权利平等，另一方面要使人民代议机构讨论研究工人的经济地位和作出立法，以保障工人免遭资本家的无情剥削。

因此，这两种组织必须随时研究那些就其性质来说对工人有意义的问题——无论是社会经济方面的问题还是政治方面的问题。

必须看到，私人资本主义生产方式一向是实现社会幸福和满足的障碍，所以代表大会声明赞同社会主义原则。"

过去的斯堪的纳维亚工人代表大会也曾通过类似的决议。

另外，工会组织还一方面通过和雇主谈判，另一方面于必要时通过罢工来设法促使劳动条件得到改善。在 1880—1890 年的十年间，哥本哈根工会在罢工和资本家封闭工厂期间用于救济的款项总数约为 70 万克朗（约合 78.4 万帝国马克）。

丹麦社会民主党目前在议会中有 4 名议员，即福克庭（众议院）2 名，兰德斯庭（参议院）2 名。此外，我党在哥本哈根市议会有 2 名议员，在省城赫尔辛格市议会有 1 名议员。党在农村乡镇委员会里也有代表。

在最近于 1892 年 4 月举行的下院选举中，丹麦社会民主党提出了 15 名候选人，共获得 20000 张选票。

我们党的议会议员在议会就贯彻八小时工作日提出如下法律草案：

"第 1 条 无论是在手工业企业或工厂企业，无论从事农业、水利或是铺设铁路等，无论是在商业、运输业或是在事务所，凡作为工人或帮工为他人劳动的 14 岁以上男人和女人，均规定每日劳动时间最多为 8 小时。这一规定同样适用于在国家、乡镇或其他公共机构供职的人员。就餐和休息时间不包括在上述 8 小时之内。8 小时工作时间也适用于从事教学的人员。

有些企业因其性质而不得不昼夜开工，在这些企业中须实行分班劳动，而且每个工人（辅助工或学徒工）的实际劳动时间不得超过 8 小时。

有些企业开工要取决于变化无常的自然条件，在这些企业中劳动时间可以超出 8 小时，但每个工人一周的劳动时间不得超过 48 小时。

第 2 条 第 1 条第一段规定的劳动时间，也适用于从事农业、林业或乳制品业为他人劳动的 14 岁以上的男女工人（包括辅助工和学徒工）。但是，就小型农场来说，家务劳动和与生产农产品直接有关的劳动如耕地、播种、饲养牲畜、收获干草和粮食、把收获的产品运回和储运泥炭等均属例外。

相反，第 1 条第一段规定的劳动时间应适用于筑路、施泥灰质肥料、排水、挖掘泥炭、修渠等。

　　第 3 条 货轮和客轮的船员要有足够的人数，以保证在正常天气条件下，所规定的值班时间每天（即每 24 小时内）不超过 8 小时。

　　第 4 条 出现不是第 1 条最后一段所提到的自然事件，或发生海难，或船只在航行途中遇有人生病和死亡，而无法正常工作或要求增加工作量时，在这些情况下，上述对于同这些事件有联系的劳动的规定暂停生效，但是在上面列举的这些原因不再居于主要地位时，或者在消除上面列举的这些原因的可能性已经存在时，上述规定再度生效。如果属于防止海难，或者属于保护人员或货物免遭迫在眉睫的危险，本法律的规定同样不再适用。

　　第 5 条 内政部应尽早主持听取有关第 2 条所提到的例外情况的报告，以便据此对所列举的企业中的劳动时间可能的限度作出规定。随后，这些规定应在法律中加以确定。

　　有关捕鱼业的报告，应按同样的办法和本着同样的目的听取。

　　第 6 条 凡违反本法律的雇主，在告知他本人或其代理人这种违法行为后，处以 20—200 克朗的罚款。同时，雇主应付给每个超过规定时间为其工作的工人以 5 克朗的罚金。如再次违反，或者违法情况更为严重，则可加重惩处，直至 3 个月监禁和付给每个超过规定时间为其工作的工人以 10 克朗的罚金。"

　　这个法律草案被提交上院，但遭到拒绝，没有能够进行二读。我们的议员自然在议会里提出新提案，终于成功地使一个极其重要的立法规定——一个我们在丹麦每年举行的、有大批劳动人民参加的五一游行集会中所一再要求的规定——得到实行。

　　今年 5 月 1 日，在哥本哈根举行了 5 个群众大会，在许多省城也同样举行了人民集会，参加集会的人很多。在所有这些集会上，下述决议获得一致通过：

　　"遵照社会民主党的纲领和 1889 年巴黎以及 1891 年布鲁塞尔国际代表大会的各项决议，大会要求，应通过对工作日的最高时限作出统一的法律规定（经济先进的国家可以规定为每日 8 小时），使人的劳动所具有的、现在同过去相比提高了的生产率有利于工人。

为阐明这一要求的理由，大会作了如下说明：

当前长时间的劳动在多数部门使工人过度劳累，健康受到损害并缩短了他们的寿命；它使失业者的人数提高，导致工资因闲散劳力供应的增加而降低。

与这些弊端相反，八小时工作日有如下好处：

八小时工作日将减少失业并通过提高劳动力需求而为增加工资创造条件。

八小时工作日将提高工人的购买力并因此导致生产的提高和销售额的增长。

八小时工作日将使工人有休养生息以及改善其家庭生活所必需的时间。

八小时工作日将保护工人的健康并促进其劳动才干和精神的提高。

此外，大会认为八小时工作日是可行的，理由如下：

在不少国家和地区，八小时工作日已经或者在这些国家和地区的各行各业，或者作为有关国家的一条普遍规定而得到实行。

此外，在国外许多部门通过私人的努力也争取到了实行八小时工作日。

限定工作时间为每日几个小时的原则，在几乎所有国家和绝大多数部门都是可行的，而且经验表明，凡工作时间极短的部门，通常都为工人提供了极其有利的经济条件。

最后，八小时工作日的要求是国际性的。它是所有经济发达国家的工人提出的，因此，不会对各个国家的竞争能力有任何妨害。

鉴于上述理由，大会要求政府和议会，在最近的将来实行最多 8 小时的法定工作日。"

此外，无论是在议会还是在市镇代议机构，丹麦社会民主党的议员均力图通过参加立法工作和研究地方的种种事务来促进社会民主党和劳动人民的利益。

＊　　＊　　＊

下面一些情况可以进一步说明以上所介绍的丹麦社会民主党活动的情况：

丹麦的总人口约为 200 万。农业是居民的主要职业，差不多半数人口从事耕作。工业人口大约占总人口的 1/4 多，其余的人则以经商、航运、捕鱼和从事其他职业为生。

国家制度是立宪君主制。

议会由两院组成，即福克庭（众议院）和兰德斯庭（参议院）。

福克庭的议员根据普选权的原则通过直接选举产生，不过有许多限制。例如，只有年满 30 岁才开始有选举权，领取市镇贫民救济的人将丧失选举权，等等。过去凡是领取贫民救济的人便几乎永远被剥夺了选举权。这点现在已经改变为，根据当事人的要求免除救济 5 年之后，可以重新获得选举权，这是社会民主党议员多方努力的结果。

福克庭的选举制度也是很不可取的。每个选区只有一个投票站，因此，选民（尤其是在农村）去投票站往往要走好多里路。选举时只要获得简单多数便可当选，因为一个选区提出的候选人有三名以上，而只选出一名议员，尽管获得的选票不足半数亦可当选。由于第一轮选举便可决定胜负，所以不举行复选。这里也不实行什么秘密投票。投票是口头进行，就是说，自己想投票选哪个候选人，把他的名字告知记录员即可；而记录员在许多情况下就是前去投票的工人们的工头。

兰德斯庭的议员是通过**间接**选举选出的，而在选举中，资本家阶级有双重投票权，单单他们就可以选出半数选举人。此外，他们还有权和其他无特权的选民（即选举福克庭的选民）共同参加选出另一半选举人。

哥本哈根市议会的选举权以拥有 1000 克朗（约合 1200 帝国马克）的收入为基础，因此大多数工人无法参加选举。

这种做法的结果是，丹麦社会民主党的斗争必然困难重重，而且为了赢得所取得的成果，需要十分广泛的鼓动。

怀着在丹麦这里社会主义也必将取得胜利和资本统治必将被消灭的信念，我们力求在强大的国际社会主义工人运动中占据一席之地，以不可削弱的力量为我们伟大的事业努力奋斗。

致社会民主党的敬礼！

彼·克努松　J. 延森
1893 年 8 月 1 日于哥本哈根

所有给丹麦社会民主党的通报材料请寄：哥本哈根 K. 罗默大街 22 号**彼·克努松**收。

所有工会方面的通报材料请寄：哥本哈根 K. 布罗累格尔大街 11 号 **J. 延森**收。

英国社会民主联盟的报告

在布鲁塞尔国际代表大会召开之后的两年间，社会主义在英国取得了进步，而与此相较，社会主义组织的进展则仍显不足。由于英国特殊的社会结构，由于这个国家的统治阶级目前采取的方法不同于大陆上通行的方法，巩固不同于一切其他政党的社会主义政党，比起争取看来可能实现的在报刊、讲坛和街道上公开辩论的自由要困难得多。的确可以说，目前在大不列颠各地都得到允许的那种辩论自由，使对抗趋向缓和，而这种对抗正是彻底革命的社会主义政党所需要的。虽然为维持在街道拐角处和公园举行公众集会的权利而作出的努力，使伦敦民主联盟的许多盟员遭到罚款和监禁（国内其他地方有少数盟员也遭到罚款和监禁），但统治阶级对于社会主义及其在英国的倡导者的政策，要比在法国、德国、奥地利等国的统治阶级推行的政策灵活得多。大不列颠的政党领袖们不再因为人们所持的观点而把他们投入监狱，从而使他们备受折磨，而是尽量从社会主义者那里采纳一些治标的建议，以便暂时削弱后者的鼓动，同时还竭力拉拢最积极的宣传员，使他们脱离社会主义组织（不幸的是，不能说这种做法完全没有成功）。与此同时，所谓新工联主义的发展壮大，使许多善良的、认为按照旧工联的方针把熟练工人组织起来是通向无产阶级解放目标的捷径的男人和女人，不再积极拥护社会主义。这种新工联主义尽管在一定程度上受到社会主义学说的影响，但远不能推进大不列颠的战斗的社会民主主义事业。新工联主义通过把争论问题搅浑的办法，通过向工人灌输只需在雇佣制度下组织起来就可以获得很大好处的思想的办法，的确——不管它的领导人的意图多么善良——在一段时间内阻止了社会民主主义运动的前进。这样说绝不过分。但是在通过过去12年或13年艰苦卓绝的工作而形成的坚固的社会主义核心看来，1889年至1893年的新工联主义会落得像约瑟夫·阿奇领导下的农业工人运动那样的下场。

与此同时，社会主义对舆论的普遍影响非常引人注目。现在，不仅政界人士而且商界和金融界人士都把社会主义思想作为一种值得考虑的思想来进行讨论。甚至许多毫不同情我们党的观点的人的公开言论中也出现了社会主义者的词汇。资产阶级报刊上的通讯甚至文章表明，同情社会主义的人越来越多，以至报刊编辑居然把那些可以吸引社会主义者阅读的材料刊登在广告栏中。英国国教牧师和非国教牧师经常努力证明，社会主义中一切好的东西以及社会主义的拥护者表现出来的、他们无法否认的热情和自我牺牲精神，实际上应归功于基督教的影响和拿撒勒的耶稣的教导。这种把科学社会主义的真理变成有利于流行的宗教教条的东西的做法，实际上等于承认我们在人民群众中造成的进步。某些牧师和神学家比这走得更远。例如，著名的国教教徒、达勒姆的主教甚至超出天主教主教凯特勒和孔德·德曼的说教，连续两年在向他的教士们的"致辞"中公开宣称，资本主义生产这个词决不是人类文明史上的最后一个词。

经济压力正在促使人们承认这样一个事实：不管社会主义是否能解决现代社会目前面临的迫切问题，资本主义制度在复杂的金融部门和国际贸易部门正在迅速衰落下去。仍然是资本主义世界的中心的伦敦，不仅没有从1890年的危机中恢复过来，而且近三年来一直处在比那次同贝林家族的名字相连的危机更广泛、更具毁灭性的危机中。在每个部门，首创精神都不复存在。无论是在英国这个古老的国家，还是在美利坚合众国、阿根廷共和国和澳大利亚殖民地，金融家和商人阶级的智囊们都没有能力以对公共有利的方式掌管现代社会的权力，这一点越来越明显了。与此同时，银行的无力支付和工业的衰退产生了可怕的后果。整个大不列颠的农业情况甚至比欧洲其他国家更加严重。我们大城市的劳动力补充基地现在小得可以说不存在了，因为这些城市劳动人民的健康状况急剧恶化，以致这些城市比以往任何时候都更需要从农村输入新鲜血液来维持资本家剥削所必需的生力军。目前，很多知识分子和统治阶级中有同情心的人越来越感到要支持那些防止人民在身体上、道德上和精神上堕落的措施。这种愿望与其说已付诸实践，不如说正在形成舆论。尽管如此，几乎用不着怀疑，即使他们的这种伪善的观点，在不久的将来也会削弱他们对改革的反对态度。

所谓的市政社会主义不过是热心提倡由市政团体提供煤气、水、电车等，并且保证市政团体的雇员得到那份实际上并不确定的被称做"工会标准工资"的服务酬金。这种市政社会主义取得了一些进展。在伦敦，经过比较广泛的选举产生的、其议员有较高的教养的郡议会，是可能消除大城镇和农村之间的经常对立的组织，而目前激进党人、进步党人、费边分子和其他人提倡的市政社会主义只能使这种对立永久化和固定化。只有把土地、工厂和矿山集体所有制结合起来，使城市和农村在这种结合中融为一体，才能防止单纯改善城市状况而不注意居民在整个农村地区的迅速流动引起的危险。

自从1891年布鲁塞尔代表大会召开以来，社会民主联盟作为一个组织取得了最令人满意的进步。过去两年中，社会民主联盟在伦敦成立了5个新支部，在地方上成立了20个新支部。另一方面，有7个支部由于各种原因解散了。但是这些支部的绝大多数成员没有失去组织关系，他们加入了别的支部。

1891—1892年，为在切尔西区（伦敦西南部的一个区）一个叫"天涯海角"的地方举行集会一事，社会民主联盟同警察局进行了长期的、令人厌烦的斗争。警察局禁止在这里集会，但是社会民主联盟的盟员一个星期天接一个星期天地试图在这个地点开会。在大街上和治安法庭斗争了 6 个月之后，我们才赢得了胜利。直到今天，我们的切尔西支部都在这里举行露天集会。在斗争中总共有 26 名盟员被捕，他们中大多数人被判处各种不同期限的徒刑、罚款或具保释放。几乎用不着怀疑，如果不是我们的盟员坚持不懈的斗争使这个问题得到解决，那么露天的社会主义集会可能已经被放到伦敦其他地方去举行了。

不幸的是，这场争取言论自由的斗争正好发生在伦敦学校管理委员会和郡议会选举的时候，这大大妨碍了我们参加这些机构的竞选工作，否则，在这方面我们的工作会做得更好一些。尽管如此，我们的候选人的票数还是非常令人满意的。在格林尼治的候选人沙拉尔德获 10109 票，在西兰贝斯的候选人罗杰斯获 11993 票，这两个候选人再有几百张票就会当选。在西兰贝斯，社会主义者获得的票数比 1888 年增加了 3577 张。社会民主联盟在其他机构的候选人也获得了令人满意的票数。

伦敦的郡议会或市政选举举行以后，紧接着进行学校管理委员会的选举。在这个选举中我们肯定处于不利地位。但是，我们的候选人获得的选票还是比 1886 年获得的选票多得多。在旺兹沃思，约翰·华德获 2724 票，而 1886 年我们在这个区的候选人里士满只获得 969 票。伦敦郡议会的选举投票是在与伦敦学校管理委员会选举完全不同的基础上进行的。

缺乏资金阻碍了社会民主联盟推举候选人参加已决定要参加的去年的大选竞选。只有两位候选人参加了竞选，他们是伦敦的 H. R. 泰勒和南索尔福德（曼彻斯特）的 W. K. 霍尔。泰勒获得选票不多，但还是证明工人阶级中的多数人对我们党是有感情的。在英国没有第二轮投票，这就不允许在第一轮投票时投表示赞成原则的票。W. K. 霍尔在南索尔福德获得 553 票。霍尔被提名为候选人以后，当选的机会被一位官

方的自由党人插入竞选破坏了。自由党人在这个场合的行动表明，他们
"多么好地"遵守了他们同情"工人候选人"的表白。因此，当得悉这
位自由党候选人最终未能获得席位时，我们十分高兴。

英国的选举像在大陆一样，没有第二轮投票，这一事实严重影响了
对社会民主联盟的选票作出真实的记录。因为正如前面所述，没有第二
轮投票就不允许在第一轮投票时投表示赞成原则的票。一个公开宣布的
社会民主联盟候选人在任何机构（议会或市政机关）的选举中首先获
胜，这样的事是难以预料的。自由党和激进党的候选人就利用这个事实
来欺骗工人，劝说工人把票集中投给宣布赞成实行某种改革的自由党候
选人或激进党候选人，其实，他们根本不想提出或实行什么改革。但是
保守党候选人会宣布反对这种改革。因此，尽管工人比较起来还是喜欢
社会主义者，但是他们往往投自由党候选人的票，因为他们担心，投那
些其原则虽然众所周知是正确的但其当选的可能性则是不确定的候选人
的票，会白白"浪费"自己的选票。

在最近举行的地方学校管理委员会选举中，舒弗雷勃萨姆保持了他
在博尔顿学校管理委员会的席位，斯诺保持了他在托特纳姆学校管理委
员会的席位。在这两次选举中，社会主义者的选票有了较多的增长。约
翰逊也被选进了纳尔逊学校管理委员会。我们的同志在其他地方城镇经
常提出候选人参加各种地方选举，他们获得的选票大约在 100—800 张
之间，或者更多一点。

今年 4 月，有 32 名社会民主联盟盟员竞选伦敦和市郊的济贫法监
护人，共获 25683 张选票，他们当中有两人当选。济贫法监护人的选举
与伦敦学校管理委员会和郡议会的选举相比，投票手续和投票区不同，
但都有财产资格的限制。

去年，社会民主联盟趁自由党政府重新执政的机会再次提出恢复在
特拉法加广场举行公众集会的权利。1887 年 11 月 13 日，在广场上集会

的人曾被警察和军队驱散。社会民主联盟邀请其他团体共同行动。激进党人在他们的政敌执政期间曾经大声疾呼要求开放广场。这一次尽管起初他们似乎不赞成伦敦开放广场，但最后还是和我们联合起来了。1892年11月13日，即广场被封闭五年后重新开放了，这一天，一次大规模公众集会在广场上成功举行。在这次集会上，社会主义在我们无数的红色标语和旗帜中得到极好的体现。会上发表演说的人大都是社会民主联盟盟员。

社会主义的重要意义在英国不断增长的另一个证明就是：我们的同志亨·迈·海德门和哈·奎尔奇被召到皇家劳工委员会作证。

最近两年来，社会民主联盟能够派同志到全国各地进行巡回宣传。这些同志进行巡回宣传的地区有：兰开夏郡、诺森伯兰、达勒姆、南威尔士、约克郡、英格兰中部和苏格兰。这些巡回宣传的效果（特别是在兰开夏郡、苏格兰和英格兰中部）是极其令人满意的。社会民主联盟兰开夏郡地区委员会包括一个由20个支部组成的联盟，这个地区委员会支持 W. K. 霍尔当组织者，A. G. 沃尔夫正被总委员会派到各个地区去。

我们还必须指出，我们现在已建立了一个社会主义的印刷厂，由于有了这个印刷厂，我们已能把我们的周刊《正义报》的篇幅和发行量增加一倍。要知道，《正义报》到现在已存在10年了。此外，我们还有许多社会主义的和工会的出版物。

在过去的6个月里，我们的盟员大大增加，我们的财政收入大有改善，这使我们感到，我们12年来针对英国工人的愚昧和漠不关心而进行的艰苦和不屈不挠的社会主义宣传工作终于获得了一些果实。我们更为理所当然地确信这是事实，因为尽管近来社会主义运动没有出现什么"突然高涨"的现象，但是正常的鼓动和组织工作在不间断地继续进行。

关于社会民主联盟的情况，我可以向这次国际代表大会宣布，尽管我们的盟员人数始终没有我们所希望的那样多，但是我们任何时候都没有让那些将个人向上爬或把一己私利置于事业之上的人留在我们的团体内。社会民主联盟自始至终坚持纯洁的原则和大公无私的行为。我们毫不怀疑，在即将来临的激动人心的时代，这种坚定不移的决心将充分发挥作用，尽管在将来也像在过去一样，这种决心有时或许会使我们失去一些有才能的、追求个人私利的人的服务。

目前，社会民主联盟每星期在伦敦和各地召开130次宣传会议，它们或者是支部生活会，或者是委员会会议，或者是其他会议。因此，在从现在起到下次国际工人代表大会召开这个期间，我们希望社会主义原则将在整个大不列颠获得广泛传播，我们的组织将在全英国获得巨大发展，并使我们在其他国家的同志们受到鼓舞，就像他们取得的每一个成就都给我们带来新的希望和给我们注入热情一样。

我们实际上正处在各方面都在发生转变的时期。尤其令人鼓舞的是，在漠不关心和冷淡可能使社会主义者丧失勇气的时期发现，坚决拒绝妥协或以任何方式降低革命的国际社会主义原则的做法的社会民主联盟，现在正以比其他任何组织更快的速度从东到西、从南到北在大不列颠的国土上前进。社会民主联盟经受住了敌人的污蔑和克服了可疑的朋友们的半心半意的支持。目前我们正着手在几乎每个大城市都建立一个中心，在现在面临严重困难的时期，工人阶级可以围绕这些中心团结起来。甚至在澳大利亚，尽管那里工人群众的经济状况最近变得非常悲惨，但是我们队伍中受过教育的彻底的社会民主主义者已使越来越多的工人认识到这一事实：只有通过社会民主主义他们才能有最终获得解放的希望。

整个不列颠帝国的讲英语的人们实际上慢慢学会懂得了这一点：无论是自吹自擂的沙文主义还是装模作样的多愁善感，对将来都是没有好处的。种种经济形式的发展使社会主义成为不可避免，使社会民主主义者更热忱地努力劝说他们的同胞相信：重大变革的时机正在成熟，只是需要对各国生产者进行教育并把他们组织起来，以促成一场全面和自觉的社会革命。近来，在美国和法国的议会机构出现腐败现象的同时，大不列颠中等阶级的议员中出现了腐化堕落行为，这就促使人们要用社会民主主义的办法来解决现存的困难。所以，当整个运动的关键在于从掠夺阶级无能的双手中把生产资料夺过来的时候，我们将毫不怀疑，在举世瞩目的这场最光荣的斗争中，我国的绝大多数居民将站在我们欧洲大陆的同志们一边。

社会民主联盟总委员会书记

亨·威·李

大不列颠和爱尔兰的报告

引　言

我们像撰写致1891年布鲁塞尔代表大会的报告一样撰写这个报告。这个报告不打算穷尽一切。它只是总结了自1891年国际代表大会以来我们所做的与大不列颠和爱尔兰工人阶级运动有关的比较重要的工作。但是，今年的报告甚至在一开始就有很大的不同。我们在1893年要比在1891年更有希望得多。这个国家的工人阶级运动确实在发展，并且是以稳步加快的速度发展。

然而，我们仍不能以英国工党的名义发言，一个有绝对统一的纲领和方法的党目前在我国还不存在。我们这里只有若干誓以工人阶级占有一切生产资料和生活资料为共同的最终目的的组织。但是，这些组织在究竟用什么手段来实现它们的共同目的这个问题上，目前尚未取得一致。因此，提交这份报告的组织尽管相信，报告的内容忠实地反映了实际情况，但它们还是要明确声明，它们自己对这个报告的内容负责。无疑，其他英国组织也会向大会提交报告。

社会主义的传播

在致布鲁塞尔代表大会的报告中，我们曾提到过旧工联主义和新工联主义，提到它们的本质区别，提到阶级觉悟问题，因而提到了新工联的社会主义纲领。过去两年中，上面提到的那些问题变得越来越突出了。受到自由主义政治思想熏染的旧工联主义者和充满社会主义思想的真诚的新工联主义者之间的分歧加大了。英国工人的阶级觉悟提高了。社会主义，并且只有社会主义才能解决工业问题，这一点对工人来说是越来越清楚了。几年前，在室内或室外举行的会议上，人们听到社会主义这个名词会发出愤怒的叫喊和嘲笑，而现在，社会主义学说和社会主义这个名词都受到了人们的注意和热烈欢迎。

说明这一点的一个有力证据是，那些没有公开承认社会主义的工人组织的政治意识增强了。全国各地都有迹象表明人们希望摆脱激进党独立提出劳工候选人，甚至在旧工联理事会中也出现了这种倾向。几年前，在任何一个工联理事会上或劳工组织中，只要有人建议为了劳工的利益提名某个候选人，就会引起一阵"不要政治"、"不要政治"的狂吼。现在政治行动正渗透到劳工组织中去，并因此破坏着旧式劳工组织的基础，这些组织把工联主义仅仅看做是在资本主义制度下改善工人状况的手段，而不是废除资本主义制度的手段。

英国的代表

参加苏黎世代表大会的邀请书是发给去年 9 月在格拉斯哥召开的英国工联代表大会的。英国工联代表大会当时没有接受邀请，而是通过了一项关于今年早些时候在英国召开一次专门讨论八小时工作日问题的国际会议的决议。但是，后来人们终于发现，这项决议是行不通的，于是工联代表大会议会委员会决定派代表参加讨论对劳工有普遍影响的问题的苏黎世代表大会，而不在英国召开讨论一个特殊问题即劳工问题的大会。

大不列颠和爱尔兰出席苏黎世代表大会的组织和代表的数目，代表们所代表的组织的性质，比 1891 年有了显著的进步。英国下院第一次在国际社会主义者代表大会有了代表。我们不是说下院自己派遣代表来出席代表大会，而是说参加这次代表大会的组织中有 4 名代表是下院议员。必须讲清楚，这 4 名议员中有 2 名公开承认自己是社会主义者，另外 2 名则属于"大自由党"。

腐朽和残酷

在英国也像在其他国家一样，资本主义制度越是临近灭亡，其腐朽性越来越明显，资本主义制度的绝望的捍卫者和越来越充满希望的无产者之间的斗争就越来越残酷。在这方面，我们这里也发生过"巴拿马丑闻"①。虽然它的规模或许不像在法国那样大，但是我们尽了最大的努力来对付一些小规模的诈骗行为。再者，我们的骗子们多数是信教的人。

上次代表大会以来，长期存在的失业问题经历了一个异乎寻常的紧张阶段。去年冬天，全国各地劳动后备军急剧增加，队伍庞大，咄咄逼人。中等阶级及其报纸实际上表示了一点出自恐惧的同情。他们把那套惯用的江湖骗术搬出来作为救急办法。但是，最有意义的事实是：人们越来越清楚地认识到江湖骗术是无效的，认识到失业是我们现存的贸易制度的必然结果，认识到消灭失业的方法只能是废除这个制度。

---

① 1879 年，法国的一批资本家为开凿巴拿马运河创立了巴拿马股份有限公司。1888 年该公司垮台，引起大批小股东破产和许多企业倒闭，受害者达 50 万人。1892 年，丑恶的贿赂内幕被揭开。该公司为了掩盖它的真实财政状况和滥用新筹集的资金，曾广泛收买议员、部长、官吏、报刊编辑。不仅共和党温和派头子被收买，连激进党的首脑克列孟梭也在受贿之列。——译者注

　　至于说到资本家和工人之间斗争的残酷性，这可从以下几次罢工中看出。这些罢工是：达勒姆矿工罢工，纺织工人罢工，木工罢工，码头工人罢工，海员和司炉工罢工。木工罢工的最重要的实际结果之一，就是建筑工会联合会的力量增强了。这个组织正像它的名称所表明的那样，包括几乎所有与建筑有关的劳动部门的熟练工人和非熟练工人，近来力量大增。大概在我们这个报告发表之前，它已经作出以团体的身份参加劳工政治活动的重要决定。

　　过去两年中工会遇到的困难是赫尔港发生的引起极大轰动的事件。众所周知，在这个事件中，船主们千方百计企图破坏工人的联合。我们在给布鲁塞尔代表大会的报告中提到过，船主们建立了自己的联合组织即航运同盟。他们蓄意选择赫尔港作为航运同盟和工会进行较量的战场。他们使用了一切可以使用的武器：金钱、诬陷、恐吓、大量引进工贼、在工人中挑拨离间、利诱、威胁、收买、饥饿以及各种形式的暴力。他们武装他们的工贼，但幸运的是这只给这些主子的奴才们带来灾难性后果。大自由党和激进党的格莱斯顿政府正处在这个事件的风头上。一旦需要向工人进攻时，它会像它的孪生兄弟托利党政府在对付1891 年利兹的罢工时那样干得同样出色。显然，在谈到所有影响劳工的实际问题时，特别是谈到实际斗争的问题时，保守党人和激进党人都是一丘之貉。在 1891 年利兹的罢工中，托利党人调来了 400 名士兵帮助警察制服煤气工人和总联合会的领导人。而在 1893 年，激进党政府则把步兵和炮舰开到赫尔港来帮助船主，企图"粉碎"码头工人工会。

　　在布里斯托尔，煤气工人和码头工人工会都遭到警察和军队的镇压。意味深长的是，这两个一再遭到攻击的工会都是属于非熟练工人的工会，并且都属于人们所说的新工会。

贿赂工人

过去两年中，政府对工人作了一些小小的让步或许诺。自由党的地位使它比托利党肯服从压力些。但是不要忘记，托利党（即地主党）与自由党（即资本家党）之间的旧的差别实际上已经不存在了。这两个党实际上都既有地主，也有资本家。自由党经常高价收买工人的选票，而许多所谓"工人代表"随着买价的提高而对此表现出强烈的兴趣。自由党人不止一次地把所谓"工人代表"安排到报酬优厚的政府机关任职。自从他们这次执政以来，他们已经作了一两次这种我们称之为对无产阶级的贿赂收买的小小让步。他们改进了雇主责任法案，虽然此法案并不要求雇主在把承包的业务转包出去时保证给原有的雇员以工作。他们在支付雇员的报酬方面采取了一些措施。他们委派了较多的工厂视察员，把一两名妇女安排在与劳动部门有关的负责岗位上。他们现在定期发表劳动公报，该公报刊登有关国内外工作条件的详细介绍和统计资料。他们起草了农村教区行政团体法案，如果该法案得以通过并付诸实施，那么就会取消乡绅和教士在农村的行政管理权。他们对教育法作了重要的扩充，起草了较好的注册法。如果托利党人有一位像迪斯累里那样有才能和有愤世嫉俗思想的人当自己的首领，那他们处理起事情来或许会比激进党人更迅速和更爽快。但是，如果自由党人或托利党人认为，靠这种较小的让步措施就可以轻易地平息工人阶级迅速提高的要求，那他们就肯定错了。工人阶级中到处传播着这样一种思想：他们非常愿意接受自由党和托利党的任何可以改善他们的状况或者给他们更多的政治权利的措施。但是，他们接受这些让步措施时并不表示感激，因为这不过是从悭吝人手里接过被剥夺了的生而具有的权利而已。每次接受统治阶级这种"恩惠"时，下面的呼声越来越大："把属于我们的东西完全彻底地还给我们！我们只要拥有我们赖以劳动的土地和原料、我们用以劳动的机器和我们生产的产品就满足了。"

八小时工作日

每年支持法定的八小时工作日的游行示威在 5 月的第一个星期天举行：1892 年是在 5 月 1 日举行的，1893 年是在 5 月 7 日举行的。1892 年在伦敦举行了一次游行，组织了一次演说，作出了一项决议，该决议宣布，法定的八小时工作日是通向工人阶级最终解放的最直接的目标。1893 年在伦敦举行了两次游行，组织了两次演说，作出了两项决议。在游行组织委员会（组成该机构的有许多社会主义组织、很多工人俱乐部、几乎所有的进步工会、共产主义协会和争取法定的八小时工作日同盟等）的讲坛上通过的决议是前两年的决议。这个决议含蓄地声明，赞成把工人阶级从资本主义的统治下解放出来。另一方面，在 1893 年伦敦工联理事会的讲坛上通过的决议仅仅支持法定的八小时工作日，而没有声明这只是达到废除资本主义这一目的的一个手段。除了这两个决议外，曾经与工联理事会合作过的社会民主联盟通过了一个直言不讳和明白无误的社会主义的决议。

伦敦海德公园的游行就参加者的人数、严肃认真的态度和热情来说不比往年差。1893 年在各地（如曼彻斯特、布拉德福德、普利茅斯、伯明翰、爱丁堡、利物浦、格拉斯哥、都柏林）举行的游行参加人数远远超过了往年。

这些游行和运动具有巨大的意义，因为对大多数人民来说这是最鲜明的进攻信号，而这一点已为过去两年的事件所证明。旧工联长期以来反对法定八小时工作日，但现在工联代表大会接受法定八小时工作日的要求，虽然它提出了一个条件，这就是，任何特殊行业的工会，如果它的多数会员愿意，可以不受八小时工作日法令的约束。多年来反对八小时工作日的棉纺织业工人最近站到那些为八小时工作日而斗争的人们这一边来了。大不列颠的矿工们在他们提出的口号中几乎一致赞成八小时工作日，只有一个地区的人数较少的矿工反对这个要求。在下院，矿工八小时工作日法案就在今年5月游行之前通过了二读。一个普遍实行八小时工作日的法案已经起草好了，尽管在这次会议上未能对这个法案进行表决。这样，八小时工作日问题就进入了实际政治领域。

在所有这些事实中，意义最重大的是棉纺织业工人立场的改变。在棉纺织业这个最重要的行业中，那些大的和富裕的工会以强烈敌视规定劳动时间的立法而著称，它们现在终于决定支持八小时工作日的立法活动，这是1889年巴黎国际代表大会发起的争取法定八小时工作日运动所产生的效果的一个雄辩的证明。

大　选

上次国际代表大会之后，英国进行了一次大选。出席苏黎世代表大会的代表只想就这次大选对于劳工政策和劳工代表的影响作一点说明。作这样的说明是异常困难的。因为在这次大选中没有任何不同于其他政党的工人政党根据明确和共同的纲领提出候选人。许多候选人被称做劳工候选人。他们之中有几个人当选了。这些人就他们的名称和职业来说是劳动者，但是就他们的纲领来说则是激进党人。被一般报纸称做劳工候选人、当选后被称做劳工代表的这些议员接受的是激进党的原则，他们不发表反对这个资产阶级政党的声明，并习惯于投这个党的票。此外，还有一些没有当选的候选人，他们提出了许多带有一点进步性质的纲领，但在大多数场合他们都得不到任何真正工人组织的支持。许多劳工候选人靠个人捐款来搞竞选，不受任何工人阶级组织的监督。当选的候选人为公开承认的社会主义者并明确声明他们同两个旧政党对立，这样的事例只有两个。甚至在这两个事例中，候选人的纲领虽然原则上一致，但在细节上却是不同的。在这两个事例中，社会主义候选人都遭到了自由党的激烈反对，而当自由党发现社会主义候选人对它来说太强大时，就撤回自己的候选人，然后把选举结果算做是自由党人的胜利。

　　这次选举再次使我们懂得，工人阶级候选人及其支持者在选举过程中遇到的困难有多大。我们没有第二轮投票。选民登记是不完善的和不公正的。选举不是同一天举行。许多选民一人可以投几票。候选人必须负担的选举费用数额巨大。对所有这些弊端进行改革是绝对必要的，否则在这个国家就不能选出真正的工人阶级代表。议会处理这些选举权问题的措施就像处理诸如八小时工作日之类的经济问题的措施一样重要。讲究实际的工人认识到，尽管他在坚持不懈地努力争取达到社会主义的最终目的，但是如果他不肯不辞辛劳地首先参加不可避免的政治改革，那么这个政治目的是不可能达到的。有人说得好：让一个人被"不要政治改革，只要经济改革"的喊叫所迷惑，这不是好的政策。"不要政治改革，只要经济改革"当然意味着两种改革都实现不了。只要工人没有获得保证他可以获得经济权利的政治权利，工人的口号就必须是"既要政治改革，又要经济改革"。

农业工人

　　在这次大选中，农业工人起的作用比以往更为突出。过去一直受农场主、教士和地主的操纵的农业工人的投票，现在成为一个令人感兴趣的问题。他们正在慢慢地觉醒，模糊地意识到自己的利益和上述三种人的利益并不相同，而和那些迁移到城镇的农友们的利益相同。在过去两年期间，所谓"红色大篷车"作了非常出色的工作。一些主张土地国有化的人乘坐涂红的大篷车到全国各地宣传，在各个城镇和乡村停下来召开会议。起初，他们受到的接待与其说是愉快的，不如说是热情的。但是现在他们召开的通常是大型会议，并且已引起人们的注意和兴趣。他们宣传国有化的根本道理，以对农业工人产生最直接的影响。他们中的许多人每次宣传时总是不忘提到其他"资料"的国有化。有一个例子可以说明"红色大篷车"所做的工作多么卓有成效。从5月5日到7月9日，一辆载有6位主张土地国有化的人的大篷车，沿途吸引了80多个农业劳动者加入农业工人联合会。这些主张土地国有化的人开着大篷车到各地巡游，除了发表演说和吸收会员外，还收集关于农业工人状况的材料。这些材料经过整理后具有极大的价值。地主现在感到了这种新的宣传方法的影响，也开始向农业工人讨好，建立了由地主、农场主和农业工人组成的为他们的共同利益服务的全国农业联合会。而比较有头脑的农场主抗议说，这里根本不存在这种共同利益。但是更重要的是：农业工人也开始认识到这个同样的道理。

独立工党

1891年我们在致布鲁塞尔代表大会的报告中说，英国目前还没有单独的、统一的工人阶级政党。我们还指出，但是英国已经出现了"建立一个不同于其他政党的工人政党"的好兆头。我们在这个报告中还说，工人无疑已开始感觉到了阶级意识。如同过去已经说过的那样，在我们现在提出的这个报告中，我们仍然必须指出在英国目前还没有单独的工人阶级政党，但是也必须提醒人们注意一个事实：一个新的组织即独立工党已经成立。这个新党的成立是上次预言的好兆头的应验，证明了工人的阶级觉悟已从模糊阶段发展到明确阶段。1893年1月13日和14日，在约克郡的布拉德福德举行了有115名代表参加的会议。这些代表中有 91 人代表独立工党的临时支部。其他 24 人来自主张为了工人的利益保持政治独立的各种组织。这次代表会议赞成正式建立独立工党，决定该党的宗旨是"保证对一切生产、分配和交换资料实行集体所有制"。独立工党已经有许多追随者和支部，特别是在英格兰的北部和中部。它通过教育和组织工作努力为竞选和获得支持做准备。它的候选人在各种选举场合发誓要实现独立工党的宗旨，完全摆脱两个旧政党的影响。

在这方面必须说明的是，除了独立工党外，在英国还有不少组织正在按照同样的方针开展工作，但它们没有必要隶属于独立工党这个新的组织。这样的组织有：社会民主联盟，伦敦和巴特西、伍尔维奇、波普勒等市镇的各种地方工人同盟，布卢姆斯伯里社会主义协会，争取法定八小时工作日和国际劳工同盟。所有这些组织都一直认为有必要成立一个独立的党，并且在各个方面完成了出色的工作。所有这些具有共同目的的团体，可望联合成为一个强大的不可阻挡的党——英国工党。

国际主义

非常令人满意的是：在我们国家，不同国家工人之间的国际兄弟的情感正变得越来越强烈。几年前，英国的普通工人还把别国工人贬称为"外国佬"，而工人领袖还在大言不惭地谈"大陆革命者的浮躁和爱耍嘴皮子"。现在，英国工人开始懂得，"外国"工人和他们自己实际上是休戚与共的。现在当有人在工人会议上习惯地说出"外国佬"这个词时，会遭到一片愤怒的斥责声。现在，只要一谈起外国工人和工人运动，就会受到工人诚恳和热情的欢迎。工人极想知道其他国家工人运动的进展情况。他们对最近这次德国国会选举颇感兴趣，他们为德国社会民主党人在德国工人的集会上和联合会中获得的成功感到欢欣鼓舞，他们为祝贺我们德国同志的胜利而发表演说，向德国同志寄送贺词。这一切都是我们国家工人运动中出现的新现象。英国最进步的工人组织纷纷致函德国社会民主党，事前表示祝愿，事后表示祝贺。在工人政治运动史上，我国工人第一次向社会主义选举基金捐款。捐款是由独立工党赠送的，尽管数量不多，但是我们希望，"这块像巴掌一样大的云"将来会变得遮天蔽日。

过去两年间，一些行业和工业的国际组织有很大发展。同上次国际代表大会的情况相比，这些组织的国际基础现在要广泛得多。在这方面一个有趣的证据是：许多行业组织的专门的代表会议被安排在为期一周的规模宏大的总代表大会举行期间在苏黎世召开。绝大多数（如果不是全部的话）代表会议都有英国工人代表参加。

除了这些在苏黎世召开的代表会议外，国际矿工代表大会自1891年以来举行了不止一次，有一次就是在伦敦举行的。最近国际玻璃工人联合会在伦敦举行了代表大会。

这些国际工人联合会不单是口头上的联合。它们正在做最重要的实际工作。国际主义精神得到普遍发扬，以至各国工人的组织机构和基金在很大程度上都可以用来进行互相支援。例如，在英国发生法国抛光工人罢工期间，德国工人就小心地把汉堡港封锁起来，以防止德国抛光工人前往英国。大约在去年，欧洲大陆的玻璃工人多次掀起工潮。在工潮期间他们得到了英国工人经常和大量的援助。今年英国玻璃工人举行了一次持续16个星期的罢工。在罢工期间，法国、德国、丹麦、意大利、澳大利亚的工人组织一次又一次地寄钱来支援他们。

在工联中，煤气工人和杂工联合会与大陆工人运动的联系特别密切。在这个工会最近一次的周年纪念大会上，历史上第一次出现了来自法国、德国和英国这三个不同国家的社会党议员在同一讲坛上发表演说这一异常壮观的景象。

过去两年来，在伦敦举行的支持法定八小时工作日的游行中，游行组织委员会的一个讲坛被公认为是国际讲坛。在这个讲坛上，德国、法国、意大利、丹麦、瑞典、波兰、俄国、奥地利、瑞士、比利时、大不列颠和爱尔兰等国的社会党代表发表了演说或宣读了声援信。

结束语

综上所述，过去两年来英国工人运动中出现的最惊人的现象是：资本主义社会在英国，也像在别国一样，正确凿无疑地迅速走向灭亡；阶级斗争的双方都越来越清楚地认识到这个斗争；阶级斗争变得越来越尖锐和残酷；雇主阶级赤裸裸地动用警察和军队来对付工人；争取法定八小时工作日运动大有进展；农业工人在觉醒；工人阶级政党和两个旧政党的界限划分得越来越清楚；社会主义思想得到广泛和日益迅速的传播；英国工人和其他国家的工人之间的兄弟互助的国际精神得到增强。这种兄弟互助精神在苏黎世代表大会上将会得到促进和发扬。作为这些国际聚会的结果，各国的工人运动将会变得越来越有力量和有生气。大会结束后，代表们将以更清醒的头脑、更愉快的心情，精神焕发地回到本国，更加朝气蓬勃和满怀信心地参加这个在国内和国际同时进行的伟大斗争。

关于荷兰民主社会主义工人运动的报告

在布鲁塞尔与苏黎世两次代表大会之间的两年中，我们认为荷兰社会党经历了一场其他国家的工人党从未经历过的斗争。

在车间和工厂里，我们的人的名字被编入黑名单已是司空见惯。在全国各地，无论是天主教的南方，还是自由思想的北方，大小资本家都以这种方式表达他们对社会主义的憎恨。

在我们的兹沃勒全国代表大会以后——我们马上就要讲到它——吕伐登市（弗里斯兰省省会）的学校教育当局发布了一个通报，禁止教师参加社会民主联盟，并禁止他们在社会主义的集会上发表讲话。这就是在荷兰这个爱自吹为"典型的自由思想之国"的国家所发生的事。

真实的情况应该说是：对社会党人可以采取任何措施！（然而为了尊重事实，我们应该指出：吕伐登市学校当局搞出的这一不能容忍的事例，国内其他各地区确实没有仿效。）

如果要探讨这种迫害的原因，我们认为应该提到两件最特殊的事情。

首先在于这两年中社会主义力量的发展，这令政府感到不安。为了证实这一判断（这当然会使在其他国家的朋友感兴趣），只需举出荷兰社会民主联盟下属支部的数目在这两年内已比苏黎世大会以前增加了一倍多的事实。实际上，联盟在苏黎世大会时期在国内 56 个市镇中拥有 56 个支部，而现在则已有 118 个支部。而且目前在全国各地，新的支部还在天天建立。

　　弗里斯兰是荷兰社会主义思想最普遍成熟的一个地区，此外在格罗宁根省、上艾瑟尔省和海尔德兰省等地，宣传已深入到农村人口中，工作进行得积极而聪明。我们喜欢选择在地区中心的乡村里组织会议，有时在大厅里，有时在谷仓里，可能时就在野外露天召开大会。来自各地的人群，打着旗帜，常常由铜管乐队与合唱队相伴，纷纷汇集到举行会议的地点；尤其是这种在野外举行的会议，有时经常会与警察发生冲突。正像宗教改革时代一样，在公开场合中布道，有时会引起流血斗殴。

　　警察的野蛮干预，远没有使农民们丧失勇气而离开我们的思想，相反却激起了那些还没有了解社会主义概念的人的好奇心，同时还进一步激发了我们宣传工作者的热情。

　　因为国内许多地区的人民都从本能上反对警察当局的一切思想迫害，因而他们倾向于站在那些为捍卫自己的思想而不惜以暴力回击暴力的人们一边。所以，我们支部数目的增长是我们朋友们的奔放热情的最好证明。

　　我们专门提到了两个北方省，弗里斯兰省和格罗宁根省，然后是上艾瑟尔省和海尔德兰省，但南方各省也不应忽略，虽然社会主义在那里的传播要困难得多。因为我们不仅在虔诚信奉天主教的林堡省站住了脚，尤其是在极为工业化的省会马斯特里赫特占领了阵地，而且社会主义的地方报纸《人民论坛》在外省的其他一些市镇也产生了切实的影响；在这些省里，尽管遭到狂热的天主教徒的反对，但是我们也能成功地组织集会。在这些地区，我们不仅要抗击政府当局，还要对付煽动人民反对我们的教士，我们在斗争中所面临的困难是可以想象的。此外，我们在布拉班特省的一些主要市镇——这也是一个天主教影响根深蒂固的省份，在国内的一些最落后的地区，取得了立足点。

　　在第三个南方省泽兰，我们也成功地创办了一份社会主义的周报

《未来》，宣传工作在那里的农村中进行得非常活跃。

现在，我们可以颇为自豪地断言：在荷兰的 11 个省份中，社会主义都已渗透并扎下了根。

我们刚才谈到我们支部数目的增加，我们党的这一"明显的"进展，成为统治阶级方面迫害的原因之一。第二个原因则是因为荷兰社会党一直保持着自己的革命性。

1892 年 12 月在兹沃勒（上艾瑟尔省）召开的我党最近一次代表大会上通过了一个"原则宣言"，宣言的革命性是无可怀疑的。宣言声称："劳动人民所要支持的阶级斗争，首先是一种经济斗争，政治斗争是从属于它的。"党在接受这项宣言时，明确宣布："党要保持旧**国际**①的立场，这是与议会社会主义者的意见相抵触的。"此外，这一原则宣言断然确认，我们是一个革命的党。因为它不仅宣称，"无产阶级在现有社会基础上，不能获得任何持久的改善"，而且还明确表明，"在阶级斗争中，劳动人民应用一切可能的方式斗争，无论是合法的或非法的，和平的或暴力的"。

一个有关党所遵循的策略的相应决议，同样获得通过。

我们已经说过，我们的原则所明确表明的革命性质就是引起政府敌视我们的另一个原因。

实际上，在兹沃勒代表大会以后，政府不仅对我们党的宣传工作者加强了迫害和制裁，而且从 1893 年 3 月开始，阿纳姆的上诉法院撤销了兹沃勒法院的判决，下令追究兹沃勒代表大会通过的决议，并就此向我们党的中央委员会提出起诉——阿纳姆上诉法院的判决指出：荷兰社会民主联盟在通过这些决议后，就已列入"非法会社"的范围。

然而，这一诉讼案并没有获得任何结果。预审的结论是：**命令对被**

---

① 指第一国际，即国际工人协会。——编者注

告不予起诉。

解释这一被免于集体起诉的唯一原因，就是因为对社会主义运动的迫害在全国范围引起了广泛的谴责——甚至资产阶级的报纸也表示谴责，特别是这次对中央委员会的迫害判决，更是引起了全国一致的义愤。

而且，对我们党的总委员会这样的迫害是一次没有先例的诉讼案件，这引起了人们的普遍注意；政府对如何收场也是毫无把握的。起诉我们所依据的法律实际上要追溯到 1855 年，在此之前不久的那段时期——即1848 年宪法修订后，资产阶级自由党本身就曾不止一次地发表了勉强称得上是革命性的言论和著作，目前当政的自由党显然不敢进行这样的诉讼。然而，迫害我们宣传家的行动没有减少，在下令追究我们党中央委员会时——即 1893 年 3 月，我们被监禁在狱中的人不超过 54 个；而在我们写这个报告的时候，已不止这个数目了。

有些人因为在公开的会议发表了一些言论，或者因为在一张社会主义的报纸上用某些词句报道了一次会议的情况，就被从自己的家中抓走逮捕。今年的最初几个月，政府的迫害更是变本加厉，因为城市和农村到处都存在失业，在全国各地都发生了饥饿示威，并且举行群众集会。社会党人支持和鼓励这种运动。

在格罗宁根省的萨珀梅尔，骑兵与一个包装硬板纸厂的工人发生了冲突，当时，工人正在吃饭，因而没有防备。这次冲突中有 8 人受伤，其中 2 人有生命危险。政府无耻地把那些刚从医院出来的受伤的工人立即押送到法庭上。但是所有这些迫害没有给我们的宣传带来任何损害，恰恰相反，它只会更加激发人民的憎恨。

今年年初，接二连三的群众集会抗议阶级法庭对我们同志宣布的专横判决，因此一些非社会主义的报刊看到这些判决引起的民愤，感到有必要警告政府有遭受秘密而致命的报复的危险。

甚至在资产阶级中，当局的这种做法也受到了最严厉的批评（为了解决失业，缓解饥饿，当局只知道向这些不幸的地区派遣宪兵、骑兵和边防军），甚至像加尔文教的（或反革命的）出版物，如《旗帜》以及其他一些报刊，在这个问题上也同资产阶级的激进分子随声唱和起来。

这种批评谴责发展得如此深入，以至在看到社会党人几个月来在金钱上帮助"阶级法庭"的受害者时，资产阶级激进派也这样做了，他们在1893年3月建立了一个救济基金会，支援被捕入狱的社会党人的家庭。

因此，政府意识到做错了事，司法部长在向检察机关下发的一个通报中，不止一次地提到，"受到司法起诉的人数增多了，那些近年来警察人员增加的地区更是这样"。

"在全面评价警察的活动时，我相信有些官员不是经常能判别哪种情况是应该受到司法追究的，哪种情况是追究得对的，哪种情况采用司法追究是不对的。**然而我相信，检察院在策略上也应该对不合时宜的过分的热情作一些纠正，这种不适当的过热现象甚至**对一些政府的下级官员是有害的。"

但情况并没有得到纠正，司法部长自己也承认这点。

"公共利益根本未因这种不适宜的热情而受益，这不仅没有增进普遍的安全，反而常常引起不必要的激怒，从而影响了司法的威信，并且使司法机关的其他官员的工作受到不必要的损失，并产生更多的困难。那些开庭时作为见证人的警察官员也就失去了他们存在的必要，因为他们的工作主要是为那些犯了轻罪或不是故意犯罪的人作证，以防止误判，因此这些官员有时会感到不安。"

部长因而表示，希望今后"检察院的代表在某些情况下，尤其当涉及不重要的、与其给予谴责不如加以宽容的事例时，特别是有些人目前已不再这样做了时，应考虑及时适宜地不予起诉"。

特别是在这些受迫害的日子里，我们党的支部的数目增加了。

除了社会党，荷兰还存在一个"争取普选联盟"，它的组织中的确容纳了一些资产阶级分子，但尽管如此，这个组织之所以能够存在，只是由于社会民主党人的力量，社会民主党人是这个组织的主要支柱。

荷兰社会主义者从鼓动的观点出发考虑资产阶级社会中的选举问题，他们认为，阶级斗争不能在议会得到解决；此外，工人只能经过一个相当长的时期的暴力革命，通过劳动阶级与政府之间的冲突，在经济权力落入无产阶级手中之后，才能获得议会的多数。

对工人来说，这场斗争只能通过罢工、通过他们全国性和国际性的组织力量来解决。我们重申，在议会的圈椅里，斗争是不能取得什么好结果的。

另外，人民直接立法比议会主义更吸引荷兰革命工人。一切能削弱议会代表权力的做法都能吸引他们。然而，荷兰社会民主党人同样对普选感到不安，那是因为，一旦实现这种选举方式，斗争会更受到限制。荷兰工人看到了法国和美国所发生的情况，这使他们感到，在荷兰一旦实行普选，资本家在选举期间将表现得比以前更为骄横放肆，在议会中，"聪明人"将被"实用者"所取代。而且宗教对选举的影响将比金钱的影响要小。总之，选举权是一种所有公民都具有的不失时效的权利，荷兰工人不愿意受到任何损害。

因而，为了努力保持工人运动的纯粹的革命性，争取普选的斗争在荷兰是一个原则问题。在一个这样考虑问题的国家，不存在那些在其他某些国家的工人运动中使荷兰工人感到惋惜的矛盾。然而，荷兰也存在争取把工人运动完全推向政治方面的企图。在布鲁塞尔国际代表大会（1891 年）上宣读的关于我们工人党的报告中，还提到过一个所谓的"人民党"问题。这个党在不久前的几年间，还起着某种影响，但只局限在一个省，即弗里斯兰省内。该党主要由激进分子与社会主义分子组成，他们主要是因选举上的合作而联合起来的。但是，荷兰的社会主义工人已经认识到必须将斗争限制在确实可靠的基础上，必须从他们的队伍中排除腐化变质现象。阿姆斯特丹全国代表大会（1891年12月25—26日）上决定：社会民主联盟的任何支部都绝对不得为了实现社会主义某点纲领而参加某种（政治方面的）联盟。在这次代表大会以后，"人民党"就很快衰落了。这两年来，确实有个别人企图在社会民主党以外按照德国社会民主党的模式建立一个政治上改良的党。到目前为止，这种企图在工人中没有取得任何成就。议会改良主义者口头上站在革命的立场上，是否能在未来获得某种影响，尚待观察。

荷兰社会主义者尽可能把争取普选的斗争工作交给"争取普选联盟"去做。但可惜资产阶级分子没有任何力量，如果社会民主联盟和社会主义工会联合会不支持争取普选运动，肯定就不会有什么成果。

这特别在1892年9月18日在海牙举行的全国争取普选和公民投票的大示威中可以看出。

"争取普选联盟"在社会民主联盟与各社会主义工会的支持下组织了这次示威。

在最后时刻，海牙市长先是禁止在公共道路上举行示威，然后，根据卫生委员会的意见——当时霍乱猖獗——禁止将要举行的群众集会。但尽管他如此及时地提出了霍乱问题，军事行动却照常进行，议会隆重的开幕式——它总是在海牙引起许多好奇——也一样进行。

于是，这引起社会民主联盟干预此事。党的总委员会宣布，禁止集会是非法的，因为不违法的集会并不需要请求市长的批准，所以决定不理睬这项法令。

在同海牙的组织委员会会晤商讨后，党的总委员会向所有普选拥护者发出呼吁，特别是号召社会党的各支部，邀请它们参加集会。

　　集会是在普遍不安的情绪中进行的，因为市长的禁令没有撤销，卫戍部队受命在兵营中集合听令，警察也全部整装待命。

　　来自全国各地的成千上万的示威者参加了集会，总计有 134 面旗帜，由音乐和歌唱队引导。当局放任未管。显然它不敢承担可能造成一次暴力干预的责任，而且干预更是非法的。然而人们听说，直到最后时刻，海牙市长与中央政府之间在示威是否合法的问题上仍存在不同意见。

　　政府的行动从未这样使荷兰当局的威信受到如此大的损害。资产阶级的报刊——教会的、保守分子的或自由党人的——在示威行动过后一致用激烈的语言对政府迟疑不决的态度进行了谴责。

　　社会主义思想在荷兰工人阶级中的传播，尤其通过社会主义和工会刊物表现出了自己的特色。

　　在荷兰不存在大规模的社会主义日报。党的主要机关刊物《大众权力报》过去是日报，从 1892 年 1 月以来每周出版三期，现在仍然这样。因为这样便于农村居民阅读，他们在一年的绝大部分时间里，没有时间天天看报。

　　除了党的主要机关报外，在社会主义宣传的一切中心地点都有地方机关报，大多是周刊。今年（1893 年）初，《大众权力报》的编辑部从海牙迁至日益成为荷兰社会主义宣传的主要中心的首都阿姆斯特丹。

　　因为国内各省情况不同，所以地方机关刊物是必要的。除《大众权力报》外，荷兰还有如下几种社会主义报纸：

　　马斯特里赫特（林堡省）的《人民论坛》；

　　米德尔堡（泽兰）的《未来》；

　　鹿特丹（南荷兰）的《自由》；

　　赞代克（北荷兰）的《赞兰德人民日报》；

　　兹沃勒（上艾瑟尔）的《人民之友》；

恩斯赫德（上艾瑟尔）的《**最终权力**》；

沃尔弗哈（弗里斯兰）的《**钟**》；

格罗宁根（格罗宁根）的《**先锋**》；

萨珀梅尔（格罗宁根）的《**工人**》——半周刊；

阿纳姆（海尔德兰）的《**前进**》；

哈灵根（弗里斯兰）的《**曙光**》；

犹太社会主义者机关报《**我们的报**》——月刊，阿姆斯特丹；

青年社会主义联盟机关报《**社会主义青年**》——月刊，阿姆斯特丹。

我们明确声明（为了避免外国人的误会），所有这些机关报都是革命社会主义的，在有关原则与策略问题上，它们与《**大众权力报**》没有任何分歧。

此外，我们还有一些定期机关刊物：阿姆斯特丹的《**社会向导**》月刊；《**曙光**》插图周刊以及阿姆斯特丹的讽刺性周刊《**红色魔鬼**》。

为了使我们对运动的概述全面完整，还要提及一些社会主义工人党的刊物，出于策略方面的考虑，这些刊物并不宣传社会主义，或者以不同于社会主义的形式出版。

荷兰无政府主义者出版《**无政府主义者机关月刊**》，出版地点在鹿特丹，还有一个刊物名叫《**光明与真理**》。

此外，这一段时间以来，有些资产阶级报刊多少有点倾向于社会主义。例如，莱顿的《**荷兰人民报**》及昌伐登的《**弗里斯兰人民报**》。

还应提到，关于我们刚才在上文提到过的弗里斯兰的"人民党"，他们是议会社会主义者，他们把该党过去的资产阶级机关报《**斯尼克日报**》改名为《**新时代**》，完全采用德国社会民主党的立场，每周在阿姆斯特丹出版一期。

上文我们曾提到过有些工会对社会主义运动的支持，相应地，社会民主党也全力支持各工会联合会。值得提到的有：烟草工人联合会、排字工人联合会以及铁路工人联合会（该联合会的名称是"勇往直前"，会员4000人）。这些工会联合会的机关报都是由社会民主党人主编的。

总的说来，工会运动仍然有待改进，近些日子以来已有了进展。同时，为了表明我们的思想也已在工会这个领域开辟了道路，我们可以举出一些掌握在社会主义者手中的工会出版物。

烟草工人联合会每周在鹿特丹出版的机关报《烟草工人》；

铁路工人在阿姆斯特丹出版的周刊《信号台》；

小学教师联合会每月在阿姆斯特丹出版的机关刊物《人民教师》；

海牙出版的双月刊《细木工匠》；

阿姆斯特丹的月刊《建筑油漆工》；

阿姆斯特丹的双月刊《宝石工人》。

我们认为有必要再次指出的是，这些工会机关刊物与社会民主党的关系非常好，并且遵循党的策略。社会民主党与工会联合会相处得十分和睦，经常互助鼓励。

布鲁塞尔代表大会关于建立劳动书记处的决定，在荷兰立即得到执行，一个党的书记被委派负责国际通讯并收集各国工人运动的资料。

然而，为了富有成果地进行合作，有必要和各工会联合会相互配合，以组成劳动书记处。此外，在布鲁塞尔代表大会以前，烟草工人工会已试图建立一个工会联合会。近几个月来，人们作出了一切努力以便在这个问题上达成协议。

这些努力由于以下工人组织的活动已获成功：

社会民主联盟；

荷兰细木工联合会；

烟草工人联合会；

铁路工人联合会"勇往直前"；

排字工人总联合会；

宝石工人工会；

木器工人联合会；

制刷工人联合会。

我们认为，在结束这个报告以前，有必要提一下社会民主军人联盟这一组织。这是一个现役军人、预备役军人、国民卫队士兵的联合会。它专门从事在军队中的宣传工作，主要是在操练、打靶时期，在兵营中散发宣言书。

此外，该联盟自己还发表文章，组织公开的集会，巡回宣传，尽一切努力反对资产阶级社会的野蛮的好战思想。

祝今后的社会主义工人运动像在苏黎世代表大会前的这两年一样继续在荷兰发展。

意大利劳动党的报告

一、历史叙述

为了了解**意大利劳动党**的变化过程，首先应当讲一讲它在诞生和崭露头角时所处的环境。直至 1860 年，意大利始终分裂为许多小邦，处于本国的或外国建立的公国的控制之下。这些公国主要是外国建立的，但其专制程度是差不多的。到 1870 年，意大利才基本获得统一，定都罗马，所以很晚才出现有利于社会主义发展的条件，而且这些条件也不完全。不仅争取国家统一的斗争耗尽了国家的一切有生力量，而且长期以来国家处于分裂状态，关卡林立，阻碍了工业发展，国家几乎处于中世纪的落后状态。

意大利革命是一场完全属于资产阶级性质的革命，即使最保守的作家、大学教授、政府部长也不能不承认这一点，他们的装束并不能掩盖事实。尽管革命受到了真诚的"空想"的鼓舞，尽管它带有传教者和殉道者的丰富**幻想**；但它只是按照资产阶级的利益完成的，而资产阶级总是要想方设法发财致富，要发展自己的力量，要同所谓兄弟国家的资产阶级一道进行斗争。因此，从字面意义上讲，这是一场**阶级革命**；然而像以往一样，无产阶级只不过充当了炮灰，直至俎上肉。

按照这种精神完成的意大利革命正是这样被人利用了。近代历史上只有少数事件能够这样清楚地证明马克思理论的正确，按照这个理论，思想，即使最广博深邃的思想，如果不去适应物质条件和生产方式，就只是一种诱惑物，它将无所作为。给予人民的自由（每天又通过限制愈来愈多的法律和法律原则逐步收回）只是一句空话，一个没有意义的辞藻，一个没有人会玩、没有人要把它留下来的玩具。相反，国家侵吞所谓不可转让的**法人财产**和僧侣财富，出售国有土地和市镇公有的土地，实行各种垄断，三番五次地与铁路公司在边境草率地对商品进行征税，等等，这些只不过是加快大产业吞并小产业的速度的人为手段，是一套阶级致富和剥夺所有权的错综复杂的方法而已。这种方法已经使用了四分之一个世纪，至今还没有取消。

二、空想社会主义

在这种情况下，在这样一个国家中（那里进行的一切斗争都是一场不折不扣的政治斗争，即矛头指向王朝、大臣本身、政府形式的斗争），首先不可能形成适合于积极的、社会主义的宽松气氛，这一点是容易理解的。社会主义不可能从哲学家的纯粹思想或先驱者们的漫无目的的行动中产生。

在巴黎公社、国际以及巴枯宁理论的影响下，在意大利，尤其是在学校的年轻人中间出现了一些社会主义俱乐部和团体，人们在这些地方深入讨论使现有制度得以维持下去的东西：祖国、家庭、宗教、所有制等。由于被宣扬的理论具有新生理论在新环境中所特有的蓬勃生气，它们立即变成了行动；有时，人们成立密谋组织，武装一些集团，企图夺取某个城市，在那里建立新秩序……当时是意大利空想社会主义盛行的时期，人们沉湎于浪漫主义之中。其后审判案接踵而至，国际主义者受到可恶的怀疑法（人们称之为**警告**）的打击，他们像野兽一样遭到围捕，按照政府的法令被置于最令人恼恨的警察监视之下，被**流放**到荒岛上去，等等。即使那些起先是左派后来爬上权位的部长，也以自由和人民权利的名义，以最简单粗暴的方式使用这些手段；那些在议会中占有一席之地或曾经占有一席之地的朋友们，在他们幼年时期也应尝到过迫害的滋味。

这一时期的社会主义中心在意大利中部和南部，主要是罗马涅地区，但它还只是处在社会主义的史前时期。然而，它的功绩在于提出问题，使劲地敲响了造反的穷苦人的洪钟，让所有的人都能听到。因此，它在我国社会主义的发展中占有它的地位，一个光荣的地位。

三、行会工党

和其他地方一样，在意大利，这样的社会主义是不能持久的，它没有任何固定目标，只是一种抗议和骚乱，再加上它的积极分子所冒的无谓风险，这种抗议和骚乱也是很有限的，因此，社会主义很快便衰落下去了。工人阶级，或者说工人阶级中有着朦胧的政治憧憬的那一部分人，组成了互助社团。他们不是在民主党**中间**，而是跟在民主党**后面**活动，他们支持民主党几乎纯粹是为了选举。正是出于这个目的，他们进行了一次比较紧张的鼓动以便部分地扩大选举，他们获得了胜利。

但是，物质条件的发展加快了思想这种超人力量所做不到的事情的进程。尤其在意大利北部，出现了不少机械工业，它们不断扩大，吞并或者扼杀昔日独立的行业，雇用男女工人和童工，使他们与土地分离。

而第一次工人运动恰恰发生在北部。工人开始认识到人们向他们灌输的激进的或民主的老调中一切空洞无物、令人失望和自欺欺人的东西。他们认识到他们只有一条解放的道路，这就是自己组织起来，成立一个既没有老板也没有保护者、独立于其他政党的政党，通过有组织的抵抗活动，独立同资本进行斗争。就这样，在每个劳动者享有生存权利、享有自己的全部劳动产品的权利和反对一切寄生现象的旗帜下，第一个意大利工党建立起来了，而且它从一开始就取得了出人意料的发展。通过积极的宣传，在短短的几个月里，就有40000多人加入新成立的党。党的委员会最初设在米兰，后来又改在亚历山德里亚。几乎所有的人都阅读或由别人代读党的报纸《工人联盟》。这一切似乎预示着美好的社会主义的诞生。人们举行各种罢工，这些罢工得到了有力的支持；反对资本、反对工业流弊、反对工厂主和工头的残暴行径的斗争如火如荼地开展起来了，在当时的意大利，这是人们一直料想不到的。

但是，党所具有的完全的工人性质不可能为自己赢得资产阶级派别的同情，甚至也不能得到它们的宽容，尽管它们承认贫苦阶级的某些要求是正当的。从某种意义上讲，**工党**的性质是一种从第一次空想社会主义运动那里承袭下来的旧的无政府主义倾向和新的行会主义倾向的混合物。为了摆脱曾经混进工人队伍并控制工人社团、谋求私利的保护者和背信弃义的朋友，工党必须严格按照马克思的话——工人的解放应当成为**他们自己**的事业——去做，并给这句话以非常具体的解释，举起体力劳动者的工装作为旗帜。资产阶级旧政党给工人带来失望的政治手腕，使工人恼恨一切政治，政治一词甚至也被摒弃了，成为狡猾的欺骗或背信弃义的马基雅弗利主义的同义语。

正像我们在上面所说的那样，工党是反对激进潮流的战斗的党。除了某些信心十足和信念成熟的社会主义者以外，没有人敢支持这样的党，也不敢公开为其辩护。在选举时期（1886年）尤其如此，当时它在好几个选举团或者选区提出了自己的候选人（当然都落选了，但有时也使激进派候选人落选），资产阶级民主党把所有的仇恨一股脑儿都发泄到它的头上。运动的领导人受到无耻的诽谤，人们指控他们与警察沆瀣一气，指控他们是政府的代理人，等等。而政府则正中下怀，于是向党发起猛攻：解散党的支部，查抄党的文件，将所有在宣传活动中发挥了一定积极作用的人逮捕入狱。司法诉讼层出不穷，米兰重罪法庭正在审理一起大诉讼案。在预审中，指控谋反的罪名不能成立，但被告人却由于一些微不足道的原因（如煽动罢工和内战）被判刑。

由于组织活动才开展不久，这些诉讼案对它来说是不幸的。运动中出现了松劲现象，这几乎是一个昏昏沉沉的时期。然而，在这个时期，宣传运动始终在耕耘播种，新的意大利劳动党破土而出，就像长在一片覆盖着被焚烧的杂草和灌木的肥沃灰烬的土地上的幼林一样。

四、新的劳动党——米兰代表大会

这样我们就讲到劳动党了。可以这样说，它的诞生表明，意大利社会主义已经完全和坚决地投入到国际社会主义的伟大运动中了。

从某种意义上讲，过去的工党已把运动中的那种精神倾向——即一切非体力劳动的东西和行会反抗——排斥在外了；从严格意义上讲，它是一个工党，还不是广义的社会党；它甚至还多少要把自己乔装打扮一番以引人注目。尽管它的积极分子，它的领导人、演说家事实上都是真正的社会主义者，但他们都摘掉了党的帽子，只以个人名义承认自己是社会主义者。它在理论上热衷于半无政府主义，这是趋于瓦解的工业仍居主导地位、大工业开始出现的过渡时期和国家的必然产物。新的劳动党把社会主义在理论和实践上的两种互为补充的倾向结合起来，给运动打上了自己的烙印，即：使运动具有了为夺取政治权力和行政权力、为废除生产工具的私人占有、为最终消灭阶级而进行阶级斗争的性质。

有好几个因素促成了有决定意义的米兰代表大会的召开，其中有外国同志们的榜样和对他们的活动的研究。自1891年1月起在米兰出版的、阐述和传播科学社会主义的社会主义杂志《社会评论》双周刊，有力地推动了这一进程。

　　意大利唯一的和真正的社会党——劳动党的第一个行动是召开米兰代表大会（1891 年 8 月），伦巴第、艾米利亚、托斯卡纳、利吉里亚和皮埃蒙特的 150 多个工人社团的代表参加了大会。会上，社会主义方法以压倒性优势战胜了无政府主义者或狭隘行会主义者的倾向。根据大会通过的议程，人们首先确定劳动者阶级的解放只能是宣告实行集体所有制的结果，而劳工保护法如果没有有组织的群众施加压力，迫使当局遵守它们，这些法律本身不可能产生肯定效果，哪怕是一般效果也不会有；然而，根据巴黎代表大会（1889 年）指出的各个要点，人们需要这些法律来改善工人状况，帮助每天都处在阶级斗争中的劳动者。

　　代表们几乎一致同意把已参加或即将参加代表大会的所有工人社团组织成为一个独立的意大利劳动党，通过**团结、反抗、宣传和合作**支持**以解放为目的**的反对资本的垄断的斗争。一部分代表被委派参加布鲁塞尔国际代表大会。

五、热那亚代表大会——中央机关报 ——纲领

　　由于费用庞大，而工人社团又无力预付资金，创办一份中央报纸的计划没有成功。经党的临时中央委员会同意，依靠一部分积极的社会主义者的个人捐助，1892 年 7 月，即全国代表大会召开前一个月，**意大利劳动者的报纸**——《阶级斗争报》创刊了。该报每周在米兰出版一号，为代表大会做准备，因而被宣布为党正式的中央机关报。可以说热那亚代表大会（1892 年 8 月 14—15 日）真正使党**诞生**，而米兰代表大会则只是**孕育**了党，党在热那亚代表大会之后才具有了肯定、明确的形式。

　　大会第一天，出现了一些骚乱事件，这些事件使我们与无政府主义者终于彻底分离了。第二天，集体主义社会主义者代表大会尽管人数略

有减少，但代表们能够相互谅解，会议对纲领进行了热烈的讨论。代表们几乎一致通过了下面的纲领，这使党具有了纯粹社会主义的标志和"阶级斗争"的性质。从此以后，党保持了这一性质，往后的历次代表大会又根据各种可能的情况发展而不是改变了这一性质：

"鉴于：

在目前的社会制度下，人不可避免地被划分为两个阶级：一方是被剥削的劳动者，另一方是占有和垄断一切社会财富的资本家；

不管男女雇佣劳动者状况如何，由于他们在经济上处于依附地位，他们构成了**无产阶级**，这个阶级被迫处于贫困、卑贱和从属的地位；

任何公民，只要他尽其所能为创造和保存社会生活中的利益作过贡献，就有享受这些利益（首先是生存的社会保障）的平等权利。

确认：

现存的经济组织和社会组织只代表自然财富和社会财富垄断者对劳动阶级的统治；

劳动者只有在对生产工具（土地、矿山、工场、运输工具等）实行社会化和对生产进行社会管理以后才能获得解放。

鉴于：

这样的最终目的只有经过组织成为独立于其他所有政党的**阶级政党**的无产阶级的行动才能实现；这个阶级政党的使命是：

1. 为立即改善工人生活（工作时间、工资、工场规章制度等）而进行行业（或行会）斗争，特指定劳工联合会和工人工会从事这一斗争；

2. **进行更广泛的斗争去夺取政权**（国家、市镇、政府部门），以便把这个从过去一直延续至今的剥削和压迫的工具改造成为从经济上和政治上剥夺统治阶级所有权的工具；

准备解放本阶级的意大利劳动者**慎重考虑**：

要以上述原则为基础成立**政党**。"

随后通过的党章就接纳社团的条件、代表大会的规章、包括 7 名委员的中央委员会的组成、为因从事宣传工作而受到迫害的人设立救济金，总之就一切与党内生活有关的问题作出了规定。各支部保留自己的名称，它们的行政自主权也得到尊重，但它们首先必须接受党的思想和方法。参加竞选斗争的问题原则上已经解决，即党要以自己的方式、以自己的候选人参加这些斗争。此外还通过了其他一些决议，主要是关于在农村进行宣传、关于农业合作社、关于五一节等问题的决议。《阶级斗争报》被确定为党的中央机关报。

尽管无政府主义者的分裂造成了暂时的混乱，好几位代表立场不坚定，但仍有近 200 个团体参加了热那亚代表大会第二天的会议（大会开幕时作的统计很不完全，只列举了 169 个团体）。上意大利和中意大利的许多协会、南意大利（那不勒斯和普耶），尤其是巴勒莫和西西里的积极分子的代表参加了大会。最近一个时期，这些地方成立了许多劳动者联盟（Fasci），举起了社会主义的旗帜。

六、党目前的状况——政治活动和竞选

劳动党和一切文明国家的类似政党一样，沿着一条由明确的原则和策略规定的道路前进，即使是我们最公开的敌人也无法否认我党的成立在精神、社会和政治上所具有的重要意义。我们不想夸大我们干部的影响（这样做将为我们自己设下陷阱），意大利所有的人都明白，出现了一支新的有组织的和强大的政治力量，它不断前进，日益壮大，从此成为国家政治生活中不可忽视的力量。

除了已经在中央委员会登记的 220 个社团（包括大约 20 万名积极

分子)① 以外，还应加上曼图亚省 50 个加盟的农业联合会，总共有将
近 1.1 万名有组织的农民。顺便说一句，这是意大利农村无产阶级加入
党组织的开端。只要积极地、灵活地进行宣传，振奋起农村无产阶级的
精神，它将毫不迟疑地跟着社会主义旗帜前进。

在中央委员会的推动下，又成立了一些新的社团，党的统一又向前
迈出了一大步。在好几个地区都成立了联合会，特别是皮埃蒙特和托斯
卡纳，这两个地方成了推动地区性的、积极而经常的宣传的中心。正是
在这种宣传的影响下，五一节这一天的游行活动，通过广泛发行纪念邮
票和散发党的宣言，通过出版 6 万份大版带图片的《阶级斗争报》专
号，通过在一切可能的地方搞大规模的停工庆祝，给人们留下了深刻的
印象，显示了人们过去从未见过的既平静又宏伟的特征。② 在这一年，
凡是发生比较重大的劳资纠纷事件的地方，委员会照例不是派去代表就
是送去救济金；最近正是在人们的帮助下，或者更确切些说，人们利用
各地朋友们的勇敢而聪明的行为，激励和领导了贝加莫和克雷莫纳的胜
利罢工和在纺织女工——这些数以千计的、被每日 15—16 小时的工作
摧残了青春和健康从而换取可怜的 40 或 50 生丁工资的白衣奴隶——中
新诞生的组织。当发生对农业种植者（意大利勤俭的人）的疯狂屠杀、
大批手无寸铁的农民在国民军的枪口下倒地死去的时候，《阶级斗争
报》和巴勒莫的《社会正义报》（另一家党报）发起了募捐活动，为遇
难者家属募集到了 2600 法郎。目前，人们建议（这个想法受到了欢
迎），在一般社会捐助之外，每个协会会员每月多缴纳 5 个生丁会费，

---

① 在这些社团中，有好几个是集体加入的联合会。西西里的一些联盟就是这
种情况。
② 在此应当回忆一下，伊莫拉（罗马涅）市政会议由于用发表宣言和停课等
方式隆重庆祝劳动者的共同节日五一节而被政府用一纸法令蛮横解散，政府还派去
一名王室专员，负责改造居民的思想，尤其是整顿选民名册。

供党的中央基金支配，以满足总的需要。

最近宣布的政治大选使我们感到意外，党在各地全力以赴开展活动还为时尚早。不过，党在各个选区提出的候选人已不下 25 名，他们全都明确地高举劳动党和**阶级斗争**的旗帜。选举的胜利说明我们在**瓜斯塔拉**（雷焦艾米利亚）的宣传是成功的。在这里，我们一位有声望的宣传员卡米耶·普兰波利尼战胜了得到反动势力中所有结盟政党支持的前民主党人、银行界上层代表人物而当选；在**卡尔皮**（摩德纳），格雷戈里·阿尼尼也取得了类似的胜利，他是农村短工劳动合作社的组织者，他揭发了不人道地贩卖从事水稻种植的妇女的行径；在**圣多尼诺镇**（帕尔马），我们的朋友贝雷尼尼的胜利也是社会主义的胜利。其他同情我们运动的候选人，由于多少带有一些社会主义色彩，也获得了胜利，党为他们感到高兴；但是，由于宣传**阶级斗争**不是他们竞选的唯一的真正因素，因此，这些胜利尽管很有益处，但确切地说，它们是时代的象征，而不是党的真正胜利。我们在伊莫拉的选举遭到了惨痛的失败，候选人安德烈亚·科斯塔是国际主义者，长期以来是意大利议会中唯一公开宣称的社会主义议员，他在敌人可耻的舞弊行为面前，以几十票之差而失利。在最近几个月举行的市议会部分改选中，选举结果比政治选举的结果更令人鼓舞。在都灵、米兰、贝加莫、克雷莫纳、帕维亚、布罗尼、斯特拉代拉、科莫，在艾米利亚、托斯卡纳等地，甚至在西西里的一些市镇，我们得到了对社会主义者非常认真、非常令人鼓舞的赞成票。总之，宣传运动已经蓬勃发展，而这正是最重要的。从我们几次的失利中，我们可以得到和胜利一样多甚至更多的东西。

我们的活动使我们得到最发达国家的社会党的关心和鼓励。与此同时，国际团结的精神也在我们的队伍中发展。在任何重要的时刻，我们都坚决出现在外国兄弟们中间，哪怕是寄去一封热忱的信。我们曾向卡尔莫的罢工工人和参加最近一次竞选的德国战斗的社会党人寄去了一小笔赠款。

　　我们在结束关于党的活动的概述之前，不能不讲一讲我们整个斗争中最勇敢、最忠实的喉舌——我党的社会主义报刊。我们曾经提到过《社会评论》双周刊，这是一本有精湛见解的科学杂志，它分析各种复杂的问题，它为我们从资产阶级的温和的知识分子中争取同情，使他们勇敢地同阶级意识决裂，走向**彼岸**；我们也提到了《阶级斗争报》，它是党的中央机关报和支柱。但是，如果忘记了为数众多的小型周刊，那将是不公正的。鉴于我国的地区性很强，这些小型周刊对我们的益处是不容置疑的，它们当中有：雷焦艾米利亚的《正义》周刊，克雷莫纳的《人民回声》周刊，科莫的《科莫劳动者》周刊，都灵的《人民呼声》周刊，贝加莫的《人民》周刊，科雷焦的《布雷西亚诺劳动者》周刊和《火炬》周刊，伊莫拉的《火》周刊，弗利的《觉醒》周刊，拉韦纳的《集体主义者》周刊，埃尔萨山口的《警铃》周刊，巴勒莫的《社会主义》周刊，特拉帕尼的《海》周刊，奥内利亚的《锉刀》周刊，圣雷莫的《思想》周刊，摩德纳的《莫齐诺》周刊；社会主义印刷工人的报纸《前进报》以及《泥瓦工报》，这两种报纸都在米兰出版。所有这些报刊都是建党所带来的积极结果，它们不断地努力互相协调并同党的基本思想保持一致，它们就像管风琴上的风管似的，以一个声音发出各种音调。这种本能的协调能力增强了我们宣传工作的分量。

七、行会运动——劳动公会或劳工联合会，抵抗、互助和合作社团

　　除了我党的政治运动外，我们还进行行业组织运动；它与前者相联系，为前者创造有利于宣传的条件。几年来，这个运动趋向于集中在劳动公会或劳工联合会，它们正从一个城市到另一个城市迅速地发展着，

并经常得到市政府的津贴，甚至在农村，人们也正尝试建立这样的组织。

劳工联合会的形式是我们从法国学来的。它集中和协调各工会的活动，但它不可能也不能够直接从事政治活动。然而，作为劳动供给和需求之间的中介，它通过调整供给，为劳动力的安排提供方便，在缺少生产部类的地方组织生产部类，帮助建立生产合作社、劳资调解委员会，在工厂主、市镇和国家面前代表工人，尤其是让工人在联合会中像在自己家里一样互相接触，需要时能得到指示、建议，有时还得到帮助。劳工联合会在他们身上激发起团结友爱和力量的观念，正是从这个意义上讲，劳工联合会对社会党是有益的。

目前，已成立或正在成立的劳工联合会有 14 个，它们都属于一个总会，有共同纲领，这个纲领是它们几周前在帕尔马举行的代表大会上商定的。**罗马**的劳工联合会成立一年多，它有 29 个工会，3000 名会员。**佛罗伦萨**的劳工联合会正在组建，已有 2000 人加入。**博洛尼亚**的劳工联合会已成立 10 个月，它包括 60 个支部和 16000 名会员，其中 20 个支部在农村，大多数是短工合作社。**帕尔马**的劳工联合会刚刚成立两个月，有 10 个协会，1200 名会员。在**普莱桑斯**，两年前就成立了劳工联合会，它有 12 个协会。**都灵**的劳工联合会成立于 1891 年 5 月 1 日，它的发展似乎不太兴旺，因为它只有 12 个支部或职业小组，3900 名会员。**米兰**的劳工联合会大约也是同一期间成立的，但它有 10000 名会员，分布在 40 个职业支部中，并在这些支部中举行聚会。在**帕维亚**，劳工联合会刚刚成立，它有 19 个协会，600 名会员。在**克雷莫纳**，一旦把纺织女工组织起来，并将抵抗同盟的农民接纳进联合会来，那么现有的 1000 名会员将增加到好几千人。在**布雷西亚**，一年前成立了劳工联合会，它有 14 个协会，1400 名会员。在**帕多瓦**也有同样多的会员，这里的劳工联合会正在建立。在**那不勒斯、维罗纳、贝加莫和科莫**，一些委员会也正为同一目的而工作。

我们最强大的抵抗组织有以下这些：意大利印刷工人协会，总部设在米兰，有自己的报纸；意大利泥瓦工联合会，总部设在米兰，有自己的报纸；意大利石印工人联合会，总部设在米兰；国际手套工人联合会，总部设在布鲁塞尔，它的国际性报纸是《手套工人报》。

意大利有许多互助协会；有一些协会拥有充裕的资产，但将钱存于各储蓄银行；大部分互助协会由一些资本家赞助，作为他们的竞选机构，社会主义的春风还没有吹进这些协会。意大利南部尤其如此，但西西里除外，那里的联合运动已具有社会主义性质。

某些直接从国家或市镇找到工作的农村短工劳动合作社是由社会主义者组织和领导的（雷焦艾米利亚、菲纳莱等）。分析它们在宣传方面所具有的好处甚至它们所包含的危险，势必大大超出本报告的范围。我们仅仅指出，我们有好几位同志赞扬他们以这种方式取得的结果，以合作社形式开展的农村短工运动正好说明，社会主义在意大利中部某些省份享有一定声誉。

八、展望与结论

我们希望我们的外国朋友将从对我党和我们运动的简略叙述中得出这样的结论，即在社会主义方面，意大利不再是一个**死角**，它同样正在解放整个无产阶级的伟大和神圣的斗争中努力和姐妹国家并肩前进。

无疑，我国经济条件仍不发达，尤其是这种经济条件的**千差万别**，使一个地区同另一个地区的差别几乎达一个世纪。此外，农村因素和农业经济中古老的封建形式与城市工业的先进因素相比仍占主导地位，这些都不利于宣传运动的平衡和迅速发展。

然而，在意大利无产阶级和我们社会党中蕴藏着巨大的力量，我们有不可动摇的信心和干劲，将把自己的使命进行到底。

为争取自身解放而共同前进的劳动阶级的国际友爱万岁！

中央委员会

E. 贝尔蒂尼，G. 柯罗齐

卡·德拉瓦勒，A. 费拉

康·拉查里

1893 年于米兰

挪威社会主义工人党的报告

50 年代在挪威第一次出现了激进的工人运动。它被当局使用强权镇压了下去，它的领袖遭到了逮捕。

这个运动是一个突破，它是 1848 年二月革命影响的结果。

尽管那时很快就出现了反动时期，但是，关于无产阶级解放的鼓动为 1885 年诞生的社会民主主义工人运动开辟了道路。同年在克里斯蒂安尼亚①建立了第一个社会民主主义协会。

全国性的工人党于 1887 年得以建立。它现在有 43 个协会，其中 32 个在首都。

挪威社会民主党由于国土狭长、人口稀少，所以是在特别困难的条件下开展工作的。

更确切地说，挪威社会民主主义工人运动开展起来十分困难，原因是我国的一个大党的自由主义影响深广，它能够把许多激进的和不满现状的分子召集到自己的旗帜下。

同时，在挪威还有一个全国性的工人组织——挪威工人联合会，它拥有许多协会，拥护自由党的政策。

虽说该组织的工作和鼓动无足轻重，但是却能阻止工人群众接近社会民主党。

最后还有一点也很重要，这就是几乎把一切利益都淹没了的民族运

---

① 今奥斯陆。——编者注

动，在目前情况下，其力量尚不足以建立组织，但给挪威社会民主党的工作造成了困难。

可是我国人民由于经济上的贫穷，需要国家预算有高度的计划性和更加节约，而这一点只有社会民主主义才能做到。

这种认识在非工人阶级的各界中越来越清楚。

挪威社会民主党开展了有力的宣传鼓动，争取最多八小时工作日。

5 月 1 日在首都举行的游行集会颇为壮观。在我国其他城市，社会民主党人为实行八小时正常工作日而进行宣传鼓动同样促成五一游行示威，并使更多新的追随者加入到我们的队伍中。

通过宣传鼓动，我们还使得国内的自由党承认了法定正常工作日的必要性，虽然该党本身并未同意 8 小时为最大限度。

在挪威获得普选权的条件，在城市和乡镇分别是拥有 800 克朗和 500 克朗（分别约合 900 帝国马克和 600 帝国马克）的收入。

在 40 万经济上独立的男人当中，只有半数拥有选举权。

由于社会民主党坚决地不断地提出普选权的要求，因此，自由党也把普选权作为它的一条竞选纲领；然而，强大的民族运动显然削弱了该党对普选权的兴趣。

因此，挪威工人党不得不接过选举权问题上的领导地位，挪威社会民主党人目前基本上把自己的政治工作集中在这一问题上。

挪威社会主义工人党已开始逐渐参加地方选举，并为此提出了一个纲领，内容包括兴建地方工人住宅、对每个人实行免费医疗保健、为国民学校的儿童每天供应一餐饭、废除市镇工作的拍卖制度，等等。

在地方上，社会民主党对自由党产生了一种促使它走向民主的决定性的影响；因为该党不得不同意社会主义工人党纲领上提出的许多事情。

挪威社会民主党虽然正在成长之中，但是却开始成为其他政党不得不考虑的一支政治力量。它有希望通过全国选举在同其他政党进行斗争中很快会具有举足轻重的影响，从而可以强行实现自己的要求。

当然，挪威社会民主党完全认识到自己的国际性，在日常政治斗争中一贯重视这一点，即合理的社会财政的必要条件是彻底推翻私人资本主义和社会关系的彻底革命。

挪威社会主义工人党代表

克勒格尔·约翰森

奥地利社会民主工党的报告

两年前布鲁塞尔代表大会召开时，我们向国外的朋友和同志们汇报了奥地利社会民主工党改组的情况；两年后的今天，我们已经能够取得重大的进展。

对于我党在奥地利所遇到的困难，上次报告中已作详细评价。在我们国家，由封建关系向资本主义生产的过渡只能慢慢进行。一些大的工业中心拥有社会民主党认为是成熟的和易于接受各种事物的无产阶级，除此之外，还有广大的农村地区，落后的经济形式在那里占据主要地位。与此相应的是，封建主义的绝对优势决定着奥地利的政治性质，封建主义利用现代的议会形式，迫不得已同资产阶级分享它的统治。当然，尽管迫于无奈，大土地占有越向资本主义生产过渡，土地贵族和资产阶级的阶级利益的相互融合就越明显，面对无产阶级，它们已经串通一气了。保守派和自由派之间的竞争和英国一样，在奥地利也有过用廉价的让步（自由派在政治方面，保守派在劳动保护方面）把工人从对手那里争取过来的时代。但是，自由派同保守派的经济利益已基本上趋于一致，两派都看到，工人阶级既不能被收买也不能被动摇，已经成为自觉的因而与它们相对立的力量，从此那种竞争的时代便一去不复返了。如今，这两个反动的党派把它们自私自利的爱转向了小资产阶级和小农阶层。小资产阶级和小农阶层正面临不可避免的无产阶级化，因此易于接受反动的冒险，但是他们还是要逐渐走上小资产阶级激进主义的道路。在奥地利全国各地也都表明，这个往往以反犹太主义形式出现的小资产阶级运动，正在摆脱它的封建保护者的影响并最终为社会民主党铺平道路。

资产阶级革命在奥地利刚刚开始便止步不前，受到了摧残和歪曲。议会主义用来勉强掩盖警察国家的那件现代立宪的外衣，本身就是专门为有产阶级准备的假面具；所有政治权利都是为形成有产阶级的垄断而量身打造的。因此，工人阶级只有依靠自己才能争得阶级斗争所迫切需要的武器，而在欧洲许多国家，这些武器是由资产阶级的胜利所带来的。请我们英国和法国的同志们设想一下，没有出版自由的社会主义运动、没有结社自由的工会运动会是怎样的。请我们德国的同志设想一下，没有选举权，政治运动会是什么样的。然而我们在奥地利的斗争条件就是这样。

因此，我们相当多的工作就不得不首先放在争取合理的**出版规定**上。1892 年冬，我们开展了十分热烈而又有成效的鼓动，目的主要是消除现行出版法为我们**传播**印刷品所设置的障碍。这个堪称可笑的法律怪物是我们鼓动的一大障碍，它首先使我们无法发展**党的新闻事业**，以致时至今日我们连一份日报都没有。我们完全是在孤军奋战；资产阶级报刊满足于自己的垄断，为了这种垄断，他们甘愿容忍书报检查的羞辱，诚然，书报检查对他们也不加以特别的压制。尽管如此，我们还是成功地通过加强鼓动促使议会去推动出版改革，委员会已经通过了一个草案，它虽然还很不完善，但一旦获得通过就会消除那些最恶劣的弊端。我党将尽力迫使议会真正去实现这向前的小小一步，从而排除我们鼓动的一个最重要的障碍。

争取**普遍、平等和直接的选举权**的斗争至少具有同等重要的意义，我们党正精神抖擞地进行着这一斗争。奥地利"宪法"使**三分之二**的居民蒙受无权之辱。只有不到三分之一的人有选举权，而且选举权分配的结果是，大地主和资本家的小集团拥有极大的政治影响，他们利用自己的特权，使没有财产的各民众阶级屈服于野蛮的阶级立法的桎梏，并且利用暴力来维护敌视人民的行政机构和司法机构。这种状况的荒谬之处早就被人们认识到了。然而社会民主党的壮大也使敌人明白了，他们再这样下去是根本**办不到的**。大家公认，工人阶级在奥地利是目标最明确、政治上最成熟的阶级；它的组织有人尊敬也有人畏惧，它所获得的影响是人人都感觉到了的，但是在议会中却没有表现出来，因为这个议会与人民代表机构相差十万八千里，它把这个数量最大、政治上最干练的阶级排除在外了。这一事实越来越使无权者感到愤慨，但是也使特权者们越来越感到不安。

1893年4月，比利时党的同志们通过英勇的出击巧妙地迫使议会通过了普选权时，情况就是这样。在如今已成为欧洲政治上极其落后国家的奥地利，这个事件犹如一道闪电。不仅我们社会民主党人，而且广大的各阶层人民也立即认识到，从现在起争取普选权的斗争也要在我们这里开展起来。甚至土地贵族和资产阶级也预感到，他们的垄断已经保不住了。在这种情况下，1893年的**五一节**在全国都举行了不仅争取**八小时工作日**而且还**争取普选权**的出色的集会。在维也纳，150万男人和妇女前所未有地像军队一样整队行进在各个广场上、贵族府邸前，在霍夫堡①甚至响起震耳欲聋的口号："国际社会民主党万岁！八小时工作日万岁！普选权万岁！"几星期后，一系列庆祝德国社会民主党选举胜利的集会在各省举行，它们再次表明了斗争的决心。于是在7月9日，5万名男女工人来到首都的中心——市政厅，声明不争取到普选权"决不罢休，也决不畏惧任何牺牲"。结果，普选权在奥地利终于被提上日程，成为议论的中心。在这场斗争中，社会民主党义不容辞地担负起领导，它是唯一有勇气担负起领导的政党，它将英勇无畏地坚持**到底**。

---

① 奥地利哈布斯堡王朝的皇宫。——编者注

但是，我们丝毫没有忽视，除去这些政治斗争，我们还有一项更为重要的任务：**唤醒无产阶级并把它组织起来**。过去一直漠不关心的广大阶层向社会民主党靠拢过来了；而且，可怕的贫困，失业的空前蔓延，在 1891 年至 1892 年的冬季使得统治制度的破产显而易见了，同时也把更多的人引向我们一边；他们认识到，只有一个要消灭剥削、废除财产垄断、结束人与人自相残杀的**革命**政党，才能创造出一个合理的社会制度；他们认识到，唯有**组织起来的无产阶级本身**才能够并且必将领导这一斗争。我们的鼓动已越出城市无产阶级的范围，开始在**平原地区**收到成效，尽管在这些数百年间受精神奴役严密控制的地区，利用宗教作为外衣来掩护其统治和剥削的教会党尤其为我们设置了重重障碍。

不言而喻，这场斗争也要付出牺牲；我们总是有很多同志被捕入狱，就是现在，单单在布拉格就有 53 名，在布吕恩就有 36 名同志受到审讯，"罪状"是在当局非法禁止的一次集会上，他们没有默不作声地忍受警察和军队的武力镇压。

社会民主党的鼓动工作取得进展的证明是数目众多的**政治协会**的产生和我们**新闻出版事业**的壮大。目前我党拥有 13 种**德文**、8 种**捷克文**和 2 种**波兰文**的政治性报纸（行业报纸不在其内），自然，所有这些报纸只能每星期或每半月出版一次，但是发行量却在逐月增长。在维也纳出版的《工人报》印数 19000 份，维也纳的《人民论坛》有 9000 份，《女工报》超过 4000 份。尤其是最后提到的这份由我们勇敢的女同志于 1892 年 1 月创办的《女工报》欣欣向荣，是我们取得的成就的完美标志。

奥地利社会民主党自布鲁塞尔代表大会以来所取得的最重要的进展，就是**党的组织**的发展。在奥地利，恰恰这一点是最困难的，因为一方面必须避开陈旧的结社法的模棱两可的规定，另一方面还要避开可随意伸缩的秘密结社条款的障碍。此外，当局和法庭认为：社会民主党本身是

"危害国家的"，因此参加该党是犯罪行为。前几年，仅凭"承认"订阅社会民主党的报纸就被认为是"秘密结社分子"，而被预审拘留达数月之久并被"依法"判刑。对各种成立组织的苗头的迫害有时达到了疯狂的程度，而奥地利的迫害者所掌握的法律伸缩性很大，它可以被用来任意杀人。1892年圣灵降临节在维也纳召开的我党第三次代表大会创立了党的组织。如果说从那时起党的组织冲破上述重重障碍而真正得以成立的话，那么，这只应归功于由于形势的原因而涌向我党的那股不可抗拒的力量。奥地利的官僚政治不得不面对一个显而易见的事实：工人满怀社会民主主义的精神作为一个有觉悟的、统一的和意志坚强的有机体屹立着。于是官僚政治顺应了这一事实。组织的产生相对来说没有遇到多少困难；它得到当局的默认，并且正令人满意地进行活动。

1892年维也纳党代表大会**以最彻底的公开性**作为组织的基础。组织的区域划分按行政区划分为大行政区和专区。几个地方组成地区组织，地区组织的受托人组成省委员会或专区委员会。**大行政区会议**至少每年要召开一次，起码每两年召开一次党**的代表大会**。党的代表大会（第一次在奥地利）还要选出由9人组成的**党的中央委员会**，处理党的事务并向党的代表大会负责。

我们的组织保障了每个党员小组有最充分的独立性，但是又能集中党的力量、有计划地开展工作和把党的资金用于最需要的地方。

还有一点需要提及，这就是组织对于语言分布也给以了相应的考虑，因此**捷克**同志和**波兰**同志尽管完全在整个组织的范围之内，但各自保有充分的自主权。在同一个多民族国家奥地利，资产阶级政党由于民族纠纷而四分五裂、受到削弱，唯有社会民主党是既尊重各民族特点又**是统一的**、严格**按照国际原则**组织起来的政党。

说到这里应该明确指出，我们**讲捷克语**和**讲波兰语**的同志是在极其困难的条件下、以巨大的力量和令人敬佩的勇气来开展自己的运动的。

捷克社会民主党和波兰社会民主党站在最危险的岗位上，然而他们不畏惧任何艰难险阻，机智地坚守着自己的岗位。

党的第三次代表大会作出了一系列意义重大的决议，以实现**女党员**在纲领、组织和鼓动方面的平等地位。**社会民主主义妇女运动**实际上取得了十分值得重视的进展。这一运动基本上是在吸收女工参加**工会**的基础上开展起来的，它最近再次表明，我们的女同志在政治组织当中也是干劲十足、成绩卓著的。健康的社会民主主义女工运动最危险的暗礁是和资产阶级发动的"妇女解放"混同，但是在奥地利没有出现这种情况，因为从一开始我们就有力地强调了女工运动的**无产阶级**性质。

工会组织在最近两年也大有进展，尽管雇主阶级拥有官僚机构、警察和军队，正在进行顽固的阻挠。我国的结社法是个严密的牢笼，对结社权的限制很严。可是，行政机构和个别官员的残暴却比结社法凶恶多倍，他们为所欲为，任意践踏工人的权利，工人的权利几乎毫无法律保障。在这种情况下，我们这个革命的政党就得寸土必争，就必须借助我们的报刊一个专区一个专区、一个省一个省地促使它们遵守法律，同时还要教训那些帝王的官员们学会尊重法律。在奥地利，国家当局为富人效力卖命寡廉鲜耻到何等地步，从下面的情况就可以略知一二：在有些大行政区（波西米亚、加利西亚、施泰尔马克），几乎每一次罢工，罢工工人都有被政府当局作为无业"游民"驱逐的危险。而且在许多情况下，这种卑鄙行径竟被付诸实施。

尽管处于这种亚细亚式的条件下，我们仍然在最重要的工业部门成功地建立了遍布全国的工会组织。各行各业一年一度的会议和无数报纸加强了团结。与国际社会主义者代表大会同时在苏黎世召开的国际工会代表大会，奥地利将派遣众多人员前往参加，大会将确信我们工会组织取得的进展。

最后，我们就社会民主运动的国际因素说几句话。在此我们首先想到的是**五一节**，它是我们运动最明确、最受欢迎因而也是最重要的一种表现。对奥地利来说，它是鼓动的一个关键手段，其他国家或许不是这样。5月1日是最有阶级觉悟的无产阶级的节日，是无产阶级使自己意识到自己的力量和希望的节日，是向统治阶级显示自己威力增长的节日。五一节的主要意义就在于，它是无产阶级**世界性的节日**，在世界各国**同时**并且尽可能**以同一方式**表明社会民主党解放全世界的思想。我们奥地利人认为，庆祝五一节，**停工**是绝对必要的，就是在1893年我们也贯彻了这一条，虽然不无沉重的牺牲，但却取得了成功。因此我们认为，我们弱小而年轻的党能够做到的事，德国、法国和英国那些经过大风大浪考验的老战士也一定能够做到，这一看法毫不过分。遗憾的是，**布鲁塞尔代表大会**要求至少要遵守5月1日这个日期的决议，并**没有得到英国工人的遵守**；而停工本应在所有"**并非不可能的**"地方一律遵守的规定，1892年只有奥地利人执行。这不仅使得我们在本国原本就十分困难的处境更加困难，**而且也大大削弱了这一节日的国际意义**。因此，奥地利的代表们受命为了自己组织的利益，同时也是为国际组织的利益，在苏黎世再次敦促**采取统一的庆祝五一节的形式**。

在结束我们这一就事论事的报告时，我们向世界各国的兄弟党致意并向它们保证我们的团结。奥地利社会民主党将不遗余力设法完成交给它的艰巨任务，它将无愧于自己在战斗的无产阶级队伍中的地位。资本主义使得经济不断发生彻底的变化，其结果是，无产阶级通过社会民主党也在不断实现革命化。就在今天，各个国家都有一支具有阶级觉悟的男女无产者大军，他们勇于牺牲，满怀必胜的信念，正整装待发，随时准备投入战斗。愿苏黎世代表大会将推动国际的联合，祝大会工作顺利，并祝愿我们能早日看到我们的导师和先驱提出的"全世界无产者，联合起来！"这一口号和工人阶级摆脱阶级国家和剥削桎梏的实现。

国际社会民主党万岁！

克罗地亚社会民主党的报告

奥匈帝国最南部的克罗地亚—斯拉沃尼亚也有一名代表出席本届代表大会，这还是第一次。

克罗地亚和斯拉沃尼亚也没有幸免所谓的国民经济繁荣和文化发展，因此，社会主义思想在这里传播开来也就是自然的了。要想在这里说明民族的历史发展，似乎篇幅有限，所以报告只能简略地作如下介绍：迄今居民差不多一直是从事农业，尽管家庭工业同过去相比显著倒退，但仍值得格外注意，原因就在于，恰恰在这个行业，人民受到深重的剥削。正常工作日或其他劳工保护规定的恩惠没有被施与这个赤贫地区，因为所谓为了保护个人而制订的少数几个规章都从来没有得到过实行，这一点便说明了我国立宪制度形式的特点。

城市居民的遭遇和农村居民一样。所有在自己的出生地混不下去的人都纷纷涌向工业企业，在那里每个人都视老板的意愿物化成了短工或是其他什么东西。这种辅助劳力的绝大部分为木材工业所需，被用来锯木或在林间做工。

这种企业设在什么地区，对于给予这些人的工资报酬是很关键的。远离城市的人工资待遇最差，因为老板横行无忌，而当局在有人控告时又永远偏袒老板，当局就是市长，他属下有一个宪兵所和一中队士兵。如果有人克扣工资或对工人有其他什么不法行为，工人坚持自己的权利提起控告，那么百分之九十的情况是，工人们更加受到欺骗，而老板会以仁慈的主人的面目出现，继续以最卑鄙无耻的方式进行剥削。

其他工业企业如采矿、玻璃磨制、纺纱等，劳动生产者的待遇也没有什么两样，只不过剥削的形式有所区别罢了，因为在那里残暴地对付工人的是老板的强权，而在这里则是法律的强权。农民和当短工挣钱的人是没有权利并且不受任何保护的，然而从事手工业的伙计境遇也不比他们好。

基督教的教士们和所谓的贵族力图保持这种奴役状况，他们同摆阔气的老板们一道，在人民没有政治权利的情况下组成所谓的地方议会，成了整个地区的代表。这样的代表所领导的这样的人民具有何种思维方式和处于怎样的教育阶段，是不难猜到的；而以教育和独立的人道思想为前提条件的社会主义思想要流传起来是多么困难，也是不难理解的。工党报纸纷纷创办，工人中的出类拔萃分子不顾当局的百般刁难，英勇地高举起崇高的社会主义思想的旗帜，因而促成了1888年在工人中召开第一次著名的会议。

这是在工人协会"斯洛加"① 举行授旗典礼的锡萨克发生的事情。

少数有阶级觉悟的工人利用各种思想汇聚的机会来传播社会主义思想。这一时刻可以被视为我们如今的运动的一个里程碑。但是，当时一方面工人受着教士们的影响，另一方面敌对的报纸又只发表欺骗性的报道来反对社会主义，这种情况使在锡萨克作出的决定无法得到贯彻。此外，有人还利用不会读书写字的被剥削的人民群众去搞民族示威游行。他们用种种空谈废话去欺哄人民，目的只在于扼杀独立思考。然而，无论诡辩如何骗人有术，它也无法向饿肚皮的人证明他们没有饿肚皮。如果在物质方面不能使工人满意，那么，正确思考的人就会明显地看出政治方面的阶级对立，而维护社会民主党原则的人就会逐渐增多。

于是在首府就发生了制革工人和面包师的罢工，其他行业的老板即

---

① "Sloga"，塞尔维亚文，意为团结一致。——译者注

师傅们担心物质损失甚至向工人作出了种种让步，以防止罢工。

1889 年巴黎国际社会主义者代表大会就是在这个时期召开的。同诸邻国一样，此次大会在这里也发生了影响。第一年，尽管只是在首都，我们就举行了五一节的庆祝活动，有 500 名工人参加了庆祝活动。但是尽管这样，一份全国发行的工人报纸却由于出版经费不足（其实数目很小）而不得不停刊。这里应该提到的是，居民中有三分之二的人不识字，因此，印刷品的价值得不到劳动人民的理解。

鉴于这种情况，只有进行口头鼓动或者召开集会。但是召开集会也很难，因为法律规章设置了重重障碍。

尽管如此，1892 年 4 月间我们仍然成功地出版了双周一期的报纸《自由》，该报现在还在出版。该机关报所持的是海恩费尔德纲领，拥有 700 个订户。它对于克罗地亚—斯拉沃尼亚来说肯定是一个令人起敬的见证，因为敌人最大的一家报纸不过拥有 1500 个订户而已。从我们所能列举的成绩中可以看出报纸以及口头鼓动的鼓动效力。1890—1893 年的罢工，是在备受剥削的非党工人走投无路的情况下爆发的，我们对此没有过高的期望，因此可以不谈。而其他使大家都受益的运动却表明我们是有鲜明原则性的，表明每个同志都在坚守自己的岗位。政府认为，凡是对我们的思想能够有所促进的事物都是违法的，都要加以坚决镇压，因此每个同志都坚守岗位就更加有必要了。

行业协会的建立尚属不可能。例如木工、面包工人、裁缝的协会虽然章程已申报多年，但至今仍被有关主管当局束之高阁，未得到办理。一个政治性的协会的章程被几经拖延，过一年半之后，当局根据 1858 年的一个专门规定断然回绝，理由是不准许成立这种协会。新闻遭到扼杀，因为凡不为现行政体歌功颂德的东西，检察官一概加以查禁。我们现在的境况，比起专制时代的境况有过之而无不及。法律面前人人平等是一句空话。在政治上无权和经济上受奴役的情况下，我们有冤无处

申、有苦无处诉。因此，大部分居民已不再听信在全国到处游说的民族
沙文主义这个妖怪而独立思考、自主行动了。

具有社会主义思想的工人们承认国际友爱的必要性，并且在这方面
作出了第一个表示，今年派出 3 名代表参加了布达佩斯社会党人代表大
会。今年在阿格拉姆召开了一个鞋匠代表大会，总的看来，这次大会是
无产阶级组织起来的开端。

不过艰巨的斗争就在眼前，并且从现实的角度看，要使我们的思想
获得尊重，还要付出巨大的牺牲。

一个备受磨难的被压迫民族参加在这里聚会的同盟，它所希望的
是，这次代表大会的讨论将最终为被奴役的民族带来所渴望的政治自由
和经济独立。

我们的代表在对所讨论的各个问题表明立场时将对本报告作出补
充。在结束报告之时，我们谨向国际上所有社会党致敬。

关于匈牙利社会民主主义工人运动情况的报告

　　现代无产阶级工人运动取决于工业和资本主义生产方式，取决于工业和资本主义生产方式发展的程度及其在剥削人民群众上发挥影响的程度，这一事实也决定我们要根据本国工业的水平和地位来评判匈牙利工人运动状况；与此同时，我们还应特别注意资本主义经济方式在农业方面取得了哪些进步。

　　不久前，匈牙利还被看做是纯农业国，它的大部分地方土地肥沃、气候适宜，这确保了这个国家在农业上将来仍会占有重要地位。资本主义几乎一下子就占领了农业，对农村居民社会关系的改变发挥了决定性的影响，这种后果是十分独特的，对此我们在本报告稍后的地方将作一简短的探讨。首先让我们来看一看产业工人运动的进展。

　　工业是匈牙利政府的宠儿，这个政府是从有产阶级的代表中产生的，因此它唯一关心的只是他们的利益。现代国家对全国的生产能力提出的高要求，迫使这个政府也不得不采取那些可以适应这些要求的措施和办法。工业得到匈牙利政府最优先的支持，因为它可以养活众多的工人，从工人的劳动成果和他们创造的剩余价值中获取税收，来满足现代军事国家的需要。政府制定的法律为资本提供了在这方面所能想到的一切好处。为此目的所设立的金融机构得到极其广泛的特许。工业企业得到免税的保证。国营铁路获准降低运输原料和制成品的运费，大块地皮被无偿赠与或者以抛售价格转让；简而言之，一切都是为了促进工业的发展和扩大。这些做法所带来的后果是各个国家资本的纷纷涌进，并且要求占据最有利的地位来剥削劳动力。我国的有产阶级利用爱国主义来诋毁国际工人运动，而对于外国资本残酷剥削我国人民同时把它们所获"纯利"的大部分转到国外这种现象却毫无反感。这一主要目的正在得到实现，无论是工业还是农业，在生产中由于使用机器而使得工人人数过剩；多余的工人人口在新的企业中找到工作；但是这些企业缺乏工厂监督或相应的保护法，于是便可以肆无忌惮地剥削工人。对工人所需要的、一切可能的消费品征收的间接税，给国家带来源源不断的大量收入，尽管这些收入的根源就在于下面这个应受谴责的原因：被资本家压到最低水平的劳动工资的价值，通过抬高消费品价格而变得更小。匈牙利政府的社会政策唯资本利益的马首是瞻，有产阶级独揽立法大权。居民只有五分之一的人拥有选举权。

我国工人运动仍比较年轻，它通过国外这方面的事件和所取得的不断进展的成就而受到推动，现在在如上所述的社会状况中找到了肥沃的土壤。随着工业的飞速发展和农业中机器的使用，人民正以同等的速度日益贫困化。被剥夺得一无所有的人民群众，给社会民主党提供了散播自己的种子的土地，而且由于党的崇高目标，我们可以有把握地期待它的发芽成长。

国际社会民主党原则的宣传和鼓动工作是由各种工人协会和工会会员来进行的，工会会员的思想联系则由中央机关的两种报纸——《人民言论》和《工人新闻》——来沟通。在讲德语的居民中，我们努力传播来自德奥两国的最优秀的宣传读物，而对于讲匈牙利语的居民则只能提供这种读物的译本；在这方面几乎还没有什么值得一提的斯拉夫文字读物，除塞尔维亚的几个尝试之外。在阿格拉姆每月出版两次塞尔维亚—克罗地亚文报纸《自由》，该报也拥护国际社会民主党的原则。

在其他国家往往有一些出身于"有教养的"有产阶级的人，通过精神上或物质上的帮助，为运动得到物质方面和道义方面的保障而持续开展作出自己即使是微薄的贡献。但是，在匈牙利却没有这样的人。因为工资状况要多差有多差，而我们的鼓动一旦深入到一个部门，大多数情况便导致工资运动。毫无准备，没有什么纪律，参加者对采取这种步骤的意义又没有正确的理解，这样爆发的工资运动给有组织的工人造成种种牺牲，虽然这些牺牲对于运动总的说来并非没有成效，但也大大消耗着有阶级觉悟的工人的力量，尤其是物质方面的力量，而对政党的巩固则毫无裨益。语言繁多是一大障碍，由于这个原因，维持鼓动力量也就更为困难，同时要求作出更多的牺牲。

尽管如此，人们也能发现在工会运动和政治活动方面取得的一个可喜进展。

在此，让我们回想一下五一节的影响和意义。在 1890 年这个节日取得了了不起的成功，尤其是从容而又严肃地进行了节日庆祝活动以后，有产阶级和政府吓得胆战心惊。在接下来的 1891 年，政府一个部门发布公告，在全国禁止举行集会，甚至根据宪法应有的集会权在这一天也无效了，因此，在欧罗什哈佐和贝凯什乔包发生了令人遗憾的流血冲突。工厂主不遗余力地试图阻挠这个节日。整个工厂被关闭好多天，"暴乱头目"受到了制裁。接着 1892 年的 5 月 1 日恰好是星期天，因此，当局无法轻易地加以阻挠，但仍千方百计使我们不能大张旗鼓地庆祝。政府方面再次取消集会权，以阻止工人阶级公开提出他们的要求。人们平静地度过节日，布达佩斯的工人同外地的工人一样，以去远足郊游的方式来庆祝这个节日，借此机会表达了团结的精神。1893 年，大家同样考虑到，当局会依据上面提到的那个政府部门发布的公告不批准任何集会。5 月 1 日前我们开展了热烈的宣传鼓动，除少数例外，工厂主在那天都给了工人一天假，而且当局也准许举行集会。无论在首都还是外地，节日都组织成匈牙利无产阶级庄严盛大的集会，有产阶级又一次认识到：工人们的团结感情用暴力手段是压制不了的；同时，工人阶级对自己最主要的要求——八小时工作日和政治权利平等——的严肃坚持，不是一时的感情冲动，而是这些问题越来越强烈地迫使人们去解决。这里应该谈到以下几个重要的工资运动：彼得罗谢尼的矿工罢工、"匈牙利军火"工人罢工以及不久前刚刚发生的芬夫基兴附近煤矿工人的罢工。这些罢工都没有准备，其成就是微不足道的。尽管在这几次事件中，当局都肆无忌惮地使用粗暴的武力，但在最近一次罢工中统治阶级非人的野蛮行径应该特别受到谴责。工人们不愿对这些吸血鬼表示屈服，于是他们除了遭到当局的其他粗暴对待之外，又被用武力赶出家门，军人在一个广场上把他们包围起来，然后向这些可怜的人冲去并且大打出手，结果许多男人、妇女和儿童受伤，并有不少人被打死。

一些行业发生过小规模的工资斗争，在首都和外地都有。这些斗争所提出的主要要求全是缩短劳动时间，而且大多获胜。

对于组织的发展有意义的是 1892—1893 年间在布达佩斯召开的几个行业代表大会：奥匈木匠代表大会、匈牙利裁缝代表大会和炉工代表大会。这些代表大会都建立了全国宣传鼓动委员会，通过这些委员会的活动，人们成功地在各个地方为运动争取了工人。

在两年内，下述行业协会开始了自己明确的活动，在布达佩斯有：木匠行业协会、裁缝行业协会、鞋匠行业协会、车工行业协会、装订工及所属行业的行业协会、炉工行业协会、花边编织工行业协会、金饰工行业协会和粗木工行业协会。正在筹备成立的行业协会有：画匠、粉刷工、制刷工、泥瓦匠、制革工、模具工、钢铁和五金工人等行业协会。在普雷斯堡有：木工、鞋匠、面包师、炉工、裁缝、建筑工人等行业协会，许多较小的行业正在筹备成立。在阿拉德有：木匠、裁缝、鞋匠、制刷工和箍桶工等行业协会。在泰梅什堡有：木匠和鞋匠等行业协会，其他行业正在筹备。喀琅施塔特正在筹建的有：裁缝、鞋匠、箍桶工等行业协会。在厄登堡，裁缝、鞋匠等已将协会章程送审待批。芬夫基兴正在筹建的有：一个工人教育协会和裁缝、矿工等行业协会。克雷姆尼察正在筹建的有一个人民教育协会。米什科尔茨有一个工人教育协会的章程已经送审待批。诺维萨德正在筹建的有裁缝和鞋匠的行业协会。此外，外地许多地方纷纷询问有关成立工人协会的事，最近在这方面的表现格外踊跃。

去年在党内出现了个人之间的意见分歧，因此有必要召开一次代表大会。大会于 1893 年 1 月 6、7、8 日举行，一小部分代表因为不同意党代表大会关于议事规程的决议而退出了会场。后来代表大会的讨论依照议事规程顺利进行，并且在讨论"组织"这项议程时，通过了组织草案，根据这个草案选举产生的党的领导机构，作为整个组织的核心，负责掌理一切事务。

这次代表大会以来，在全国同首都一样，呈现一派活跃的景象。一部分首都以及外地的组织已经进行了极其活跃的鼓动工作。最近以来，尤其是有许多工会和上面已经提到的协会正纷纷筹建。代表大会以后，普雷斯堡和泰梅什堡的区组织分别出版了每周一期的党报《新人民报》和《人民意志》。从 1893 年 5 月 1 日起，一个裁缝行业报开始用德文和匈牙利文出版，该报坚决拥护社会民主党的原则。钢铁和五金工人的组织现在正在筹建，并很快要出版一种本行业的德文和匈牙利文的行业报纸。该组织将是全国最大的组织，单单在布达佩斯这个部门的工人就有3 万人之多。

目前还有 4 家每周出版的党报和 5 家专业报，它们都拥护国际社会民主党的原则。

报刊的影响，在那些拥有自己行业报纸的部门里是一目了然的。尽管产业工人的运动还有许多不足之处，但是，自从布鲁塞尔代表大会以来，它仍然取得了引人注目的进展。这种进展最突出的表现就是，匈牙利无产阶级对国际思想有了清晰和正确的领会。

由于工业人口同总人口相比所占百分比不大，所以，吸收其他人民阶层参加运动，对运动来说就更为重要了。在此应特别强调指出农业工人的动向。在贝凯什乔包和阿拉德两个专区肥沃的平原地区，居住的都是纯马扎尔民族居民，村庄和集镇规模很大，人口多，社会主义思想在这里已经站住了脚。我们匈牙利文党报的读者范围正日益扩大，在这些农村的居民中有《人民之声报》最忠实和最准时的订户，来自那里的信件和通讯都证明，这种同情绝不是表面的，近来这些地区经济形势的急剧变化不仅引起普遍的不满，而且使只有彻底改变社会的政治和经济基础才有可能得到改善的思想越来越被人们所接受。过去 15 年间，当地农民的生存条件发生了很大的变化，这些改变了的生存条件恰恰促使这个一般被认为保守的农民阶级也要进行思考了。

在此，人们也必须考虑到国外农产品的竞争不是没有影响的。70 年代末，小麦的价格要比现在高出 50%—80%，其他农产品的价格也以大体相同的比例下降了。可以说，这些农产品出现价格暴跌，知情人并不认为是什么令人惊讶的事，因为海外各国的农业在大资本控制下发展起来以后，这种价格暴跌是必然要出现的。美国谷物生产者由于运费低廉而能够不断扩大他们产品的销售地区，于是出现了这样的情况，匈牙利的谷物或者被从市场上排挤掉，或者必须在价格上同美国谷物进行竞争。

从那时起，匈牙利农业发生了突然的转变。由于出现的困境，一些规模较大的农业企业采取了较为经济的经营方法。使用机器的比例不断上升。人们根据这种价格形势作出调整，通过加紧榨取土地和劳动力获取比过去高的纯收益。

小农由于缺少需要的资本和土地七零八碎，只能沿用传统方法生产，和过去没什么两样。但是他们的商品却被迫降价 50%—80% 出售，所以当国家和乡镇当局对他们的索取日益加剧时，他们必然处于无法维持的境地。

负债是他们破产的开端。高利贷者骄奢淫逸，小农等级则在死亡线上拼命挣扎。大型农业企业采用机器促使小农加速破产，促使他们破产的原因还有一个，这就是使用机器的结果剥夺了他们做手工活计和驾驶畜力车辆的工作机会，这在过去有助于补助他们那微薄的收入。

在20年前，有些地方小农阶层的收入一直正常，至少不挨饿受冻；但现在土地集中到少数人手中，多数居民的财产被剥夺了；由于财产集中，机器的使用就越来越多，所以这些人就完全成了多余的，他们互相把工资压低，工资下降到百分之一百多①的情况也并非绝无仅有。

有产阶级的"聪明人"怎么也不理解，为什么恰恰是全国最富庶地区的农民倒变得"革命"了——最近两年里多次发生暴力流血事件；而在只能吃上粗燕麦粉和土豆的地方，农民倒是满意的。他们不理解，原因就在于，后面所说的这些穷苦人，祖祖辈辈除了粗燕麦粉和土豆，别的东西一概不知，因为那里的自然条件生产不出更好的东西。相反，在富庶地区，不仅现在活着的人的父辈们没受过穷苦，而且他们自己在不到十年以前的生活也完全过得去，就是说，白面包和猪肉一向绰绰有余；然而现在，在这片由于大自然的恩惠收成总是最好的广阔的田地间，他们遭到了极度的困苦和匮乏，不得不为这些食品操心。

这就是富庶地区的农民之所以具有革命精神的原因。这种发展的根源非但不能消除，而且按照资本主义的生产方式还要越发扩大和越发明显。因此，完全可以设想，尽管政府实行经常性的戒严，这种革命精神在当地仍然将得到保持，它不可能被压制下去；相反，这种精神必将深入和扩展，以致被引导到正确的轨道上，它对匈牙利无产阶级的解放斗争会有极其重要的意义。

_____

① 原文如此。——译者注

　　这里我们只是例举几个行政区的情况，同时还必须补充一点，对小农的剥夺在全国正加速进行，土地越好的地方剥夺得越厉害，因为对于贪婪的资本来说，那里是取之不竭的。于是我们就看到，随着工业的发展和产业无产阶级的发展，一个强大的农村无产阶级正在形成，它尚未被制服，正在不屈不挠地、顽强地要求自己的生存权。

　　匈牙利有46%的居民不会读书写字，这是一个令人难堪的现实，它妨碍了社会主义学说的传播和深入扎根。但是也应看到，越来越变得令人无法忍受的状况将导致改造社会的要求，这一点必将发生作用，必将吸引我们同国际社会主义的潮流相汇合。

　　由于有产阶级毫无远见，匈牙利人民被剥夺了一切政治权利，因此社会民主工党也把争取这些权利的斗争摆在最前列作为自己的任务。例如，我们近来与奥地利的党内同志们同时开展了争取普选权的鼓动，在首都布达佩斯以及许多省城纷纷举行了大规模集会（有些是露天集会），在这些集会上，作出了要求普选权的决议。

　　不仅在奥地利，而且在德国和其他国家，前进中的运动对我们的影响也十分有利。我们满怀信心展望未来，同时确信，随着经济的发展，国际社会主义必将不断广泛传播，匈牙利劳动人民必将同全世界有阶级觉悟的无产阶级团结一致，为反对压迫、剥削和奴役而斗争，并且为在经济领域和政治领域解放一无所有的人民而同其他各国工人党联合起来，从而作出自己应有的贡献。

波兰代表团关于波兰社会主义
运动 （1891—1893） 的报告

　　波兰所有三部分的无产阶级社会主义运动，自布鲁塞尔代表大会以来，忠实于国际革命社会主义原则，取得了进一步的发展。

　　我们想简单叙述一下波兰各个部分的运动的主要情况。

　　加利西亚（奥属波兰）无产阶级的群众运动已存在 4 年，它的诞生可以追溯到 1889 年巴黎代表大会作出关于五一节的划时代决议之时。波兰社会主义者同奥地利各个地方的同志们一道，设法使自己的运动具有争取无产阶级解放的自觉的阶级斗争的性质。

　　1892 年 2 月 1 日和 2 日在伦贝格和 1893 年 3 月 25 日和 26 日在克拉科夫先后召开的两次全地区代表大会，达到了加强全地区组织的目的。这两次代表大会都是以历次国际代表大会和奥地利代表大会的各项决议为基础的；党的组织章程的基本点同奥地利其他地区的工人组织相似，它在这两次代表大会上得到贯彻并受到详细修订。

　　在许多城市建立的工人教育委员会，两家党的机关报——《前进》（在克拉科夫）和《新工人》（在伦贝格），在各地召开的数百次公开集会，最后还有一系列审讯和迫害（当局试图以此来镇压党，但却丝毫没有削弱党）——所有这一切都证明，这一运动已深入广大工人居民的各个阶层，它已从过去个别热情而有知识的同志的斗争，变成为整个无产阶级所进行的阶级斗争。

　　运动也没有因为所谓的"独立派"的努力而遭到失败。同所有高度重视自己的纲领和希望在自己队伍中保持信任的党的遭遇一样，我们这里也有"独立派"。那些确实严肃对待无产阶级幸福的"独立派"，又回到了党的队伍中来了，而个别仍然坚持搞"独立派"的可悲行径的人，现在只能为个人烦恼所驱使，这对有组织的群众来说无关宏旨。

　　1893 年，由于为争取凡年满 21 周岁的公民（不分性别）均享有直接的、平等的、秘密的普选权进行大力的宣传鼓动，党的活动扩大和加强了。比利时同志们的胜利，使得整个帝国的无产阶级满怀希望。经过近几年艰苦的政治斗争，无权的劳动群众受到了教育，他们千方百计使争取普选权的斗争成为经常性的斗争。1893 年所举行的庄严的"五一"集会，参加的人数之多，如此隆重，都是前所未有的。5 月 1 日参加克拉科夫集会的 7000 名工人、参加伦贝格集会的 6000 名工人以及外地举行的无数次集会证明，整个无产阶级都参加到了党的队伍之中。

　　"五一"的激情并未熄灭；相反，它紧接着又在 6 月间举行的多次声势浩大的集会（主要是露天集会）上表现出来，这些集会都有力地提出了选举改革的要求。

　　加利西亚的无产阶级和帝国其他地区的兄弟们一样，绝不放弃这项事业，直至取得完全的胜利。

　　去年有一个十分可喜的现象，这就是在**犹太**无产者中出现了社会主义运动。当犹太民族的同志们和我们手携手为反对行过割礼和未行过割礼的剥削者而共同斗争的时刻，一切种族斗争的虚假的纲领在人民当中全都破产了。

　　犹太人的运动开头十分困难，但是，我们应该把这些困难的克服归功于犹太民族的同志们的干劲，对此我们向他们表示最充分的赞扬。

　　在加利西亚，我们的工作是在完全违宪的政治条件下进行的。在最近几个月，各种禁令、查封报纸的行径、解散工人协会的种种尝试、对可以说是中世纪的新闻法和结社法的野蛮和狭隘的执行，种种这些在我们这里造成了一种戒严状态。作为我们对此的回击，同志们增强了准备牺牲的精神，团结互助并且越发加强了整个运动的革命性。我们镇定自若地展望未来，确信波兰的俾斯麦们将如同他们的先师一样不再有什么力量，他们的先师已经耻辱地葬身于德国反社会党人法的废墟之中。

普鲁士所属波兰的波兰工人们也取得了巨大的进展。1891 年创办的波兰社会主义者机关报《工人报》的活动以及最初由柏林的波兰社会民主党人协会进行的宣传鼓动，都获得了重要的成果。《工人报》订户数量的增长，该杂志在波兰无产阶级当中努力赢得的信任，在阿尔托纳、不来梅、柏林及周围地区、波森和布雷斯劳等地的波兰工人协会，从理论和实践立场出发探讨社会主义前提条件的无数次集会——这一切都证明，在这些地方，我们的无产阶级也走上由群众进行的阶级斗争这一唯一正确的道路。

不过，如果说在波森大公国或者在上西里西亚至今还看不到更多波兰无产阶级群众运动的明显迹象，那么，原因是多方面的，我们仅举最重要的一些原因。这一部分波兰的社会主义运动是由在异邦生活和工作的同志们搞起来的，他们缺乏对实地情况的了解。此外，柏林的同志们派往上西里西亚的鼓动员，通常几乎立即就遭到逮捕。他们一个个被长期拘留审查，而后在审讯时被指控传播"犯罪"观点——如李卜克内西同志的小册子和鼓动材料中的那些观点，而这些观点在普鲁士其他地区从不被兴师问罪。

我们的宣传鼓动在这里同本着资产阶级精神所推行的人民政治的迄今唯一的尝试，也就是说，同战斗的教权主义遭遇了。我们在将来也将与它进行决战。

我们的同志理解这一点，一年多来，我们已经在全线展开同教权主义、同正在政治化的、自私的和惯于诉诸强权的宗教界的激战。

最近，德意志帝国国会的选举为使这一斗争尖锐化提供了一个引人注目的机会。虽然波兰社会主义者没有获得席位，但是，波兰社会主义者候选人所赢得的 6000 张选票表明，数以千计的波兰人不顾法庭、宪兵和天主教会的迫害，已经宣布他们不再听命于圣职人员和贵族了。

波兰贵族的那种奴隶主义、那种忠顺的奴性，还有作为此类政治的结果所必然要落到人民头上的沉重负担，将越来越有力地推动人民去搞独立的阶级政治。

在这场反贵族、反教会的运动中，无产阶级从小资产阶级大喊大叫者的营垒中找到一个同盟者。但是，这些人过去除了提出浅薄的反犹太主义的口号以外，什么也提不出来。同样，这次选举也表明，工人运动在迅速超越无产阶级的这个战友。

波森的小资产阶级候选人拥有一家已出版十余年的日报，他本人住在城里，并且在当地工作多年，他在波森所获得的选票并不比社会主义候选人莫拉夫斯基同志多。莫拉夫斯基从柏林来此地进行宣传鼓动才几年，所拥有的只是一个年轻的工人组织提供的一点微薄经费。

俄属波兰在其所处的条件下，谈不上有什么正常的社会主义工人运动。

运动的一些情况我们在这里只好不讲，这既是由于政治上的原因，也是由于这些情况对我们来说虽然意义重大，然而对于本报告的读者说来可能是次要的。我们只略述一个十分重要的问题，但它同时可以清楚说明我们运动的全貌。这个问题就是，在一个其政治性质使所有政治工作都封闭在秘密社团和小团体的范围之内的国家，社会主义——就其本质来说是一种人民的群众性运动——会有什么样的前途。现在我们可以心安理得地断言，我们的同志已经找到走出这种两难处境的出路，这就是生活和 50 年斗争所指给他们的出路。由于他们在这期间完成了社会主义的群众鼓动，他们也就划出了秘密组织的活动界限。今天我们在整个地区已经有了一个初步的独立的工人运动和一个秘密组织，这个组织虽然无法从组织上把整个运动包括进来，但是能够做到给运动的进一步发展以必需的武器这一点，也就是令人满意的了。只是仰仗我们来自华沙的同志从 1878 年起所进行的这种富于牺牲精神的工作，我们才能顺利避开社会主义运动正常发展的条件和本地区政治情况之间的矛盾，我们这样说，绝不是过高估价我们同志的能力。不言而喻，这一出路同社会主义运动发展所需要的条件不尽相符，不过，它却保证正在遭受沙皇压迫的波兰社会主义者在临近的政治斗争中，将赢得第一流社会力量的重要地位。

为证明上述这点，我们通报一些事实，这些事实可以证明，我们的社会主义组织不得不在多么可怕的环境中进行斗争，克服一切艰难险阻的力量该是多么巨大。

1891 年，从 8 月份起，种种迫害把大约 80 个人拉出我们的队伍。1892 年被捕的人数上升到 160 人；但是，如果把在罢工中和因为罗兹五月暴动而被捕的人计算在内，那么，这个数字就上升到 1000 人。今年已有 150 人被捕，在被捕者中还有十六七岁的文科中学学生，这一点我们必须予以揭露。尽管拘留审查的平均时间为一年，但我们知道，有数十桩案件侦讯时间长达两年。有一些案件，在两年的监禁期间，受害者仅仅被提审过两次；每说一句"不知道"就使他们付出监禁一年的代价。判决是通过行政的途径而不是通过法庭的途径作出的，而且通常都是 2—5 年单独监禁。

尽管如此，运动的发展还是越来越迅速。首先，真正的工人运动的急剧成长就是证明，因为，虽然协会（甚至行业协会）和集会遭到禁止，虽然受到书报检查的野蛮控制，这个运动逐年都在发展扩大。1892 年五一节过后，在罗兹有 6 万名工人举行罢工，罢工工人不得不同军队进行 4 天的巷战。1893 年 5 月 1 日前，工厂主企图安抚工人，因此把工作时间缩短一小时，同时还相应提高了计件工资。1893 年，我们终于看到，当局在华沙尽管逮捕了上百人以阻止五一节的集会游行，但是，不少行业仍然完全停工，并且罢工人数超过了 6000 人。

凡是政治情况不允许运动正常发展的地方，那里就有破坏性倾向和破坏分子的广阔土地。在我们这里也是如此。不过，自 1891 年以来，人们对这种祸患的觉悟提高了，今天，我们的社会主义力量正联合在一个旗帜下，联合到一个组织——**波兰社会党**——之中。

波兰社会主义力量的唯一一个组织创立的最初成果，是政治纲领在最终目标和具体细节方面能得到扩充。在波兰社会党的纲领中，党清楚而明确地提出为争取推翻沙皇统治和取得波兰的独立地位而努力。

波兰被俄国兼并部分的这种政治情况，要求人们从外部提供持久的援助。国内现有的秘密印刷所不是始终有效的，而且永远也适应不了最重要的需要。因此，流亡国外的人便集合起来，他们同秘密活动保持着接触。最近联合所有力量的趋势也在**波兰社会主义者国外联合会**的创建中表现出来，这个联合会的机关刊物是《黎明》，其参加国际代表大会的代表团同时也就是波兰社会党代表团。

近五个月期间，波兰社会主义者国外联合会通过困难重重、耗资巨大的偷运的办法，把 1 万本小册子运进波兰。

在国外还有两家波兰的社会主义杂志，即《晨钟》和《社会主义评论》杂志。后者是一个理论性季刊。

＊　　＊　　＊

在被瓜分为三个部分的整个波兰，各个无产阶级政党均提供了无数证据，证明它们对待国际团结是严肃认真的。

通过来自波兰三个部分的代表共同参加布鲁塞尔代表大会的做法，

我们表明，波兰社会党在它争取统一的努力中决不是想使民族沙文主义复活，而只是想维护它作为国际社会党阵营中的一员所应有的立场。这种立场证明它本身同国际社会党阵营特别是德国同志当中大多数人的见解是一致的，德国同志在 1891 年爱尔福特代表大会上的声明在我们祖国的三个部分都引起了强烈的反响。

我们从而确信，我们的观点同欧洲所有革命政党的观点是一致的，因此，我们将不停地去争取恢复被我国资产阶级卑劣地出卖掉的波兰的革命价值。

除本报告外，大会上还出现了一个由波兰王国社会民主党人机关刊物《工人事业报》编辑部作的报告，题为《关于俄属波兰社会民主主义运动的现状和过程（1889—1893）的报告。致 1893 年苏黎世第三次国际社会主义工人代表大会》。由于该报告谬误百出，所以我们不得不声明，波兰代表团成员对该报告概不负责。

　　　　　　　　　　　　波兰代表团：
　　　　　　　　　　　　达申斯基，伊格纳齐
　　　　　　　　　　　　格拉布斯基，斯塔尼斯拉夫
　　　　　　　　　　　　约德科，维托德
　　　　　　　　　　　　科扎凯维奇，扬
　　　　　　　　　　　　门德尔森，玛丽亚
　　　　　　　　　　　　门德尔松，斯塔尼斯拉夫
　　　　　　　　　　　　莫克洛夫斯基，卡齐米日
　　　　　　　　　　　　佩尔，费利克斯
　　　　　　　　　　　　斯捷亨贝格，雅科布

关于俄属波兰社会民主主义运动的现状和过程 （1889—1893） 的报告

同志们：

来自俄属波兰的波兰社会民主党人参加你们的代表大会，这还是第一次。

华沙和罗兹的工人从政治专制和顽固反动的黑暗王国派出自己的一名代表，同时也是我们的代表，来参加新旧两大陆的工人议会。

我们向大家致以兄弟般的敬礼，并给你们带来令人高兴的消息：社会民主主义的原则在我们这里也已经扎根，而且尽管资产阶级同野蛮的警察政权相勾结进行迫害，社会民主党的红旗也已经成为波兰工人阶级解放斗争的指路明灯。当你们在西方从胜利走向胜利的时候，我们忠实于国际社会民主党的原则，在东方正坚定不移地同俄国专制统治——欧洲最后一个最残暴的反动堡垒——进行斗争。根本不同的政治情况迫使我们采用形式上不同的斗争方式。我们迫不得已以暗中密谋来隐蔽我们不间断的工作，一直在使自由和生命面临危险，因此，我们不能像你们那样自由和公开地行动，在个别情况下，如五一节，暂时无法采取你们那种斗争方式。不言而喻，这种斗争的形式和手段也必然是不同的。所以，你们经过富有成果的讨论所作出的决议，只有少数几个适用于我们的情况，虽然在这些重要讨论中所考虑的手段和途径为的是使新旧两大陆的无产阶级达到崇高的目标，达到社会主义思想的胜利。

　　在所谓"会议桌上的波兰"①，社会主义运动大致是从 15 年前开始的，但是，直到 4 年前，它还不能被称做是社会民主主义的运动。建立了巨大功绩的革命政党"无产阶级"表达了社会主义最初各流派的思想并使它们结合为一个有机的整体，在 1889 年以前一直领导着运动。它虽然在形式上承认《共产党宣言》中所表述的一般原则，但是，在新的条件下，在政治情况截然不同于西欧各国的国家里运用这些原则，谈何容易。该党未能解决这一任务。在这方面我们必须注意俄国革命政党"民意党"的英勇斗争对我们运动的影响。革命者同掌握全部权力的独裁者所进行的英勇决斗，在整个欧洲受到高度的赞赏，无意之中唤醒人们的希望。因此，波兰社会党从与俄国革命者共同斗争的立场出发，完全受"民意党"的影响便不足为奇了。由此产生的后果是，"无产阶级"党的实际活动和策略同正式纲领发生矛盾，表现出乌托邦式密谋的布朗基主义。

　　在当时革命者的概念中，推翻沙皇制度是与社会革命同时并举的。当时的革命者和他们的兄弟党"民意党"一样确信，革命可以由一些坚决的、精力充沛和目标明确的密谋者们搞起来。广大无产阶级群众所起的作用仅仅在于，在决定性的时刻去支持社会主义的密谋者。

　　与这一前提相适应，党的宣传鼓动只着眼于通过宣言和恐怖活动来唤起革命的感情；对于在今天的社会制度中提高工人群众的精神和物质水平则想得很少或者根本没有想过。人们完全忽视了这一点，即应该像各国工人政党所做的那样，把暂时迫使当今国家作出社会和政治上的让

————————

　　① "会议桌上的波兰"（Kongress-Polen），指沙皇俄国根据 1814—1815 年维也纳会议的决定所吞并的波兰领土。维也纳会议后，波兰再度被俄、普、奥三国瓜分，沙皇俄国吞并了大部分波兰国土，成立了波兰王国，由沙皇亚历山大一世兼任国王。"会议桌上的波兰"或"俄罗斯的波兰"即指这部分波兰领土。——编者注

步视为最近的目标。党局限于此，即一方面争取个别人——这样做大大
有利于以后社会民主党的宣传鼓动容易开展；另一方面唤起人民群众对
君主专制和现存社会制度的仇恨。党生活在专制国家，它努力奋斗的直
接目标就是在近期实现一场社会革命。即使总的来说与其活动的性质相
悖，但党曾不止一次不得不参加群众独立采取的、旨在达到一些经济方
面或者政治方面的目标的行动，同样也参加 1890 年庆祝五一节的活动。

但是，社会主义为了获得它应有的意义和成为工人的阶级斗争的真
正标志，最终必然要同布朗基主义的传统决裂，并立足于西欧工人运动
的基础之上。社会党人在观点和策略上的这种转变始于 1889 年，这最
终导致独立的社会民主主义运动。我们终于认识到：社会民主党的作用
就在于，目标明确地去领导在资本主义下以不可抗拒的自然力发展着的
无产阶级反对现存社会制度的斗争；在经济领域为争取劳动阶级当前利
益的斗争，争取民主政体的斗争，是无产阶级在能够推翻当今社会之前
所必须完成的教育。新的组织在其实践活动中一贯注意遵循这一观点。

同任何社会主义政党一样，我们的社会民主党也努力吸引工人阶级
中最优秀的、精力充沛的分子并把他们集合在自己周围；但在这样做
时，党不把注意力集中在培养即将来临的革命的领导者上，而是放在培
养目标明确的鼓动员、培养工人阶级在实现自己一切任务和进行一切斗
争的领袖上。

备受剥削的波兰工人的贫困的物质状况必然要引起一场殊死的经济
斗争；社会民主党人应挺身而出领导这一斗争，给它以统一的计划，给
它以组织，并设法使它具有明确的目标。

最近三年举行了大约 30 次罢工，几乎涉及同样多的行业。这些在
绝大多数情况下富有成果的罢工，都是在社会民主党组织的积极领导下
进行到底的。这个数字在西欧恐怕几乎不值一提，但对我们来说却有着
十分特殊的意义，因为罢工在这里比其他任何地方都更是唤起冷漠的群

众、带动他们去进行反抗的最佳手段。这是我们初步的实际成绩；它清楚而直观地证明了团结一致的阶级觉悟的意义，揭示了资产阶级和无产阶级之间原则上的对立，暴露了政府的阶级性，指出同资产阶级和政府这二者进行斗争不可避免的必然性。为应对这一斗争并使它顺利进行，社会民主党必须建立一些相应的组织。因此，种种行业协会得以成立，它们谋求直接的经济利益，同时为进行社会主义宣传奠定稳固的基础。为了同样的目的，种种图书馆和读书小组也得以设立。

我们在两个主要的工业中心都设立了正规的罢工储金会，有数以百计的工人参加。这些储金会对我们来说有着特殊的意义，因为它们直接注视着工人们当前的物质利益，所以受到最广大阶层的赞许，并且通过它们的管理在长期的运动中一直保持着自己的成员，另一方面它们又为社会主义的宣传鼓动提供合适的联络点。

就这样，社会民主党人逐渐成为工人运动的领袖，真正获得广大群众的爱戴和信任。

工人采取的坚决态度，迫使资产阶级和政府作出一部分让步，有时把工人的工资提高一点或把工作时间缩短一些，政府迫不得已担负起劳动保护者的角色，监督最起码的劳工保护立法的履行，因此，那些到处存在的极为明显的弊端至少得到消除；工厂视察组织和视察员的数量增加了。自然，同推行"上层制定的社会政策"的所有国家一样，这里主要是维护假象，并没有采取任何有力措施。

政府在经济问题上的态度，使得无产阶级不得不进行政治斗争。因为，一方面这个劳工保护政策是虚情假意的，提供给无产阶级的是治标不治本的一些可怜的措施，而且绝大部分还是纸上谈兵；另一方面，政府又千方百计使用警察粗暴镇压被剥削阶级的任何一个独立的行动。特别条例规定禁止罢工，如果无视这一规定而举行罢工，那么警察和军队就要去镇压。工人协会和工人储金会也是被禁止的，一旦被发现，参加的成员就有被判多年监禁的危险。这类事实，对工人来说每一桩都是实际的教育，使他们认识到政治斗争的必要性；并且，它们证实了社会民主党的学说，因为每一件事实都清楚表明，专制主义是一个障碍，它使得劳动阶级的现状不可能得到任何改善，它阻挠整个社会主义的努力；无产阶级的一切努力都必须以推翻这一障碍为宗旨，所有的力量都要放到以民主立宪来取代沙皇制度上。社会民主党的口号——政治斗争，为劳动人民争取权利和自由的斗争——在五一节那天响彻云霄。

我国的无产阶级从一开始就认识到五一节的全部意义。在 1890 年就有近万名工人（主要是在华沙）同全世界工人一道举行庆祝活动。第二年参加庆祝的人数就上升到 2.5 万—3 万人，而且除华沙之外，还有舒拉多夫和罗兹两个工业中心的工人。1892 年五一节，仅罗兹就有 8 万名工人罢工参加庆祝，由于警察挑衅发生了流血冲突，在当时为整个欧洲所瞩目。也是在这一年，尽管党由于许多人被捕遭到可怕的血腥镇压，尽管政府极尽残暴之能事并布下密探，仍有数千工人举起八小时工作日的大旗，只是由于动用了全部军事力量，在工厂城市才得以"维持住平静"。

五一节在我们这里的性质和意义同奥地利非常相近；但对我们来说它有着更大的意义，因为这是我们公开表达群众意见的唯一机会。五一节唤起了最广大的无产阶级群众，把他们从沉睡中唤醒。鉴于我们这里的状况，停止工作是庆祝五一节的唯一方式。这类具体、鲜明的示威方式本身能够激发热情和发挥影响；它具有政治示威的性质，这同奥地利一样。在毫无政治自由和政治权利的情况下，这种政治示威同八小时工作日、普选权、集会与结社权、信仰自由、语言自由、言论和出版自由等要求是互相结合的。当时印刷的各种声明中都一一写明了这些要求。最后，五一节还是一个使我们的群众可以看到国际性的团结的唯一具体的形式，它几乎是使我国无产阶级感到自己属于强大的国际工人大军中的一员并以此身份进行活动的唯一机会。

这就是最近四年来我们社会民主党活动的情况。根据国际社会民主党的原则，我们始终不渝地追求着自己的目标；我们每前进一步都必须付出沉重的代价。最近四年来，数百名同志失去了自由；4 次五一节有2 次类似富尔米那样同军队发生流血冲突。1891 年，工人们像各国一样平静而庄严地庆祝五一节，军队发起进攻，挑起一场流血斗争。第二年，罗兹的 8 万名工人给残暴横行的士兵提供了一次真正的屠杀的机会，这又是由警察挑起的。逮捕每天都使一些同志离开了战斗的行列；华沙"要塞"常常人满为患，不能收容所有被捕者；但是不顾这种流血牺牲，斗争仍顽强地坚持下去。最近时期这一斗争有了新武器，这就是在国外出版的社会民主党的工人报纸《工人事业报》。

波兰王国的工人运动逐渐成为我们社会生活的一个极其重要的现象。我国资产阶级没有任何历史传统，完全沉醉于追逐利润，为了政府保证对他们的物质利益给予保护这点小利，就公然玩世不恭地抛弃一切爱国主义的政治志向。俄国的销售市场使他们能够从波兰工人那里榨取到剩余价值，从而把他们变成了"王冠和圣坛"的忠实支柱；他们不是作为一个独立的政治力量而存在的。波兰的小资产阶级反倒非常富于爱国主义革命传统，它同因为与俄国的联系而发展起来的大工业在利益上的矛盾，燃起了它的爱国情绪并使它成为拥护波兰独立的热心人。但是，和大资产阶级一样，它也没有什么独立的作为。在我们这个社会，唯一采取对立行动的成分是工人阶级。自然，每一种政治思想、每一个对立行动都试图使工人阶级成为自己的代表。我们的爱国"知识分子"在社会方面不自觉地代表着小资产阶级的理想，也试图把工人运动引向爱国主义的航道；因此，这些"知识分子"近来屡次想把复兴独立的波兰帝国的纲领同社会民主党的纲领融合成一个社会爱国主义的杂烩。不过，试图把半爱国主义的性质强加给今年五一节的初次实践，遭到有阶级觉悟的社会民主主义工人的有力抵制而宣告失败。

爱国主义的倾向、独立的波兰帝国的理想，没有任何希望可以把社会民主主义的工人争取过去。前波兰王国三个部分的经济社会史把工人阶级各自有机地同三个兼并大国合为一体了，因而每一部分的工人都有其特殊的愿望和政治利益。当世界市场逐渐饱和的时候，"会议桌上的波兰"的大工业今天之所以存在和发展，原因就在于政治上同俄国的共存，在此基础上形成了两国间的经济纽带。俄国政府仍在不断加强这一经济纽带，它采取这样一种居心不良的政策，即一方面为了俄罗斯化的利益争取波兰资本家，另一方面为了俄国自身的经济利益，从总体上促进波兰工业的发展。这种经济联系根源于不可抗拒的资本主义的逻辑。鉴于这种联系，建立一个资本主义波兰国家的愿望缺乏任何现实的基础。面对这些事实，爱国主义便成了以其炮制者的主观愿望为基础、以爆发一场欧洲大战的种种无法预见的可能性为实现手段的一个纲领。我们的爱国者所指望的欧洲民主派的支持，尽管有着巨大的道义上的意义，但是，却无法代替这一纲领所缺乏的物质基础。

复兴独立的波兰的纲领，因为没有考虑到实际情况，所以也就不会产生什么符合无产阶级需要的活动。波兰三个地区当中，一个地区有普选权，政治上相对来说有比较大的自由；一个地区只拥有一点点可以用于争取普选权的政治权利；最后一个地区则完全处于专制的束缚之中。这样，要想制定这样一个工人阶级最低的共同政治纲领，今天尚无实际的可能，因为工人政党的政治活动总是要同一定的政治形式相符合。在今天，接受这样的纲领为政治纲领，恐怕只能意味着准备放弃任何政治活动。但是，工人阶级必须进行这样一种活动，这种活动能够使现实的要求获得实现，而这些现实的要求今天就可以以实在的、明显而重要的需要的名义促使人们进行实际斗争。今天，这样一种基于现实情况的政治行动，对加利西亚的无产阶级来说，就是它同全奥地利的无产阶级争取普选权的共同斗争。对于波森和西里西亚的无产阶级来说，政治纲领就是同德国社会民主党联合行动。对于俄属波兰的无产阶级来说，他们的政治纲领则是，同其现实生活环境相适合的、俄罗斯帝国全体无产阶级的共同口号——打倒专制制度。这一纲领既是无产阶级日常经济斗争需要的产物，也是其整个社会愿望的产物。这一纲领使得俄属波兰的无产阶级有可能同时防止政府的俄罗斯化政策，因为纲领以争取到最能符合无产阶级地区性利益的这样一些政治权利作为无产阶级的目的。最后，这一纲领将通过正确的道路把工人阶级引向社会主义的胜利，并使工人阶级走向这样一个时刻，在那时，随着一切压迫被彻底消灭，对波兰民族的奴役最终将被推翻，文化上的一切压制也遭到根除。

这个把打倒沙皇制度作为当前的政治任务的纲领，在其实现过程中并不寄希望于欧洲政治发生的偶然变革，它的存在并不归因于个别人和没落阶级的愿望和理想。相反，这个纲领是这样一个历史客观进程的产物，这个进程使得宗法制的农民经济解体，从而破坏了沙皇制度的物质条件，它同时使资本主义得到发展，并随之创造了必将推翻资本主义的政治力量——无产阶级。

我们的努力本着自己的利益争取获得一种新的政治形式的工人阶级，自豪地意识到，他们正在为国际无产阶级的共同事业而奋斗，他们通过与欧洲反动派最强大的堡垒的斗争，正在切实地为伟大目标的胜利作出贡献，今天这些目标正把全世界成千上万的同志团结得像一个人一样。

波兰王国社会民主党机关刊物

《工人事业报》编辑部

罗马尼亚社会民主工党的报告

在上届布鲁塞尔国际代表大会上，罗马尼亚党的代表叙述了我国经济、社会状况的总体情况，并对罗马尼亚的社会主义历史作了概述。在本报告中，在简述我党最近两年的活动的同时，我们打算特别提请代表大会注意，并着重强调一下我们的代表曾在布鲁塞尔代表大会上提出过的农业社会主义问题。

关于我党的活动，我们将提及在国内一些中心建立宣传俱乐部的情况，特别是在重要的工业城市与商业市场普洛耶什蒂，我们的朋友、公民亚历克斯·拉多维奇和 A. 巴卡尔巴沙建立了一个党小组和一份周报《社会民主》，从而组织了好几个工人职业团体，使他们参加了党，并在郊区的农民中进行了积极的宣传。

我们的宣传成功地深入到摩尔多瓦的犹太无产阶级中，尤其是雅西的犹太人中，我们认为这是一个相当重要的成就。这种宣传遇到了许多严重的困难。任何地方的犹太人数字在总人口中的比重都没有像罗马尼亚这样高。[1]

另外，小资产阶级的境况全面恶化，排犹主义找到了一块有利的土壤。还应补充提到，可悲的是犹太无产阶级贫困而没有文化，受犹太教教士的统治，这些教士离间犹太人与基督徒之间的关系。最后，犹太人

---

① 在罗马尼亚，在约 500 万居民中有 40 万犹太人，占 8%。在摩尔多瓦一地，这一比例达 15%。城市里，犹太人的比重都很大。

被剥夺了政治权力，并处于一个唯利是图的政府的摆布下。鉴于这些情况，人们能理解这一宣传开始是多么困难，宣传工作首先应归功于我们不知疲倦的朋友若安·纳杰日杰，同时，他也确实得到了一些犹太青年的帮助。

犹太工人的社会主义组织，使在工人中进行的一切排犹主义煽动都徒劳无功了。

然而我们的运动的最突出的事件是，1893 年 4 月 13 日在布加勒斯特召开了全国社会主义代表大会。这个大会在道义上的成功，超过了它的组织者的期望。来自各地俱乐部和工人团体的 62 名代表出席了大会。以前党分裂为地区性或地方性的集团，除了共同的纲领外，没有其他联系，而且有时遵循不同的策略。

大会的工作一方面是保证党的统一行动，另一方面是补充并批准直到那时被默默遵循的纲领。

代表大会同时还表明了社会党对待反对匈牙利的民族主义运动的态度，罗马尼亚的资产阶级想以此来吸引城乡工人。无疑，我们必须认识到这一历史现实，即刚从奥地利的枷锁下解脱出来不久的马扎尔人统治阶级，为了建立他们自己的霸权而重新采取了可耻的压迫斯拉夫民族和罗马尼亚民族的政策。

在特兰西瓦尼亚，300 万罗马尼亚人事实上被剥夺了一切政治权利，在议会中没有一个代表。他们遭到一个横行无忌的政府的不断欺压。

这种事态所引起的后果就是在罗马尼亚掀起了一个相当强大的抗议运动，而资产阶级则把这一抗议运动推向了沙文主义。社会党不能不关心这一民族主义问题，更不能不关心反犹太主义的活动。代表大会明确表示抗议马扎尔人政府的极不公正的行径，同时也尽到了自己的责任，要求工人阶级反对一切沙文主义的行为。事实上，匈牙利与罗马尼亚的资产阶级是愚蠢的，因为他们没有认识到他们共同的危险是来自俄国，因此他们更高的政治利益应该是互相接近。但是，马扎尔和罗马尼亚的无产阶级在考虑到这一点之外，也不应忘记他们在共同的斗争中应该保持兄弟般的团结，因为他们的共同斗争还有一个共同的敌人就是资本主义，这个敌人是没有民族性的。

关于第二个问题，代表大会一致谴责排犹主义不仅是一种原始的种族斗争的残余，而且对工人阶级更是一种欺骗，它企图隐瞒一个最重要的真理，这个真理就是，在工人的寄生虫中是没有种族与宗教的区别的。

我们最值得庆幸的成就是代表大会完成并实现了最基本的任务：

1. 奠定了一个有纪律的组织的基础，保证了党的行动团结。由全国代表大会每年选出的一个五人委员会担任了党的领导工作。

2. 代表大会制定并批准了罗马尼亚社会民主工人党的新纲领。

这份纲领首先全面地考虑了我们国家实现集体主义社会主义的基础和理由，共分三个部分：

在有关政治要求的第 1 章中，罗马尼亚社会党提出了普选的要求，把普选作为要夺取的最必要、最直接的目标。

直到目前，我们实行的仍然是资产阶级的无耻与欺骗的选举法。下述数字比一切评论更能使人理解这一点。所有罗马尼亚公民都被称为选民，然而根据取得选举权的纳税额，选举法把选民分为直接选民与间接选民两种。在 500 万人中，只有不到 70 万直接选民，并分为三个选民团：第一选民团由大地主和资本家（约 11000 人）组成，提名 75 名议员；第二选民团包括自由职业者和小资产阶级（约 27000 人）提名 70 名议员；最后是第三选民团，由工人和农民组成，几乎全部由代表团投票选举（50 人指定一个选民），据此，在第三选民团中只有 30000 名选民参与第二级选举，仅提名 38 名议员！罗马尼亚的选举是最不自由的，因为除了最无耻的精神上的压力外，人们还要反对由政府收买的帮派集团，因此人们就容易理解，只要存在现在这样的选举法，我们就能利用它掀起政治行动。但是，同在议会的一切直接行动一样，历次选举的巨大成功却又在法律上禁止我们这样做。

在第 2 章中，纲领论述了工业工人的直接要求。同德国和法国的社会党一样，我们的纲领也提出了类似的劳动保护基本措施。罗马尼亚处于马克思所指出的工业发展的**手工业时期阶段**，它的表现是少量的工厂和大量的小作坊。这一阶段工人遭受的剥削比在大工业时代还要严重。

以上提到的只是我们纲领中有关政治和工业的两章，下面我们要着重谈一下我们的农业纲领，这是我们这个报告的主要内容。

在布鲁塞尔国际代表大会上，罗马尼亚代表担负的特殊任务是提出农村工人的宣传和组织工作问题。

农业社会主义纲领是所有欧洲社会主义政党都必须解决的问题。在大的工业国家，集中在工厂、矿区里的无产阶级无疑在改造现代化的社会中起着主要的决定性作用，由他们组成了阶级专政，为了实现社会主义社会只需农业工人保持善意的中立就可以。而在像我们这样的农业生产占绝对优势的国家里，情况就并非如此。在这类国家里，人们可以在尚不十分发达的工业工人中招募干部，但是，要形成一支强大而有觉悟的用社会主义思想武装的大军，则必须依靠广大的农民无产者，或者是正在转变中的农业无产阶级。

为了深入农村或把农民吸引过来，罗马尼亚社会主义者不仅必须克服严重的物质上的障碍，而且首先面临的是理论学说上的巨大困难。

在布鲁塞尔的报告中，我们叙述了我国社会发展的历史进程，我们强调了罗马尼亚农民的经济状况，并解释了他们向无产阶级化过渡的进程。

我们将用一些篇幅提出一些突出的事例，以帮助人们理解因我们国家的特殊条件而在纲领中采取的一些条文和措施。

在 1864 年，罗马尼亚的资产阶级颁布解放农奴令，作为其必然的后果，农奴制的强迫依附关系得以废除，国家把土地分配给农民。但由于这一法令而产生的情况是：贵族被迫向他过去的农奴提供的小块土地，在绝大多数的情况下，都不足以让农民养家糊口。

执法舞弊还使分配的土地受到克扣和变少，以致农民连放牧自己牲口的草地都没有。

这样，在一个广阔的农业国家，伴随小土地私有财产——这种小块土地还不断在其继承者的手中被分割得更加零碎——而出现的则是始终不断的兼并，土地不断集中到大地主手中；其结果是容易预计到的，大量的农民今天完全丧失了一切财产，尽管多数人还多少有一点财产，但这也只是一种虚幻的财产。实际上这些多少有一点土地的农民比一无所有的无产阶级更不幸；一无所有的无产者在必要时能迁移，寻找工资更高一些的工作，而农民则被极小的一块土地拖住了，迫使他们始终只能在当地大地主的魔爪下生活。

从 1864 年起，被宣布为自由民的农民和大地主（或说得更确切些是他们的农场主，因为在罗马尼亚，大部分地产是农场化的）之间的关系是令人愤慨和可悲的。同处于最坏的农奴制下的农奴一样，农民为了养家糊口，必须向大地主租一块土地，并用自己的工具进行耕耘。收割完毕，大地主或他的农场主一般要取走他一半的果实，有时甚至是全部收成的三分之二。然而除了这种实物支付之外，农民还有其他额外的义务，他必须按规定的日数在贵族地主的土地上工作。他本人、他的妻子、他的孩子都必须在地主的土地上犁地若干天，在地主的玉米田里锄草若干天，等等。并且还必须贡纳一定数量的鸡蛋、鸭、羔羊等。

农民有各种各样的义务，其类别、花样、数目是如此复杂繁多，以致不幸的农民无法应付。

　　一些官方的调查报告，特别是民主报刊大量刊载的各种契约，揭发了可怕的事实。例如，一个典型的事例是，在扣除了一个大地主强加在他身上的一切明细账目后，一个不幸的农民为了 20 法郎的借款，得付出 200 法郎的利息。一种极为普通的情况是：在冬天，农民必须向农场主商量借玉米来作为食物，后者便借此谋利，强迫农民接受最无耻的高利贷并且承担上面提到的各种义务。

　　这种可耻的剥削甚至是违反习惯法的。

　　显然，在"放任自由"的统治下，因缺乏生活必需品而被逼得无路可走的农民不得不接受这些大地主强加给他们的野蛮契约，然而，如果以后农民想解脱契约规定的义务，贵族就迫使他们进行诉讼。而诉讼就意味着要支付审判费用，又要损失劳动力，由于农民极其穷困，所以对判决也不可能抱有什么幻想。

　　而且年轻的罗马尼亚资产阶级——已成了土地所有者——也在调解农民和地主之间关系的土地法的掩盖下，建立了这样一种制度：一方面是司法制度的形式，一方面则由行政机构给了地主强大的力量，使他们能对农民实施勒索性的契约。在罗塞蒂好心诚实的鼓动下投票通过的农业法，并未使情况变得更好些。由于资产阶级的这种过度的剥削，不到 30 年，国家已失去了富裕的生产力，农民的贫困达到了顶峰。罗马尼亚农村人口的贫困与没落只有俄国的某些地方才能相比。农民缺乏最基本的人身保障，农民的政治影响至今几乎等于零。然而，罗马尼亚的社会主义只有依靠农民并且从农民的利益出发，才能形成力量。

　　当代社会主义是大工业无产阶级的表现，因而很自然，战斗的社会主义集中一切力量从事组织无产阶级的工作，无产阶级是这个学说的主体。

　　因此，罗马尼亚社会主义者在针对城市工人的宣传工作中只能遵循他们西方兄弟所走的路。而当涉及在农村工人中进行宣传与组织工作时，就不能采取同样的方法了。罗马尼亚的干部们感到，不得不依靠自己的力量开辟一条新的走向社会主义的道路。然而，在完成这一事业的过程中，在策略方面不能不发生意见分歧。有人认为必须在理论上作出真正的让步，而有些人则认为只需在表面上作些退让就行了。我国工人，特别是我国农民，生活条件同西方是如此不同，因此我们的策略以及我们农业纲领中所提出的当前要求同样必须是适应我国的特殊情况的。为此，这里举一个事例，我们可以回想一下，罗马尼亚农民常常还是一小块土地的所有者，尽管是极小的一块，但毕竟实际上是一个土地所有者。由于这一情况，农民心目中最关切的并首先要求的，依然还是一块土地。

人们必须考虑到这一情况。站在农民运动前列的雅西社会党人因而就注意到，存在这样一种情况，即立法会议曾经通过一些立法，它们后来却被政府小心地隐藏起来了，而根据这些立法，各类在 1864 年未曾得到土地的农民有权要求并可在国家的领地上分得土地。然而，支持个人的土地要求，在某些理论家看来是与集体主义和我们的原则相矛盾的。这些人并不考虑这种情况，也不改变任何观点，在他们接触农民时，就完全按照正统的社会主义语言进行宣传。他们很注意向农民强调，即使他们有朝一日得到了自己的一块土地，最后也是会被大地主吞噬掉的，因此他们获得解放的唯一出路就是剥夺大地主的土地，并将土地国有化。

还有一个因素决定了罗马尼亚社会党的这种态度，他们认为在这一观点上与欧洲各社会党的理论家和干部代表保持一致，是具有重要的国际意义的，因为这样他们就成为与俄国接壤的东欧社会主义的先锋队。

然而，为了自豪地履行这一使命，罗马尼亚社会党需要吸引并正确地依靠广大的劳动人民，依靠农民群众。直到现在，我们农民的愚昧和处境之悲惨都难以言状。因此，他们很可能会受俄国密使的欺骗，相信俄国沙皇会来帮助他们。而只有社会党已证明能够赢得农民的信任，能够引导他们正确地认识并看清沙皇的丑恶面目。但是为了取得农民的信任，首先应该支持他们的土地要求，证明我们是和他们一起反对贵族的。

此外，一个更直接、更紧迫的考虑促使社会主义者支持农民的土地要求，因为我们考虑到这个运动实际上可能出乎意料地获得成功，后来发生的事件证实了我们在这方面的预见。农村的暴动都是在那些社会主义行动没有影响的地方发生的，而且都被残忍地扼杀于血泊中。然而当要求土地的请愿书开始成千上万地涌向议会时，保守党人和自由党人就感到惊慌失措，一致决定分批向农民出售国家领地。

如人们所料想的那样，上述法律的实施过程十分缓慢，而且在实施中出现差错和滥用条例的现象十分严重。

布加勒斯特全国代表大会考虑到农民坚持要求出售土地，决定不反对执行已通过的立法，但是大会确信，这种改良是不会见效的，它甚至比1864年的改革更为渺茫。大会认为，罗马尼亚社会党应该宣传另一种我们党从来没有忽视过对农民宣传的解决方法。

为此，大会在它的农业纲领的开头就写进了下述条款：

> "国家逐步收购一切借助公共支持而形成的个人所有的大地产，将收购的土地分配给农民使用，并对公社集体租用予以特别优惠。"

或许会有人想在这个条文中找到过去的亨利·乔治主义和拉萨尔主义。但是，这里有一个明显的区别。实际上，罗马尼亚社会党人并不把这种改良当做问题的最后解决，而只是把它视为一种——有如八小时工作制那样的——过渡性措施，它没有任何决定性意义，而只是一个行动的基础纲领。

另一方面，这不是空想或在我国不能实现的。罗马尼亚拥有近200

万公顷属于国家的土地，并且最近已决定把它们全部卖给农民。至于政府赎买私人地产的问题，则更是非常容易做到的；一些资产阶级政党，如我国最强大的自由党，已把这一点写入了他们的纲领。① 我们和他们完全不同的是在这些土地的用途上：他们主张出售，我们则主张租赁；无论如何，这已足以证明我们的要求决不是不能实现的。

在这个农业纲领的条文中提出了不少目标，这里提一下最重要的问题：

有人强调认为，由一个资产阶级政府赎买的私人地产，会被该政府转变成为新的压迫手段，有如至今存在的情况那样，只能使资产阶级致富。

但是，应该注意到，将土地租赁给资产阶级剥削者（这些剥削者至今仍占有着我们国家的土地）和租赁给直接耕种者，这两种情况是有显著区别的。至于谈到压迫的问题，则显然只有在组织起来的人民的压力下，并在社会党的监督下，地产才不会被转让；而按照我们的原则进行组织，则将是抵制资产阶级反动倾向的最好的武器。

另外，认为今天要探求一个没有任何反对意见的农业纲领和行动纲领的想法是近乎空想的。布加勒斯特代表大会通过的纲领确实存在缺陷和不足之处，然而我们认为，纲领仍然是具有许多可取之处的，我们可例举证据：

现在通过的纲领使我们能在农民中进行更为积极的宣传。实际上，罗马尼亚社会党人每当同农民在一起时，从不放弃向他们阐述、介绍现代社会主义的知识。当雅西的社会党人在帮助农民向立法机关请愿、要

---

① 下述情况可以解释资产阶级政党的这种慷慨：在近30年来，通过交通道路的建设，尤其是对农民惊人的剥削（见布鲁塞尔的报告），地租已大为增加，因而土地的价值也大为增加，所以向国家出售土地现在就成了极好的买卖。

求向农民出售地产时，他们不断地向农民解释，获得一小块土地只是一种暂时的治标的办法，并且向农民指出什么才是彻底解放他们的真正方法。社会党人对农民所显示的洞察力也感到惊奇。然而当这些农民一回到自己的村里，就很快忘记了集体主义，他们心里所牢记的是满足他们直接要求的东西，这就是获得土地和劳动工具，由他们自己拥有一块土地。我们的纲领也倾向于使农民获得土地，然而要使他们获得土地的方式同社会主义更有逻辑地联系起来，从而使农民的要求与社会主义有机地结合起来。这样，宣传就会更有成效。这就是我们的行动纲领。一旦我们的改革得以实现，我们认为，似乎开创的新局面将比现在的农业小所有制更适合于以后的社会主义改造。

在我们的农业纲领所涉及的其他问题中，最重要的是畜牧业问题。缺少用做牧场的土地是农民破产的主要原因；因此社会主义的纲领不仅要求采取保护措施和建立公共牧场，并且还要求向土地所有者出售附近放牧所必需的土地，交给农民共同使用。

我们在本报告中详细阐明并着重强调了农业纲领，因为如同我们出席上届代表大会的代表一样，我们受委托向你们提出讨论农业工人问题。

现代社会主义是从工业工人阶级的组织和宣传开始的，国际社会党代表大会所关注的几乎完全只是与工业工人及矿工有关的问题。这是事物本质所产生的合乎逻辑的进程。工业无产阶级决定了当代社会主义运动的特点，也是它将被指定去实现社会主义社会，因而它的利益当然首先吸引人们的注意，工业无产阶级是社会主义的先锋队。然而我们相信，现在已经是社会党关心它的后备军，特别是农业工人的有利时刻了，我们乐于认为，不仅在苏黎世，而且在未来，与农业工人有关的问题将在今后的国际社会党代表大会的日程上占有突出的位置。人们将在大会上讨论有关宣传、组织的方法以及为满足农业工人的迫切需要而提出的要求。

罗马尼亚社会党代表团再次提出了关于农业问题的报告，希望苏黎世国际代表大会在这方面作出决定。

关于瑞士社会民主主义运动情况的报告

对于瑞士无产阶级运动的方向和性质来说，有三个事实意义重大：

一、瑞士居民在全国分布颇为均匀。只有一个城市即苏黎世有 10 万人口。拥有 1 万多人口的乡镇只居住着总人口的大约六分之一。这种情况自然在一定程度上加大了鼓动工作的难度。出于显而易见的原因，无产阶级阶级觉悟和革命性的养成，在一小群人中比在集中于一地的广大人民群众当中要困难得多。工业利用水利来弥补煤藏的缺乏，因此，沿着河流分布，这一情况尤其对工业分散产生了较大影响。

二、再有，我国政治生活较为重要的部分都是在**各个州**进行的。1848 年以前，瑞士不过是一个结构松散的邦联。同年产生并于 1874 年修正的宪法建立了联邦国家，使我们在国民院中有了国民代表，并将过去由各州行使的许多权力移交给联邦。虽然自那时以来，中央集权运动有很大进展，但是，在国家生活的广阔领域（私法、刑法、司法、教育、工商业管理法、税务）中，各州都是独立自主的。后果是，我们没有联邦范围的政党（撇开社会民主党不谈），各州政治那些狭隘的小问题纷纷凸显起来，极大地吸引了注意力，使得人们眼界狭小，完全妨碍着提高认识和开阔思想。这种情况对无产阶级运动的影响是：要花费不小的努力才能把各个团体和州的各个协会相互联系起来，并建立一个包括整个瑞士的、由统一思想指导的工人组织。三种国家语言的差别也产生着同样的影响。

三、最后一点，对无产阶级运动有着巨大意义的是州的和联邦的民主宪法。虽然各个州代表了种种不同的民主发展阶段，但是大多数州都有法律提案权，都有这种或那种形式的公民投票，不仅立法委员会而且比较重要的行政和司法职务都经过人民推选。人民的民主权利对工人运动所发生的影响，用一句话是无法说清楚的：就一个方面来说，这些民主权利对工人运动有相当大的推动作用。人民参与立法就给立法本身以确定的方向，就是说要本着充分考虑人民的要求这一精神进行立法，这方面的证明不难得到。诸如无偿提供教育经费、在小学及部分中学和文科中学实行免费教育、免费丧葬等制度，都是在民主政党施加压力的情况下作出的一些让步。而低估其价值的人也得承认，通过我们的民主制度使得人民得以参加政治活动，总是有利于唤起群众，对他们进行政治训练，启发他们提出组织起来的要求的。正是在这一点上，民主制度无疑创造了有利于社会民主运动的条件。但是另一方面，民主制度使得人们难以清楚地认识历史的过程和无产阶级在这一过程中的地位。它不是加强阶级觉悟，而是使之涣散或者说使之削弱；它掩盖社会矛盾，而不是去消除社会矛盾。由自己阶级利益所引导的无产者和由自己经过教育而形成的民主思想指导的资产者常常不谋而合。他们的目标有不少共同之处。因此，双方都甘愿将错就错地认为，他们的战友情谊能够长存，而长期谅解仅需要他们有良好的愿望就能达成。不过最终对这种错误需要付出代价的是无产阶级，这是不言而喻的。

认识到以上三个因素就可以非常容易理解瑞士工人运动，也就可以理解，为什么我们成功地争取到一些重大进展而没有付出巨大的牺牲，以及为什么社会民主运动没有像德国那样强大和具有原则性。

有碍于工人运动的这些情况，尤其是缺少较大的工业中心，首先影响到**工会组织**。这方面的原因显而易见。尽管如此，多年的努力总不是没有成就的。关于组织情况，应作如下说明：全部行业组织都建立有总联合会。多数联合会均**属瑞士工会联合会**的成员，关于这个联合会，多年任书记的贝克给我们写了下面的材料：

瑞士工会联合会近几年有了可喜的发展。不论情况如何，经济分化过程是不可遏止的。企业主无限制的竞争，再加上使用技术辅助手段，日益产生着对工人等级来说是灾难性的影响。为每天的面包而进行的这种奋斗，对于大批雇佣工人来说日益困难，以至最冷漠的人也必然醒悟，只有通过强大的行业组织才能有效地反抗剥削。共和派企业主们快要把工人逼到这种地步了。在资本的压迫下，工人到处都受奴役，不管是共和制政体还是君主制政体，这一不可辩驳的事实必然对工会运动十分有利。近几年各种各样的事件，企业主对于工人在争取较好的生存条件方面每一个独立行动的无情态度都确证了这种客观的认识。

在纺纱工人工会成立以后，例如沙夫豪森精纺毛纱厂厂长公然发布如下指令："像'精纺毛纱'工会这样的协会，我们是不能容许的，必须断然要求该协会解散。只有在这一条件下，我们才会撤销对 St. 和 B.① 的解雇。"又如一个雪茄烟厂厂主写道："我现在正准备重新雇用我的人员；如果您能带来一批品行端正的人，那就正合我意；但是将来只有那些没参加工会的人才能在我这里找到工作；总而言之，威尔雪茄烟工人工会必须解散。——森—吕蒂"在这样的情况下，结社权何在呢？

在这些情况的压力下，行业协会（约有 16 个）团结得更加紧密并且赢得了令人尊敬的地位。通过定期缴纳会费，我们有一个人们所说的后备基金，这样就能在发生任何冲突时立即介入并迅速作出决定。

近来我们成功地把数量众多的钟表匠组织起来，或者换句话说至少把他们五花八门的派系集中起来了；不过遗憾的是，这方面的工作在瑞士东部的刺绣工人当中至今未能收到成效。

此外还应指出，八小时工作日运动已深深扎下根，而且五一节也一年比一年意义重大。走在大家前面的是有进取心的印刷业同盟，它在各个部门均已争

---

① 两位工人名字的首写字母。——编者注

取到九小时工作日。

尽管敌人不懈地通过目光短浅、不值一提的刁难对前进中的无产阶级进行阻拦，挥舞饥饿的皮鞭把最优秀的力量逼出我们的队伍，但是，我们不会因此而气馁，因为我们明确了道路和目标；我们的口号是：前进，永远前进，直至把劳动从雇佣奴役的桎梏下解放出来的目标达到为止。

工会联合会总联合会

分会数目

印刷业同盟……………………	21	裱糊匠联合会……………	5
装订工联合会…………………	9	石匠联合会………………	7
裁缝联合会……………………	12	泥瓦匠联合会……………	4
鞋匠联合会……………………	10	漆画匠联合会……………	4
木材工人联合会………………	22	磨粉工联合会……………	5
金属工人联合会………………	40	制陶工联合会……………	5
铁匠和制车工联合会………	6	编筐工联合会……………	5
玻璃工联合会…………………	4	钟表匠联合会……………	60
烟草工联合会…………………	4	其他各种行业……………	30

贝克的材料就谈到这里。我们再补充一点：工会联合会拥有28500法郎的财产，其中15800法郎是准备用于罢工的。会员约有12000人。

再有，特别值得一提的是人们所说的**瑞士工人联合会**。该联合会是瑞士所有工人组织的联合，包括工人的医疗储金会和救济储金会，其宗旨是以联合一致的力量努力争取有效的工人保护立法这一共同目标。工人联合会约有20万会员，遍布全瑞士，其组织机构有：每三年召开一次的代表大会，联合会执行委员会（每年召开两次会议）和人们所说的领导委员会（委员均在一地并处理日常事务）。除此之外，工人联合会还有一个常设书记处。这个书记处由工人书记及 3 名助手组成，其中 1 名助手驻在瑞士法语区。联合会每年要拿出 2 万法郎支付书记处的开支。其任务是，通过调查统计、调查询问等为社会立法进行准备。近几年，它主要在为已经在原则上获得批准的医疗保险和事故保险做前期准备工作。工人书记现在是苏黎世的海尔曼·格罗伊利希。

　　至于工人的**政治组织**，首先应当提到的是瑞士的**格吕特利联盟**。该联盟目前有大约 350 个支部，约有 15000 名盟员。它有自己的报纸《格吕特利盟员报》，每周出版三期（印数 14000 份，编辑汉斯·梅蒂耶尔）；两年来还出版了历书，印数为 30000 册。报纸和历书均由其管理出色的印刷厂印制，该印刷厂每日工作时间为 8.5 小时，成绩出众。除了这些机构，还有联盟书店，它传播社会主义书刊和其他启蒙读物，取得越来越大的成绩。格吕特利联盟的历史反映了整个工人运动的历史。起初它坚持的是颇为狭隘的民族观点，有些胸襟狭小和宗派主义，同时缺少坚定的政治主旨。但是在建立以来的 50 年中，它逐渐成为一个具有统一的阶级觉悟的工人组织，于今年在它的总章程中写上了这样的原则："它所努力追求的，是在社会民主基础上的社会进步和政治进步。"格吕特利联盟各支部（例如苏黎世和圣加仑各支部）均有自己的联盟大楼，其他工人协会在这里可以有安全可靠的活动场所。

　　工会联合会和格吕特利联盟同**瑞士社会民主党**并肩站在一起，现在这种形式的瑞士社会民主党是 1888 年成立的。党的成员是按地方组织起来的，同工会联合会共同有一个单独的机关报《**工人呼声**》。该报由罗伯特·宰德尔出色地编辑，在格吕特利印刷厂印制，每期约出 4400 份。社会民主党（其执行委员会目前在巴塞尔）有大约 1700 名党员；从数字可以看出，它只包括一部分瑞士的社会主义者，不过，这是最奋发有为的那一部分。

　　大城市的工人协会为宣传鼓动和政治活动组成独立的地方联合会。

例如，苏黎世工人联盟包括40个协会，有大约5000名会员。巴塞尔市工人联合会有一个现在每周出版一期的报纸《巴塞尔工人之友》，不久将改为日报（编辑为欧根·武尔施莱格）。最活跃的是伯尔尼工人联盟，它所取得的大部分成绩应归功于其不知疲倦地工作的常务书记瓦西里耶夫博士。该工人联盟也出版一种报纸《起床号》（编辑为G.奥特）。类似的市一级组织在比尔、日内瓦、圣加仑、温特图尔、沙夫豪森和索洛图恩等地都有。

接下来值得一提的是瑞士的一些德国人协会，其中有几个已经具有50年的历史。从早期直到反社会党人法废除之前，这些协会对德国运动的意义可以说是众所周知的。最大的是苏黎世德意志工人教育协会，它有自己的一所宽敞的协会大楼和约800名会员。

除上述报刊外，还出版如下几种工人报纸：《瑞士印刷报》（印刷工人联合会机关报），《谷登堡》（拉丁语瑞士印刷工人机关报），《木材工人》（瑞士木材工人联合会机关报），《钟表匠》（钟表工人辛迪加机关报）。

瑞士工人组织正在出色地完成的任务之一，就是**为工会运动**和站在**前台的社会民主党进行宣传**，这一点到处都如此。此外，在参加政治生活以及行使立法提案权和全民投票时，我们有很多的机会在对于其他国家的同志们来说完全或绝大部分是禁区的领域内进行活动。在联邦和较大州的22个立法机构的选举中，都有社会民主党人被提名为候选人，自然成绩一般（目前在联邦委员会中只有一名委员是社会党人）。

关于瑞典工人运动的报告

党员同志们，各国工人们：

瑞典社会民主党此次不得不遗憾地放弃派出自己的代表出席世界劳动议会。我们这里同样面临着帝国国会选举，党不仅需要投入巨大的财力，而且需要委派许多善于鼓动的党员为此努力，因此无法派遣代表团前去遥远的南方。但是，苏黎世代表大会的工人们将得到我们最美好的祝愿，并且同 1889 年和 1891 年巴黎和布鲁塞尔两次代表大会一样，此次代表大会结束之后，我们的报刊将把国际工人代表们的讨论情况和各项决议作为瑞典工人在无产阶级伟大的解放斗争中的策略准绳来向他们进行详细的宣传。一些重要问题已列入讨论日程，诸如关于议会主义的重要意义以及关于社会民主党在战争爆发时的立场等意见分歧，无疑将显得尖锐起来。我们坦率地承认，在这些有争议的问题上，我们越来越相信，德国社会民主党 20 年来所极其成功地忠实遵循的策略是正确的。他们认为，他们革命的威力就在于，联系客观的实际形势，发动广大人民群众去反对资本主义，并为经过社会主义教育和训练的工人阶级逐步争得有决定作用的政治权力。但是我们满怀这样一种迫切的希望，即在顾及这一基本看法的同时，对政治情况、民族传统以及个人气质等方面的不同之处给予充分的、应有的考虑，从而使劳动大军中每一个战士必须有的运动自由都不会受到妨碍。那就让我们祝愿，苏黎世代表大会的决议将向全世界明确证实，各国现代工人运动不仅目标一致，而且实现目标的方法也是一致的！兄弟们，同志们，你们为了加速劳动人民最终获得解放而聚集在瑞士这片美丽、自由的国土上，请你们接受瑞典同志们的诺言，我们保证，将永远不让自由、平等、博爱的红旗在遥远的北方倒下，我们将坚决地永远同国际工人大军其他支队共同前进。苏黎世代表大会万岁！以解放全世界为己任的世界社会民主党万岁！

＊　　＊　　＊

当1848年的风暴席卷欧洲和宪章主义在英国、社会主义在法国已经成为工人中先进分子的战斗口号的时候，他们在瑞典的阶级同志还在沉睡，或者更正确地说，那时还没有瑞典工人阶级。但是，在瑞典也逐渐产生了现代工业化主义，破坏着旧的宗法制度。不过，说起瑞典，我们不应忘记，全体居民中大约有1/5拥有自己的财产（尽管近几十年同样渐渐筑起债台），而且在中世纪从来没有受过任何压迫的小农，至今仍然按照先人的方式进行经营，他们形成了瑞典社会顽固保守的坚定核心，自1865年立宪改革以来又掌握了具有决定性作用的政治权力。因此，与其他国家相比，瑞典的工人运动就更是一种城市的运动，自然，除城市外，还应算上农村中的几个工业区。如果想到在地广人稀的瑞典，几乎不到20%的居民生活在城市，那么，人们早就会明白，这个国家工人运动的规模是不能与大陆国家相比的。

首先推动瑞典工人组织起来的是自由资产阶级的成员，他们成立了所谓的"教育小组"，通过报告、讲座等方式来促进大众启蒙。继这些"教育小组"之后，60年代，出现了"工人协会"，它们同样是在自由派的领导下建立的，因此极力模糊工人和雇主之间利益上的不同。这些"工人协会"至今在瑞典差不多所有大小城市中仍十分兴旺，实际上是社会各阶层的一个五花八门的杂烩：真正的工人为数极少，通常占优势的是手工业师傅，虽然把持着执行委员会位置的并非大工厂主或社会的其他中坚力量。在斯德哥尔摩，也有这样一个"工人协会"，尽管多年来它在工人中的影响等于零，可是，除了自由派的议员，总督和警察局局长都以协会贵宾的身份前来参加它的周年纪念活动，而几年前斯德哥尔摩的工人为集会权还同这些官员进行过激烈的斗争。

乍看起来，似乎"工人协会"起码纯粹在政治方面可能要求瑞典工人起领导作用。1879 年，他们在诺尔雪平召开了"第一次瑞典工人代表大会"。会上发表主要讲话的人是国民小学教师和手工业师傅，有几位自由派新闻记者和工人作陪衬。此次代表大会以惊人的简朴为其特征：敬畏上帝、文质彬彬、勤俭节约似乎足以提高工人的状况。但是，第二次代表大会（1882 年在斯德哥尔摩召开）就有些激进的色彩了，而第三次代表大会（1886 年 10 月在厄勒布鲁召开）实际上不顾保守的手工业师傅们的抗议，竟然通过了一个旗帜鲜明的民主纲领。然而代表大会经过热烈的辩论，仍然拒绝同这时已经产生的新的社会主义工人运动建立友好关系。对于工人中最有事业心的分子采取拒绝态度，使得本身并不太坏的民主纲领失去了吸引力，1889 年当社会主义者另行组建政党时，绝大多数年轻的真正的工人协会、行业协会（工会联合会）便纷纷加入他们的阵营。第四次"工人代表大会"（1890 年在斯德哥尔摩召开）认识到最好还是要团结队伍；人们想在第二年召开一个"社会政治代表大会"，作为此次大会的继续，凡对工人问题感兴趣的人，不论持何种观点均可自由参加。其实这些"工人协会"在政治上有生命力的东西，都已被近几年有巨大发展的争取普选权运动消耗殆尽了。

在 1879 年这一年，当诺尔雪平代表大会心满意足、认为优秀的瑞典社会中什么都美好的时候，**松兹瓦尔大罢工**期间发生的一些事件使人们清楚地看到瑞典工人阶级经济上受压制和社会上无权的状态。诺尔兰的滨海城市松兹瓦尔是瑞典木材制品大工业中心，四周有许多锯木厂，拥有大量工人。生活资料日益昂贵，使工人不得不提出增加工资的要求，但遭到拒绝，于是他们便停工了，根本没有人组织。罢工非常平静而且秩序井然，应罢工者的要求酒馆和啤酒馆也关闭了，他们甚至在召开大会之前还要进行祈祷和唱赞美诗。尽管如此，几个锯木厂厂主仍恳求军队镇压，而州长特雷芬贝里没有多久就被说动了：他从斯德哥尔摩驻军调来部队，把手无寸铁的罢工工人包围起来，他对他们讲话就像对待普通的罪犯一样，命令他们放弃造反的计划，逮捕几个工人，说他们是"煽动分子"，还威胁要把所有不再有正常工作的人一律作为流浪汉加以逮捕，迫使其余人仍退回受压迫的地位。

然而，解决工人和雇主之间争端的这种鲁莽的做法，在全瑞典的工人中间掀起一场真正的愤怒的风暴，阶级觉悟终于开始提高起来。瑞典第一个社会主义鼓动家是一个名叫**奥古斯特·帕尔姆**的裁缝，他在石勒苏益格熟悉了德国的社会主义。1881年他犹如一只海燕出现在斯德哥尔摩的上空，但是尚未取得什么成绩，便退回到瑞典的最南方，在那里，他克服重重困难在马尔默编辑一种小报《人民意志报》，并亲自在国内四处发售。1881年，斯德哥尔摩的一个工人集会认识到所谓的"工人协会"是完全不够的，因而决定按照英国的样子，在各行各业组织**行业协会**以针对雇主维护工人的利益。这种行业协会在"劳动贵族"即排字工人中，还有装订工中早就有了，不过以前并没有任何普及起来的动向。但是现在木材工人、钢铁和金属工业的工人、裁缝等都加入了有组织的工人的行列。

可是曾经有几年，蒸蒸日上的行业协会组织却由于一个怪异的现象而受挫，这个以**"斯密斯社团运动"**为名的怪异现象在瑞典尽人皆知。一个叫L. O.斯密斯的烧酒酿造业老板试图动员工人拥护他的一套反对城市烧酒垄断的计划，办法是答应工人可以得到物美价廉的烧酒，此外还答应让他们得到消费协会以及生产协会的种种好处，只要大家组成每百人为单位的"社团"，并受他领导。在社会政治方面几乎完全没有受过训练的工人纷纷集合在这位新的救世主的周围，此人为了这件事破费了一些钱并答应还要作出更多的牺牲；1883 年，单是斯德哥尔摩一地，就有约 2 万名工人参加这种"社团"。自然，没过多久，整个肥皂泡就破灭了，而工人的状况在任何方面都毫无改善；斯密斯先生又搞起别的投机营生，他最亲近的人是个骗子，已逃往美洲，这整个美妙的事业除了一个普通的银行之外，在斯德哥尔摩只剩下一个大众蒸汽厨房；几年后，这家大众蒸汽厨房也不得不关门大吉。

1884 年，行业协会运动特别在斯德哥尔摩重新兴盛起来，而且瑞典刚刚组织起来的工人，在哥本哈根一次锻工大罢工期间就提供了有效的帮助。1885 年，年轻的运动第一次有了自己的机关报《时代》——一家由前大学生**亚尔马·布兰亭**编辑出版的报纸，在该报的领导下，运动在短时间内完成了从自由派观点向社会民主主义观点的发展。1886 年《时代》不得不停刊，此时又有了《社会民主党人报》来继承其遗产；该报由布兰亭主编至 1892 年，接着由卡·纳·卡勒松（乌普萨拉省人，也是前大学生）主编，属斯德哥尔摩行业协会和社会主义协会所有，它曾是瑞典现代工人运动的中央机关报，自 1890 年起改为每天出版。这里我想先把瑞典工人报刊的情况谈一谈。自 1887 年起在马尔默有一家社会民主党的报纸《劳动报》，也是从 1890 年起每天出版，其编辑也是前大学生，名叫**阿克塞尔·丹尼尔森**，他以就连最凶恶的敌人都表示佩服的机智和魄力领导着意义十分重大的整个瑞典南方的运动；同时在哥德堡出版了由 Fr. **斯泰屈**编辑的《新时代》，这是当地从前出版的由 P. **埃里克森**编辑的社会主义工人报《人民之声报》被迫停刊以后的事，在诺尔雪平还出版了社会民主党周报《无产者》。瑞典的社会主义报刊共有 1 万订户。此外还有行业报纸《制铁工人》、《木材工人》及几家较小的报纸，这些报纸都是本着社会民主主义的精神办的，再有就是自由派工人运动唯一一家机关报《瑞典印刷工人报》。

让我们再回到 80 年代。当时社会主义在瑞典工人中间正日益扎根，这实际上不足为奇。丹麦社会民主主义行业协会运动在经历了 70 年代几次危机之后，已经具有一种温和的色彩，较好地适应了丹麦的情况和民族特点；自 1880 年起，这个运动日益发展壮大。丹麦的榜样不会长期毫无影响。斯密斯骗局使得大多数自由派工人的当代的伟人声名狼藉，对这场骗局的普遍失望使人们对于新的刺激易于接受了。对此，老的激进派领袖们，除去已经狼狈不堪的自由贸易主义以外，没办法拿出更好的货色来同这些社会主义的火热的年轻信徒相抗衡。这场精神战的结局是毫无疑问的。斯德哥尔摩的行业协会相继把社会主义者送进"行业协会中央委员会"，他们迅速占据该委员会，以致到 1886 年时，少数自由派干脆不再参加委员会的集会。与此同时，在公开集会中，旧时的工人领袖们也一个接一个被赶下台。斯德哥尔摩"工人研究会"有名望的创始人、医学博士安东·尼斯特伦试图扭转事物的发展进程，但却枉费心机。此人其实是一个冷静而有能力的实证主义者，多年来站在维护工人利益的第一线，例如在行业协会运动刚开始时，他曾尽力给以支持。在一次秩序大乱的集会后，旧的"工人协会"向社会民主党人关起了自己会议厅的大门，但也未能得逞。从这时起，在斯德哥尔摩，大规模公开集会的参加者都是坚定的社会民主主义派，这一点在马尔默更为突出。

在瑞典全国各地的工人中间，社会主义宣传鼓动的浪涛一浪高过一浪，于是**当局**开始诉诸法律武器。1887 年，从前遭到所有人嘲笑的奥古斯特·帕尔姆因为污辱帝国国会而被判处徒刑。1888 年，保守的关税保护派借口法律上有缺欠而推翻自由派的斯德哥尔摩选举，从此大权在握，于是现在禁止集会、解散社团、没收报刊等做法便层出不穷，更不要说把人赶出集会大厅之类的事了。人们不是因为污辱——不管是污辱陛下、议会还是污辱官员，就是因为一个时期以来频繁出现的亵渎上帝而被提起刑事诉讼。1884 年瑞典著名诗人奥古斯特·斯特林堡就是因为这个罪名而受到起诉，但是没有成功，而几个主张宗教自由的鼓动家，其中最著名的是维克多·伦斯特兰德，他们的出现似乎使得当局对于上帝更加多情了。阿克塞尔·丹尼尔森被判一年半徒刑，一个个判决接踵而至，其速度之快，以致例如 1889 年夏，各社会主义机关报的主编全部都被关押起来。

1889 年春，社会党人不顾这些规定，仍然在斯德哥尔摩召开了第一次**建党代表大会**。大约 60 名代表来自全国比较重要的地区。代表大会的讨论和决议洋溢着青春的战斗气氛，给外界留下了印象。马克思主义—社会主义的纲领及其最终结论得到坚决的赞同，同所有（即使是最激进的）资产阶级政党的对立得到突出强调，如普选权和正常工作日之类最近的要求被明确提出，但是重点仍然放在对最终目标的宣传上。至于组织，则一律在工会和政治协会的基础上建立起来，今天仍然是这样。瑞典社会主义工人的基本群众因此不属于政治协会，而只属于他们的行业协会，一旦行业协会决定加入党，便向党的金库缴纳一笔不大的金额并同其他党的协会选举一个执行委员会。另一方面，除了那些大的工会联合会，瑞典各行业协会会员的基本群众都是社会民主党人：制铁和五金工人联合会、木材工人联合会、泥瓦匠联合会、裁缝联合会、鞋匠联合会等，在全瑞典都有分支机构，每个联合会各有自己特殊的组织，但是，只有通过党，一个地方的各种行业协会才联系在一起。

政府连忙抛出一个**小型的反社会党人法**来回敬这次代表大会。这项法律是 1889 年春议会会议结束前提出的，但是基本上被第二院否决了，因为第二院的自由派担心自己会受制于这个多义的"笼头法"。从此，镇压政策的顶点已经越过，1890 年大选，温和的自由派在第二院再次获得多数，这时资产阶级人士也认为不尊重工人集会权的种种做法是国家的一个耻辱；此后当局对工人运动开始逐渐采取比较缓和的做法。这种情况以及其他一些原因，明显导致瑞典社会民主党现在的调子比最初在狂飙年代时的调子要更加冷静。

由于大多数瑞典工人没有选举权，所以社会民主党只在它的两个中心城市斯德哥尔摩和马尔默参加了 1890 **年大选**。在**马尔默**，丹尼尔森在民主派的名单上作为社会党的代表获得 300 张选票；保守派候选人以约 600 票当选。这是一个值得注意的开端。斯科讷地区的社会党人过去是党内的极左派，同丹麦温和的领袖们关系十分紧张，但是后来逐渐把实际活动主要放在很快就可以达到的目标上，这种做法是可以理解的。这一策略使得他们能够把他们鼓动的影响和组织的影响颇为顺利地扩展到该省较小城市以及农村工人中间。最近在马尔默，党建立了两个堡垒：一座**"人民大厦"**，是效法比利时搞的，包括若干个会议大厅、党的印刷所、"劳动"酒馆和一个饭店等；还有一个**"人民公园"**，夏季这里不仅是马尔默工人的娱乐场所，而且也是哥本哈根同志们的娱乐场所，既可加强瑞典和丹麦两国社会党人的友好关系，同时也给党的金库带来一笔不小的收入。

1890 年时，**斯德哥尔摩**的情况也有根本的变化。那里我们的主要敌人是自由派，他们许愿要实行普选权和形形色色的改革，并且污蔑社会党人是煽动不睦的主要危险分子，而在瑞典大选中只要获得相对多数即可获胜。此外，大批选民决心要对关税保护派实行报复，因为这些人通过法律方面的阴谋诡计推翻了整个斯德哥尔摩的选举。在这种情况下，工人占多数的公开集会（参加者大多是工人）即使拥护社会党和激进民主派的候选人也是徒劳，因为资产阶级选民选举的是那些不顾工人提出最强烈的抗议而推举出来的自由派"工人候选人"。例如，亚·布兰亭在第五选区只获得 100 张选票，而一个自由派房产主（前述所谓"工人协会"主席）却得到 1000 张选票，从而当选。

这次失利在斯德哥尔摩为党内出现**无政府**派别提供了土壤，他们对选举、选举权之类，总之对当前纲领根本不感兴趣，并且把《社会民主党人报》前撰稿人**欣克·贝延格伦**作为他们的头头。此人头脑有些混乱，爱好荒谬怪论，讲述莫斯特关于"以行动为宣传"等思想不无本领，希望唤起受压迫最深的各阶层工人的热情。这个运动受到布兰亭在《社会民主党人报》上的尖锐抨击，它从来也没有深入下去过；它规模不大，但一时却能够在 1891 年在**诺尔雪平**召开的**第二次全国党代表大会**上发难。社会民主党人和无政府主义社会党人之间的斗争成了那次党代表大会的特点。但是，社会民主党人取得完全的胜利。代表大会通过了丹尼尔森和布兰亭起草的反对无政府主义倾向的各项原则决议案，此外还作出一项有重大影响的决议，计划于 1893 年召开一次"**人民议会**"，以争取普选权。

此外，1890 年和 1891 年两年在瑞典是真正的**罢工年**。在斯德哥尔摩，面包师帮工试图争取更为自由的地位，但没能成功。几乎同时，以前一直站在运动之外的 700 名博林德大机器制造厂的工人愤怒地停止了工作，原因是两名工人受大家的委托并代表大家提出几点并不过分的要求，就由于这种反抗而被立即解雇。这次罢工，工人们也遭到了失败，不过制铁和五金工人的组织却有了显著而飞速的发展。在耶夫勒，因为工资降低，几家大锯木板厂的全体工人举行罢工。当宣布全市总罢工、局势有严重化的危险时，当局迫使雇主们服从仲裁法庭。当然，同 12 年前松兹瓦尔的情况完全两样了！工人们推举布兰亭参加仲裁法庭，法庭作出可以说几乎完全有利于工人的裁决。在马尔默，由于木匠罢工而演变成一场相当严重的巷战，但这并不是有组织的工人们挑起的。

在这期间，最大和最顽强的劳资斗争之火，在瑞典中部一个矿区，在**努尔贝里**燃起了。因为调整工资，一个矿井的工人坚持了 4 个月的罢工，后来，全矿区的矿工都决定停工，以迫使资方接受同伴们的要求。矿主们（他们当中多数人是瑞典的实业界大亨）害怕了，他们动员军队来对付和平的矿工，但是有一个州长还算通人情，他成功地在耶夫勒罢工之前成立了一个仲裁法庭。矿工们得到了特别是斯德哥尔摩社会党人物质上和组织上的支援，他们选举两个斯德哥尔摩人参加仲裁法庭，一个是有经验的自由派议员弗雷德霍尔姆，另一个是《社会民主党人报》当时的编辑布兰亭。裁决结果大体上承认矿工们是对的。但是努尔贝里从此再也没有恢复和平。另外一个矿井又有工人被解雇，在这种情况下遭到解雇，就使得同伴们认为是对仲裁法庭裁决的一个报复，于是他们停工了，并且出现一些微不足道的越轨行为，这些行为后来受到法庭十分严厉的惩治；例如，努尔贝里遭到矿主憎恨的"罢工领袖"矿工夸恩斯特伦只是因为在罢工破坏者（Scab）面前做了个打人的动作但并没有碰到人，就立即被王国法院判处4个月监禁。努尔贝里第二次罢工结束之后，1891年11月，矿主要求工人重新签订合同，新合同与过去相比，大大加深了工人对矿主的依附，于是引起了第三次也是最大的一次罢工。在漫长的冬季，700名矿工由于全瑞典工人的支持把这场力量悬殊的罢工坚持了6个月；但是工人不得不屈服于资方的条件，因为后者大大削弱了他们的力量。然而瑞典全国社会各阶级都怀着极大的兴趣关注了努尔贝里罢工的全过程，并且这场斗争肯定大大有助于在我国同样把社会问题作为一个亟待解决的问题提到日程上来。

　　在这种情况下，年轻的瑞典行业协会根本没有做到把钱集中到自己的金库里，这一点大家一定会理解。首先，瑞典工人组织的成员总被要求去支援别人，而瑞典民族这种有些骑士之风的慷慨大方的性格也从来都未拒绝过这样的要求。另一方面，工人们也认识到，这样下去是不行的；反对无计划无准备并且不是雇主直接挑起的罢工，这样的潮流在工人中越来越强大。近几年，无论是工会的鼓动，还是纯社会党的鼓动，往往由于缺钱而办不成。尽管如此，运动大体上还是在前进，最突出的证明就是国际性的五一示威游行所取得的成就，按瑞典的情况来说，这些成就可以说是巨大的。的确，五一节游行示威活动在瑞典一开始就是吉星高照。很久以来，5 月 1 日在这里就是节日。然而，当 1890 年 5 月 1 日在斯德哥尔摩有 15000 多名示威游行者列队开进练兵场时，至少已有两倍于此的人早就聚集在广场等候了。看到这种景象，无论朋友还是敌人都为之惊讶。每年的五一游行，在全国各地差不多都是这样的规模，这些游行在瑞典已经产生了实际成效，大多数农场过去通行 13—15 小时过长的劳动时间，现在已经大大缩短了。

1891—1892 年的冬季，**失业**在斯德哥尔摩尤其严重，社会党人过去曾试图把行业协会运动推广到非熟练工人当中去，现在则建立了一个"失业者协会"，该协会引起斯德哥尔摩社会上的不安，并且迫使市长及市议员们也作出一些让步。1892 年 2 月 1 日发生了小规模的街头骚乱，原因是工人们要不顾警方的反对维护自由搬迁的权利。但是，当检察官对著名的社会党人以"暴乱罪"进行起诉时，法庭拒绝听命于检察官。

1892 年夏，在马尔默召开了"**第四次斯堪的纳维亚行业协会代表大会**"。第一次是 1889 年在哥德堡召开的；当时在瑞典代表团中，自由派和社会党人差不多人数相等。但是从那以后，瑞典自由派工人运动迅速走下坡路。1888 年在哥本哈根开会时，自由派工人运动的协会干脆不再派代表参加，1890 年在克里斯蒂安尼亚开会时也是这样。1892 年代表大会的特殊意义就在于，对瑞典社会主义来说，它开创了同年长的丹麦兄弟组织的更为密切的联系，并同时确定了同反议会主义貌似革命的空谈的彻底决裂。无疑，在瑞典社会民主党内仍然有这样那样的色彩，然而，看来它随时随地都在认真努力去消除一切宗派的性质。

瑞典工人认为，争取**平等、直接的普选权**是实行符合自己利益的新社会政策必不可少的前提，所以近来他们更加全力以赴，这是完全合乎逻辑的。在瑞典只有四分之一的公民享有选举权，这当然没有妨碍其余四分之三的公民在迅速增加的赋税和军事负担方面挑起全部重负，近几年来尤其如此。扩大选举权，在 80 年代初就是小资产阶级分子的愿望，不过只有社会党人才为争取普选权而掀起轰轰烈烈的大众鼓动。为了不完全失去对群众的影响，自由派后来也振作起来，开始在他们广泛发行的地方报刊上展开选举权的宣传运动，建立起遍布全国的选举权协会并最后把这个网集中到可靠的自由派手中。起初社会党人打算把自由派搞的选举权运动当做一场骗局来对待，但是后来他们逐渐改变策略并试图争取自由派对"人民议会"的帮助。自由派长期以来对此持反对态度，选举权协会 1891 年哥德堡代表大会还曾拒绝"人民议会"，不过 1892 年 4 月在斯德哥尔摩召开的第二次代表大会却几乎一致赞同接受社会党人的建议，然而条件是在 1892 年 10 月 1 日以前，起码要有 20 万瑞典公民在拥护普选权和普选产生的"人民议会"的请愿名单上签名，"人民议会"唯一的任务就是商议争取普选权的手段。主要由于选举权协会新任总书记、哲学博士**大卫·贝里斯特伦**出色的组织工作，这一苛刻的条件才得以实现；请愿书得到大约 21 万个签名，在一个人口不到 500 万的国家中，这可是一个声势浩大的示威。在新年前后举行的选举除去实行普选权以外，同正规的议会选举完全一样，有大约 15 万公民参加（包括数千名女公民）。人们可以把它与如下事实作个比较，即参加第二院选举的投票人数从来没有超过 13 万人。

自由派和社会党人达成默契，根据具体情况对"人民议会"的宣传鼓动工作作出这样的分工：社会党人主要负责大中城市，自由派主要负责平原地区。在选举时，为了避免不睦而使共同的敌人幸灾乐祸，也恪守这种各管一段（Suum cuique）的默契。城市工人无视部分自由派报刊的警告和威胁，几乎在各地都选举社会民主党人，而平原地带选出的则是自由派的选举权协会的领袖们，但其中也有社会党人；在"人民议会"120 名代表中社会党人有 30 名。

　　然而**斯德哥尔摩**的情况却有不同的发展。在 1892 年 9 月第五选区**的议会补选**中，社会民主党人要求自由派根据普选权的原则来推举出整个民主派的候选人，以此证明他们对工人的友好和对选举权的拥护。但是自由派断然拒绝，虽然在根据普选权的原则进行的试选时，社会民主党人布兰亭不顾一家很有影响的自由派报纸的警告（它表示担心它的党和有组织的工人的彻底破裂会产生恶劣的后果，该报直至最后一星期以前还坚决拥护社会民主党人），以 1313 票对 53 票挫败了他的自由派对手，不过自由派却以普选权的名义使他们原来也是被同一普选权所赶走的候选人在终选时得以当选，尽管只以 381 票对 323 票和 302 票分别挫败布兰亭和保守派候选人。自由派方面的这种行为理所当然引起了工人们的愤慨；自由派在斯德哥尔摩"人民议会"选举中要求占有绝大多数席位，并扬言，出于他们的恩典或许接纳一两个社会民主党人，这就发出了斗争的信号。社会民主党人在自己的名单中给了前边提到的贝里斯特伦博士和瑞典选举权运动首席代表、自由派议员 F. 曼克尔两个位置，而其余 10 个名字全是自己独立填写的，并且也是经过一场激烈的竞选，社会民主党人的名单以大约 12000 票对 9000 票挫败了串通一气的自由派和虔信宗教派分裂主义者而当选。

　　这场围绕实行普选权的斯德哥尔摩的主导地位的斗争，引起全国的极大关注，1893 年 3 月在斯德哥尔摩召开的**人民议会**上仍然有其反响，坚决与社会党人为敌的自由派议会党团企图阻止社会党少数派对第一次瑞典"人民议会"的各项决议发生任何影响。但是继续讨论的结果却十分清楚地表明，正如社会党人所预言的那样，无论国王还是议会，甚至议会中自由派政党的领袖们都没有以任何方式赞成普选权，在"人民议会"中，重心越来越移向左派。"人民议会"最重要的一些决议，如谴责一切扩大选举权的建议都是骗局，为粉碎统治阶级的反抗请求考虑 1896 年新的"人民议会"采取比利时那些非常措施和方法，致挪威左派的声援书（它以召开瑞典非常人民议会的威胁来对付瑞典官方可能的战争威胁），等等，都是本着联合起来的社会党人和年轻激进派的精神并且是以压倒多数作出的，就连"人民议会"致瑞典人民宣言——这一绝对不可轻视的示威集会的政治宣言——也出自社会党人的手笔。

无疑，在当前第二院新的选举临近时，瑞典工人定将在选举中把选举权作为主要问题提到前所未有的高度，突出加以强调。未来将表明，现在是否已经具有迅速解决问题的必要的力量。在瑞典，统治者无论如何也绝对不能自我辩解，说他们实际上已经证明，为了贯彻实行现代**工人立法**，工人阶级不需要选举权。工人立法至今还完全受到忽视。在此，在结束经济落后国家的这部工人运动发展简史之时，本报告就这个问题谈点情况。1881 年，一个反对童工劳动过量的法律才得以制定，但它却附有许多例外规定，并且也没有得到**非常**严格的遵守。1884 年，杰出的自由派议员 S. A. **赫丁**在议会提出事故、医疗和养老等保险问题。当时成立了一个委员会，收集有关工人状况的有价值的材料，例如它发现工业平均劳动时间（据工厂主报告）为 11.2 小时，而平均工资为 612 克朗（政治普查的结果是 800 克朗）。处境很好的瑞典工人各阶层的情况尚且如此，农村工人群众的状况也就可想而知了！委员会的大多数建议在议会中遭到否决，但是一个防止劳动事故的保护法总算被制订出来，而且自 1890 年以来在瑞典终于有 3 个法律了——的的确确 3 个！由于工厂视察员的工作，法律才稍稍得到执行。然而，1893 年议会还是拒绝批一点钱来发表工厂视察员们的报告！还有一个医疗储金会法——为了把情况说明得更完整，但是，这项法律对于众多的医疗储金会和其他自助储金会用处不大。最近几年，一个新的委员会就养老保险和残疾保险写了一个建议，该建议一部分是按照德国的模式，但是在重要方面是独立构思的，并且写得朴实无华；不过这个建议在今天的情况下会产生什么结果，仍需拭目以待；种种征兆表明，结果不会是令人鼓舞的。相反，我们的议会却不顾激进派的抗议，连忙去加强保护"自由劳动"，即保护罢工破坏者的法律条文。与此同时，由斯德哥尔摩的一个激进派 Fr. **贝里**在议会提出的要求根据瑞典情况至少研究一下正常**工作日问题**的并不过分的建议，在 1893 年几乎没经过任何辩论便遭到了否决。

　　外国同志从本报告中想必已经看到，尽管运动刚刚开始有个良好的形象，瑞典工人无论在政治方面还是社会方面几乎缺乏其他先进国家的工人经过火热的斗争已经争取到了的一切。不过我们这里也在进步。我们年轻的社会民主党通过学习认识到，现存制度是劳动人民受苦受难的根源，使之发生革命的变革肯定不是朝夕可得的，我们的纲领把这一点确定为我们活动的目标。摆在我们面前的大量工作是艰巨的，但还没有艰巨到我们无法完成的地步，我们必须完成这些工作，我们**一定会**完成这些工作。在我们这一方进行斗争的是新生的力量，而站在解放斗争前列国家的榜样的力量也必定会迅速克服一些顽强的抵抗。也正因为如此，瑞典社会民主党一贯认真遵循国际的精神；你们的胜利就是我们的胜利，你们的兄弟就是我们的兄弟，的确，我们将不是为哪一个民族、哪一个种族或者哪一个教义的解放，而是为了整个人类的自由、幸福和文明，为了"作为人所应该具有的一切"去永远奋斗。

受瑞典社会民主工党委托

亚·布兰亭

西班牙社会主义工人党的报告

尽管西班牙的革命社会主义与其他许多国家相比不太发达，但是，自从 1891 年 8 月上一次国际代表大会召开以来，它已经有了进展。

只消说明某些情况，人们就可以明白社会主义思想在西班牙为什么进展比较缓慢的原因。根据地理和统计研究所最近公布的材料，我国的人口 1889 年是 17552346 人。我国全体国民的教育程度从下面这些数字中可以看得出来：602005 人只会读；5004470 人会写；11945871 人目不识丁。

下面的数字可以表明我国的经济发展状况或能力：4854742 人从事农业、畜牧业和其他类似行业；243867 人从事工业、大工业等；194755 人从事商业；115763 人从事机动运输业和畜力运输业；42565 人为铁路部门的专门雇员；823300 人在工艺部门就业；409549 人替私人、家庭服务，或从事其他职业。

尽管西班牙绝大部分地产都掌握在寄生虫手里，但是，还存在着相当多小私有者，不用说，他们的生活实际上是极其困难的，不久，他们将变成纯粹领工资的人。

尽管群众缺乏教育造成了很大的不便，尽管生产力发展缓慢，但社会主义思想还是每天都在劳动者中——主要是在工业中心——占领阵地，在这些地方，我们遇见了更多的改宗信仰者。

在布鲁塞尔国际代表大会举行的时候，社会党大约由 30 个团体组成，而现在，它大约包括 50 个团体，其中 6 个是农业劳动者的组织。

1891 年党的刊物只有 4 种报纸；今天我们出版的报刊已经有 7 种，它们是：《社会主义者》，在马德里出版；《社会战争》，在巴塞罗那出版；《人民呼声》，在阿利坎特出版；《红旗》，在帕尔马出版；《工人》，在费罗尔出版；《工人斗争》，在桑坦德出版；《平等》，在毕尔巴鄂出版。

去年 3 月，在立法机构进行选举时，社会党获得了 7000 票，比 1890 年选举时增加了 2000 票。

得票总数与增加的票数相比差额不算太大；但是，如果考虑到社会党还没有一个稳定的组织，它拥有的资金还非常少，绝大部分党员都是在竞选中加入的新信徒，那么，我们就会懂得，这批选票的意义比它乍看起来所显示的意义大得多。此外，我们党不仅不得不同一切其他资产阶级政党作斗争（主要是同向我们党发动了一场激战的共和派作斗争），而且还要面对共和派联盟煽起的大量劳动者反对我们党的激烈情绪，这种情绪主要是通过选举目标激起来的，共和派在选举目标中提出了革命纲领。

充当资产阶级急先锋的政治流派掀起的反对我们党的运动，简直下流之极：从诽谤社会党候选人开始，直至强迫、收买、灌醉选民为止，总之，共和党人把一切卑鄙无耻的伎俩都使出来了。这个党的最激进的一派，即联邦派，在比亚努埃瓦—赫尔特鲁（他们在那里控制了市政府）用收买的手段唆使一伙人在我们的伊格列西亚斯同志到达和离开这座城市的时候，吹口哨和起哄，不让他解释我们党的纲领。

由于我们的外国同志们对西班牙共和党人持有一种非常错误的看法，所以为了使他们了解这种情况，我们说，共和党人从未向我们提出过任何性质的联合，无论为了任何目的都没有这样做过，即使他们这样做，我们也会予以拒绝，认为这是和阶级斗争对立的。他们的全部愿望是，争取我们参加选举并站在他们一边，至少是希望我们不提候选人，这就是说，想取消我们党。这些共和党人很清楚，实际上，我们不可能击败他们的候选人，从而削弱他们在议会中的力量；但是，他们知道，在一个不太长的时期内，工人群众会加入社会党，因而共和党同社会党是势不两立的。他们同我们党作斗争不是因为我们今天给他们造成的损害，而是因为将来我们会夺走他们的力量。

此外，采取暧昧态度的主要正是这些人，而不是在劳动者眼中已威信扫地的保皇党，因此社会党必须进行斗争。这些人在国家和劳动者或劳动者和雇主之间发生的一切问题上所表现的反动的和资产阶级的行为，迫使社会党人不得不经常批评他们。

另一方面，由于知道共和党如果不加强它的资产阶级性质和保守性质就不能掌权，而且即使掌了权，它的政治改革也不可能获得成功，既然保皇派略施小计，承认写作自由和普选权，已基本上夺走了共和党的旗帜，所以社会党根本无须重视共和党人，它不仅要设法削弱共和党人的力量，而且还要彻底消灭他们的力量。

总之，我们将使劳动者摒弃资产阶级政治，并走上真正的革命道路，凡是能做到这一点的地方，我们就要争取做到。

无政府主义分子（他们在西班牙的依靠力量每天都在减少）一直不停地帮助共和派搞反对社会党的运动。毫无疑问，他们不会忘记，在无政府主义思想深处隐藏着个人主义。因此，他们认为必须和那些以极其顽强的精神同为共产主义或集体主义制度的实现而努力奋斗的人进行斗争的人结成联盟。反过来，共和派对无政府主义者的这种胆略也给予回报，每一次当他们不得不同社会党人和无政府主义者打交道的时候，他们对后者总是另眼相看。无政府主义者不会损害共和党人的最好证明是，尽管他们鼓吹弃权，共和党人并不因此而攻击他们，而是按捺住自己胸中的怒火，以便同社会党人作斗争。无政府主义者在对选举制咒骂一通之后，还是同共和派一起投了票，而且投的是属于资产阶级的其他候选人的票。

5 月 1 日的游行示威在西班牙每年都有重大进展；社会党人忠实履行布鲁塞尔国际代表大会的决议，在 1892 年和今年的 5 月 1 日都举行了游行示威。庆祝活动由于被禁止在大街上进行，所以只好改在偏僻的小地方。去年举行了多次**群众大会**；但是，今年举行的群众大会次数更多，尽管这一天工人们照常上班。

在一切人口稠密的地区，成千上万的工人举行集会，要求颁布劳工保护法，即巴黎代表大会上提出的劳工保护法，要求一切地方都实行法定的八小时工作日。

在马德里，白天有 10000 多工人在名为"幽静的地方"的一些花园里集会，晚上有 4000 多人在马德里剧院集会；在巴塞罗那，参加集会的人特别多；在巴伦西亚，有 5000 多人参加；在马拉加，举行了一个大规模的**群众大会**，在这里正像在已经提到的几个城市里那样，群众的热情普遍高涨。同样的情况也出现在塞斯陶、布尔戈斯、萨莫拉、毕尔巴鄂、马塔罗、费罗尔、萨拉戈萨、埃尔切、奥维耶多、格拉纳达、桑坦德、塔拉戈纳、科鲁尼亚、卡拉德贝纳加尔翁、奥莱萨德蒙特塞拉特、圣胡安德比萨尔、特尔克、阿利坎特、帕尔马、新德尔马尔镇、希洪、阿尔梅里亚、哈蒂瓦、利纳雷斯等地。

前几年我们的游行示威都受到了无政府主义者搞的总罢工的干扰。最近两年的游行示威是平静、秩序井然地进行的。西班牙活跃的无产阶级显示了高度的一致和思想上的无比统一。

今年资产阶级报刊想贬低运动的重要意义，它们对庆祝活动的筹备工作几乎只字不提；但是，这个节日所引起的兴趣，使绝大部分工人都离开了车间，从而使资产阶级报刊的打算完全落空。

工人党的组织虽然同纯粹的协会组织分开了，但是，后者对工人团体支持的罢工，仍然给予支持；另外，党的演讲人虽然没有具体地宣传社会主义思想，但他们还是传播了联合的思想，并劝工人加入劳动者总同盟，这个组织渴望通过罢工和要求公共权力机关颁布有利于被剥削者的法律的办法，来改善劳动者的状况。

直至今天几乎完全是由体力劳动者组成的社会主义运动，在它的成员中已经开始包括那些从事写作和科研等工作的人。在我们党的队伍中已经出现了医生。我们相信，过不了多久，我们当中就会有各个科学部门的工作者。

走在国际运动的前头的社会主义分子的经常胜利，我们党用它拥有的各种手段进行的宣传，已经促使西班牙的脑力劳动者把他们的注意力集中到社会主义理论上来，并使他们把对社会主义理论的学习长期坚持下去。

如果像我们所希望的那样，他们在西班牙的生产力得到更大程度的集中的同时进入到我们党内来，那么，解放事业在我们这里就将得到巨大的推动。

西班牙社会党人把德国社会党人所获得的辉煌胜利看做是自己的胜利，他们已举行**群众大会**和晚间聚会来庆祝这个胜利。在这些庆祝会上，我们劝告大家效法那些同心协力地传播以拯救资本的奴隶和解放全人类为宗旨的学说的人的行为。

综上所述，可以得出结论说，这两年来西班牙社会主义工人党所取得的进步，比起其他国家的社会党所取得的进步来，实际上是微不足道的；但是，如果考虑到在西班牙为吸引工人参加阶级斗争必须克服多大的困难，那么，人们就会不得不承认，在这段时间里我们获得的成果是比较重大的，这些成果表明了我们西班牙社会党人捍卫革命原则和平等的意志以及始终不懈的热忱。

西班牙劳动者总同盟代表提出的备忘录

西班牙劳动者总同盟是第一次参加一个具有国际性质的代表大会。它成立得比较晚，这使它直到现在还不能对历届国际劳工代表大会作出什么贡献，它还没有达到作出贡献所必要的发展程度。不过，它对国际工人组织的那些示威游行活动始终表示同情，而且，凡是巴黎代表大会和布鲁塞尔代表大会的决议中与它有关的地方，它都遵照执行。

我们决不认为我们有资格向代表大会阐述西班牙工人运动的性质、组织情形和倾向，因为我们只是这个运动的一部分，哪怕可能是最重要的一部分；我们只有一个目的，这就是扼要地阐述我们组织的历史。

在国际以及无政府主义者成立区域同盟的不幸尝试遭到悲惨的失败之后，在西班牙成立一个能把全国各行业协会的分散努力集合起来，并使其他新组织易于建立的联合机构的必要性已日益迫切；但这个机构的主要目的是改善工人糟糕透顶的劳动条件，它接纳所有接受这个在某种程度上可以说是朴素的思想的人参加。

这个想法在为此目的于 1888 年在巴塞罗那召开的一次代表大会上实现了。在这次代表大会上，西班牙劳动者总同盟宣告成立。

为了说明这个同盟的宗旨，最好在这里摘录它的章程的开头几段条文。

"西班牙劳动者总同盟主张：

1. 联合各种不同的、旨在用抵抗的办法来改善和保护劳动条件的工人组织

（行业协会、地方联合会或全国联盟）。

　　2. 在还没有行业协会的地方，倡议成立新的行业协会，并帮助它们组织地方联合会和全国联盟。

　　3. 依照目前形势的要求，在加入同盟的各个组织之间实现团结一致的原则。

　　4. 与其他国家抱有和同盟同样的宗旨的工人组织保持密切联系，并和它们一起以同样方式尽可能实现团结一致的原则。

　　5. 要求公共权力机关颁布维护劳工利益的法律，诸如法定八小时工作日；规定最低工资额；男女工人同工同酬，等等。"

　　同盟自成立以来，遵照这些原则，无论在推动原有的工人协会参加全国工人运动方面，还是在成立其他的、分散在全国各地尤其是在各大工业中心的新协会方面，都获得了进展。

　　同盟是由 29 个协会和 3355 名会员组成的；1889 年它已拥有 38 个协会和 3896 名会员；1890 年拥有 54 个协会和 5457 名会员；1891 年拥有 79 个协会和 7170 名会员；1892 年拥有 110 个协会和 8848 名会员；现在它拥有 112 个协会和 8941 名会员。这些组织中有的是印刷工人协会，有的是工人中心；前者自 1883 年以来就成立了联合会，后者是在某些首府通过地方协会的努力成立的、有点像劳动介绍所那样的组织。

　　在同盟存在期间，除成立大会以外，已经召开了两次代表大会。一次是 1890 年在比亚努埃瓦—赫尔特鲁召开的，另一次是 1892 年在马拉加召开的；下一次代表大会将于 1894 年 4 月上半月在马德里召开。

　　全国委员会设在全国最重要的工业中心巴塞罗那；在某些时期，《工人同盟报》报道工人组织的情况。

　　工会这个工人组织还处在发展初期；因此，同盟直到现在只限于重新组织被无政府主义者的胡作非为和错误弄得人心涣散的工人力量。它在经济领域内同资本家的斗争还没有超出小规模冲突的性质。这些斗争与其说给劳动者谋求生计带来了实际好处，不如说使他们获得了经验。

然而，这些斗争已经获得令人满意的成果，已经在有条不紊和坚定不移地继续进行下去。

这个组织毫不怀疑，工人问题是一个带有国际性质的问题；毫不怀疑，这个问题的影响和必要性是无法摆脱的。

为了这个缘故，正像我们已经说过的那样，尽管我们的组织没有派代表参加国际代表大会，但是，它还是坚定地履行国际代表大会的决议。自从巴黎代表大会宣布庆祝五一节以来，同盟的所有协会都以值得赞赏的态度支持了世界各国工人在 5 月 1 日的游行示威。它不仅履行了已经约定好的事情，而且还在马拉加举行的最近一次代表大会上发表了以下声明：

> "西班牙劳动者总同盟慎重宣布接受国际工人代表大会通过的关于定期庆祝五一节的决议。
>
> 西班牙劳动者总同盟第三次代表大会声明从现在起赞成 1891 年 8 月在布鲁塞尔举行的代表大会上达成的协议，并建议各支部更严格地执行这个协议，只要国际代表大会没有作出改变的决定。"

另外，考虑到成立劳工书记处将会带来的好处，这次代表大会决定在西班牙成立劳工书记处，同时赋予全国委员会一个非常重大的使命，使它在今后能稳定地发挥职能。

西班牙劳动者总同盟现在是西班牙不幸的工人阶级的希望。在国内，同盟虽然发展缓慢，但却是在稳步前进；在国外，它对国际工人运动特别关注，它事先就清楚它在其他国家值得景仰的组织中应该起到的一些微薄的作用，它将尽最大的努力为劳动者的伟大事业的胜利作出贡献，为此，它直接派遣它的代表参加本届代表大会。

安东尼奥·加西亚·凯吉多

美国社会主义工人党的报告

为了评价和正确地理解美国的工人运动，特别是社会主义运动，必须考察一下美国的历史发展和经济发展。

鉴于政治自由问题在美国一个多世纪以前就已经解决了，至少在理论上已经解决了，这个问题当然就无须再讨论了。在这方面，美国无产阶级和欧洲无产阶级相比，有着决定性的优势，因为欧洲无产阶级首先必须作出极大努力去实现在美国已经自然而然和可靠地实现了的目标。但是，这并不是一种真正的优势。它在我们的人民中培养了一种信念：我们的政治自由具有神奇的力量，它足以医治现行经济制度的所有痼疾，而无须对这个制度本身作任何改变。这种信念几乎养成了一种根深蒂固的迷信势力，使得启发本国无产阶级并动员他们参加反对现存制度的政治斗争成为极其困难的工作。由于我国现行的教育制度，这种工作就变得更加困难了。这种教育制度不引导人们对问题穷根究底，这样，就阻碍人们去了解已被认识到的罪恶的原因，它还阻止人们参与任何有步骤地改变公共生活的活动。这种教育制度鼓励人们安于现状，或者顶多是从事一些时断时续、没有计划的实验，这些实验自然很快就会归于失败，而只留下破灭了的希望。最后，社会革命的宣告者起初大都是外国出生的人，他们带着知识和比较老的文明的经验来到这里定居，不为表面现象所迷惑，但是他们的外国出身被阴谋家和腐化分子用来蒙蔽美国无产阶级，诱使美国无产阶级把社会主义看做是舶来之物。这种情况严重阻碍了美国社会主义运动的开展。

美国经济仍在持续地迅猛发展，这固然导致美国工人生活水平的持续降低，降到欧洲工人那样低下的水平，在工业中心有时甚至降到欧洲工人的最低生活水平以下。然而总的说来，美国工人的生活水平还高于欧洲工人的生活水平。结果，一部分过去在家乡时是在极恶劣的条件下从事劳动的移民，来美国后获得的工资虽然不算高（在当地人那里这样的工资一定已经引起了强烈的不满），但还是对自己的状况感到满意，因此，他们至少暂时不会接受社会主义思想。

美国资本主义特有的不顾后果的开发方法和野蛮行为还没有完全毁掉这个在地理位置、历史发展、自然资源等方面得天独厚的国家。再有，由于我国人口相对稀少（在相当于欧洲 3.5 亿人居住的地方，只居住着 6500 万人），所以科学地说，还不能认为美国在经济上已经枯竭。过剩劳动力的就业机会还存在，虽然不像先前那样多。因此，一般说来，我们承受的经济压力不算太大。

如果我们的欧洲同志正视这些事实，从这些事实出发来判断美国的社会主义运动和一般工人运动的发展，那么他们就不仅能够清楚地了解我国工人运动中发生的一切事情，而且也能够对美国社会主义者的努力，对他们成功和失败的原因，对激励他们的不知疲倦的精力和自我牺牲精神，作出适当的评价。

美国社会主义工人党于 1889 年 10 月 12 日在芝加哥重组。当时，由于 1886 年至 1887 年间发生的一系列事件——在 1886 年纽约市市长选举中工人候选人获得近 7 万张选票、法院对所谓的芝加哥无政府主义分子的合法但不公正的死刑判决——而掀起并达到高潮的革命工人运动浪潮已经平息下去了。由于社会主义者的不懈努力，工会运动曾经蓬勃发展，在 1878 年至 1885 年间取得了一个又一个的胜利，但这时也走到了自己的尽头，开始分崩离析了。由于异常繁荣的经济条件对工会运动十分有利，以致社会主义者警告工联主义者不要把自己的命运单纯押在经济运动上，而要把群众引导到独立的政治活动上去的一切努力都失败了。一切政治特别是独立的工人政治必须和经济组织保持距离这一陈腐而且有害的传统还过于强大，一时难以根除。一度庞大的美国秘密工人组织劳动骑士团和随后成立的美国劳工联合会一样，在其首领的软弱而混乱的领导下，处于死气沉沉和麻木不仁的状态。1886年在纽约发生的、同亨利·乔治（这一年他恰好被工人提名为市长候选人）的名字联系在一起的工人运动，尽管受到社会主义精神的强大鼓舞，但仍然是孤立的运动，而且最后，一旦乔治（奇怪的是这次运动竟因他而得名）向世人表明他和他的代理人不过是一群平庸的、没有原则的政治掮客时，运动立刻就烟消云散了。同样，1886—1887年芝加哥发生的悲惨事件的直接后果就是芝加哥工人阶级的组织几乎完全瓦解。

美国工人组织不愿把它们的原则带进政治领域的这种倾向，加上它们在资本家阶级控制的经济领域中不断遭到失败（资本家阶级已经从强大的工人经济组织的出现对他们的第一次打击中恢复过来，他们反倒联合成更为强大的集团与工人对抗并向工人进攻），使我们的一些同志低估经济运动的益处。他们在我们的报刊上就这一问题公开发表的言论，必然导致大批工联主义者离开我们党。因此，当社会主义者在1888年（即芝加哥代表大会前一年）的总统选举中提出他们在纽约州的总统选举人时，这些总统选举人每人获得的票数只有大约2000张。芝加哥代表大会开创了一个新时代，它制定了社会主义工人党今后的宣传鼓动工作的基本路线，宣布把经济运动与政治运动结合起来。从那时以来，美国社会主义者主要致力于提倡新工联主义，后者在目标和方法方面与社会主义工人党是一致的、不可分割的。当然，从那时起，社会主义工人党和它的新工联主义者盟友在每次运动中都采取独立行动。这种政策很快就取得了丰硕的成果。1890年社会主义者在纽约州得到的选票已上升到13337张，1891年上升到14561张。1892年，当我们党在我国历史上第一次提出自己的总统候选人时，在纽约州得到了 18147 张选票。这些数字虽然不大，但正在增长，而且已经远远超过了废奴党（要求废除奴隶制的党）1840 年（即在废奴党的废奴纲领得到实际执行前不到 25 年）提出自己的第一个总统候选人时在全国得到的票数。除了纽约州的社会主义者外，在马萨诸塞州、康涅狄格州、新泽西州、宾夕法尼亚州、马里兰州和西部几个边远地区的社会主义者，也参加了 1892 年的总统竞选运动。

在所有这些地方提出总统选举人，当然都是为了集中社会主义者的选票。而现在几乎用不着怀疑，在下次总统选举时，我们将在全国（可能除了南部以外）有效地组织起来参加总统竞选。

我们党在下列各州和城镇有自己的组织（支部）：

加利福尼亚州：洛杉矶 1 个；旧金山 2 个。

科罗拉多州：普韦布洛 1 个。

康涅狄格州：布里奇波特 1 个；哈特福德 3 个；梅里登 1 个；丹伯里 1 个；纽黑文 2 个；诺威奇 1 个；罗克维尔 1 个；沃特伯里 1 个。

特拉华州：威尔明顿 1 个。

伊利诺伊州：芝加哥 7 个；恩格尔伍德 1 个；皮奥里亚 1 个。

印第安纳州：埃文斯维尔 1 个；印第安纳波利斯 1 个。

衣阿华州：克雷斯顿 1 个。

缅因州：里斯本福尔斯 1 个。

马萨诸塞州：亚当斯 1 个；波士顿 5 个；菲奇堡 1 个；格雷洛克 1 个；霍利奥克 2 个；劳伦斯 1 个；新贝德福德 1 个；皮茨菲尔德 1 个；斯普林菲尔德 2 个；汤顿 10 个；韦伯斯特 1 个。

密歇根州：底特律 1 个。

明尼苏达州：明尼阿波利斯 1 个；圣保罗 1 个。

密苏里州：圣路易斯 2 个。

新泽西州：布卢姆菲尔德 1 个；卡姆登 1 个；伊丽莎白 1 个；加滕伯格 1 个；哈肯萨克 1 个；霍博肯 1 个；泽西市 1 个；纽瓦克 1 个；帕特森 2 个；普兰菲尔德 1 个；尤宁希尔 1 个；西霍博肯 1 个。

纽约州：奥尔巴尼 2 个；布法罗 1 个；东布法罗 1 个；敦刻尔克 1 个；埃尔迈拉 1 个；布鲁克林 10 个；威廉斯堡 1 个；纽约 29 个；科利奇波因特 1 个；埃弗格林 1 个；长岛市 1 个；里士满港 1 个；罗切斯特 2 个；萨格港 1 个；斯克内克塔迪 1 个；斯泰普尔顿 1 个；锡拉丘兹 1 个；特洛伊 1 个；尤蒂卡 1 个；扬克斯 1 个。

俄亥俄州：克利夫兰 1 个；代顿 1 个；托莱多 1 个。

俄勒冈州：波特兰 1 个。

宾夕法尼亚州：阿勒格尼市 1 个；阿伦敦 1 个；伊利 1 个；费城 5 个；匹兹堡 3 个；康奈尔斯维尔 1 个。

罗得岛州：普罗维登斯 3 个。

得克萨斯州：圣安东尼奥 1 个。

佛蒙特州：拉特兰 1 个。

华盛顿州：西雅图 1 个。

威斯康星州：密尔沃基 1 个；希博伊根 1 个。

哥伦比亚特区：华盛顿 1 个。

这些支部都按民族组成。在这些支部中除了有美国人和德国人的支部外，还有佛兰德人、法国人、匈牙利人、波兰人、犹太人和斯堪的纳维亚人的支部。支部多的州设有州中心领导机关。党的最高权力机关即全国执行委员会的所在地由全国代表大会决定。全国代表大会在形势需要时召开。自 1889 年以来，全国执行委员会设在纽约附近的布鲁克林区。

社会主义工人党有两种机关报。一种是用英文出版的《人民报》，另一种是用德文出版的《前进报》。除此之外，还在全国各重要城市用英语、德语、斯堪的纳维亚语、匈牙利语、犹太语、波兰语和其他语言出版党的日报和周刊。

党充满了国际团结的精神。这一点在任何时候，例如最近德国举行选举时，都得到了确凿无疑的证实。另一方面，国外社会主义运动的发展，例如我们德国同志们的凯旋进军、英国独立工党在坚定的社会主义原则基础上的建立、法国国民议会和市政机构中社会党议员的稳定增加等，都鼓舞着我们党，因而也间接鼓舞着整个美国无产阶级。

美国无产阶级在过时的方针引导下，最近在斗争中——从霍姆斯特德事件到托纳旺达事件——遭到了无数次失败，这些失败迫使他们对自己的现状进行反思。工会报刊和劳动骑士团机关报上开始发表的重要文章就反映了这种情况。

美国劳动无产阶级思想上的这种转变，是事态发展的必然结果。提倡、促进和巩固这种转变，启发我们的劳苦阶级，引导他们采取顺应时代需要的策略，使他们更深刻地理解他们从经验中获得的教益，完善自己的斗争方法，这就是美国社会主义工人党肩负的使命。美国社会主义工人党将一如既往，不屈不挠地履行这一使命，它将永远从欧洲同志们的胜利中得到鼓舞。

美国社会主义工人党代表：

丹尼尔·德莱昂

附　录

苏黎世国际社会主义工人代表大会代表名单

1. **澳大利亚**

   谢乌萨，弗，悉尼（澳大利亚），澳大利亚社会民主联盟。

2. **比利时**

   万贝韦伦，艾德蒙，根特，（比利时）手套工联合会。

   克莱伊丝，欧仁妮，比利时。

   德布罗克尔克，路易，布鲁塞尔，社会学习联合会。

   德弗奈特，古斯塔夫，布鲁塞尔，人民之家。

   哥特夏克，康，安特卫普，安特卫普联合会。

   范科尔，亨利克，根特，统一工人组织。

   范科尔，内利，布鲁塞尔，佛兰德地区荷兰妇女同盟；妇女团
   结联盟。

   拉封丹，亨利，布鲁塞尔，正义社。

   莱昂纳尔，H.，比利时，中央联合会。

   马朗普雷，J.，恩赛拉尔，高卢纺织工联合会。

   皮埃龙，E.，比利时，全国冶金工人联合会。

   萨斯，弗兰西斯，布鲁塞尔，木材劳动者总联合会。

   塞维，维克多，比利时，布鲁塞尔人联合会。

   斯坦德尔，卡米耶，布鲁塞尔，人民之家。

   王德威尔得，埃，布鲁塞尔，比利时工人党。

沃尔德斯，让，布鲁塞尔，比利时工人党。

万莱达，让，比利时，全国烟草联合会。

3. 巴西

李卜克内西，威廉，柏林，巴西工人党。

宰德尔，罗伯特，苏黎世，在圣保罗的德国工人。

4. 保加利亚

加布罗夫斯基，N. Ch.，保加利亚，保加利亚社会民主党特尔诺
　　沃代表大会。

拉柯夫斯基，克雷斯塔，舒门，保加利亚社会民主联盟。

5. 丹麦

延森，J.，哥本哈根，中央行业联合会。

克努松，彼，哥本哈根，丹麦社会民主党，同时代表瑞典社会
　　民主党。

6. 德国

阿尔布雷希特，阿道夫，哈雷，萨克森—安哈尔特省社会民
　　主党。

安特里克，奥托，柏林，党员。

阿尔诺德，汉斯，康斯坦茨，党员。

奥滕里特，奥芬巴赫。

鲍德尔特，A.，阿波尔达，图林根的党。

倍倍尔，奥古斯特，柏林，帝国国会社会民主党议会党团。

贝克，埃米尔，苏黎世，德国社会民主党。

贝尔瑙尔，H.，弗赖堡。

伯恩施坦，爱，伦敦，绍姆堡—利珀的党。

比尔克，慕尼黑，党员。

博克，W.，哥达，德国制鞋工。

布赖，奥，汉诺威第三和第四选区。

布鲁恩斯，J.，不来梅。

布乔，弗里德里希，瑞士德意志联合会。

毕布，费，埃尔富特区的米尔豪森。

卡尔韦尔，理查，不伦瑞克。

登普沃尔夫，弗里德里希，苏黎世，德意志团结协会。

多伊森，约瑟夫，沙夫豪森，工人教育协会。

迪纳，奥古斯特，美因河畔法兰克福，党员。

德雷斯巴赫，奥古斯特，曼海姆，曼海姆社会民主协会。

杜伦斯，胡果，圣因格贝特工人选举协会。

埃尔姆，阿·冯，石勒苏益格—荷尔斯泰因，党员。

埃梅尔，L.，萨尔布吕肯，党员。

费舍，理查，柏林，党员。

弗兰克尔，巴黎，德意志读书俱乐部。

弗雷斯多夫，J.，德累斯顿。

弗赖斯特滕，阿姆里斯韦尔，工人教育协会。

弗里茨，圣，柏林，柏林的同志们。

格贝尔，阿尔伯特，贝格多夫，玻璃工人。

格里伦贝格尔，纽伦堡，党员。

格里姆佩，埃尔伯费尔德。

格律恩贝格，卡，哈尔塔（萨克森），党员。

汉佩尔，库尔，德国工人教育协会。

哈泽，柯尼斯堡，党员。

豪格，J. F.，弗赖堡，党员。

豪普特，K.，阿波尔达，纺织工人联合会。

赫伯特，弗里茨，斯德丁，党员。

赫尔姆斯，巴塞尔，德国工人教育协会。

希尔登布兰德，卡尔，斯图加特，党员。

霍赫，哈瑙、赫希斯特和威斯巴登的党。

霍夫曼，A.，萨尔费尔德。

霍恩，格奥尔格，吕布陶，玻璃工人。

许布施，卡尔，柏林。

胡格，保罗，班特。

雅恩，R.，柏林，德国瓷器工人。

云格，阿，埃斯林根。

科伊芬诺伊尔，米尔海姆，党员。

克洛斯，C.，斯图加特。

列曼，哥，多特蒙德。

列曼，C.，奥芬堡，帝国国会奥芬堡选区。

李卜克内西，威廉，柏林，帝国国会社会民主党议会党团。

路克斯博士，马格德堡，党员。

麦斯特，科隆。

梅茨纳，泰，柏林，柏林的同志。

梅切克，A.，阿尔滕堡。

弥勒，埃尔伯费尔德。

奈特尔，奥托，柏林，五金工人。

平考，卡，莱比锡。

赖歇尔特，阿尔宾，布格施泰特。

鲁夫，亨利希，奥尔登堡附近的奥斯特恩堡，玻璃工人。

绍尔博恩，日内瓦，西瑞士德意志联合会。

舍特根，苏黎世，德国社会党人。

席佩耳，麦，开姆尼茨。

施米特，C.，柯尼斯堡。

施米特，亨利希，苏黎世，德国社会党人。

施米特，皮尔马森斯，路德维希港的党。

朔贝尔，卡尔，磨工，拉芬斯堡。

舍夫，S.，木工，拉芬斯堡。

施赖伯，埃尔德曼，阿劳，工人协会。

舒曼，布鲁诺，比勒费尔德，代表东威斯特法利亚和利珀—代特莫尔德。

舒马赫，G.，索林根。

施瓦尔茨，特奥多尔，吕贝克，党员。

泽基茨，M.，纽伦堡，德国五金工人。

宰弗特，J.，茨维考。

济伯，约，纽伦堡。

辛格尔，保尔，柏林，帝国国会社会民主党议会党团。

施佩贝尔，F.，罗森海姆。

施塔特哈根，阿，柏林，下巴门。

施塔姆，堪斯塔特，卡尔夫社会民主联合会和堪斯塔特的党。

施滕格勒，G.，汉堡。

施特默，A.，汉堡，海员联合会。

施托尔佩，H.，布雷斯劳。

施蒂默，H.，汉堡。

蒂姆，J.，柏林，柏林的同志们。

特佩尔，弗里茨，卡尔斯鲁厄，裁缝。

乌尔里希，卡尔，奥芬巴赫，代表黑森公爵领地。

乌尔里希，G.，新乌尔姆。

韦希特尔，Th.，斯图加特，党员。

韦施，C.，克雷菲尔德和埃森。

维泽尔，共产主义工人教育协会，伦敦。

维勒，R.，汉诺威。

武尔姆，E.，格拉。

温克勒，库尔，德国工人教育协会。

岑克尔，Th.，卡尔斯鲁厄，党员。

蔡特金，克拉拉，斯图加特，社会民主妇女组织（曼海姆）和
　　柏林的党员。

齐洛夫斯基，奥托，奥芬堡，普福尔茨海姆的党。

青纳，温特图尔，德国社会党人。

齐特，约瑟夫，奥格斯堡，党员。

7. **法国**

阿列曼，巴黎，印刷工人社会学习协会。

阿莫雷蒂，马赛，法国行业工会全国联合会。

安富，艾克斯工人工会联盟。

阿尔吉里阿德斯，巴黎，中央革命委员会，工人党中央委员会
　　（阿尔芒蒂耶尔支部）和阿列省社会主义劳动者团结协会。

阿恩特，保尔，巴黎，中央革命委员会，巴黎国际革命社会主
　　义大学生小组。

博赛，费尔南，里昂制帽工人联合会。

博内，巴黎，中央革命委员会，巴黎国际革命社会主义大学生

小组和第六区革命社会主义联盟（工人党）。

博尼埃，沙，巴黎，《新时代》月刊，工人党（全国委员会）。

博尼奥尔，戛纳，戛纳印刷工人工会联合会，戛纳及沿海地区
　　厨师工人联合会，戛纳饭馆饮食业职工联合会。

科莫，茹尔，法国社会主义劳动者联合会全国委员会，沙泰勒
　　罗社会政治行动学习和团结小组，巴黎雇员工会联合会，巴
　　黎铁路工人工会联合会。

沙贝尔，马赛，法国行业工会全国委员会。

科洛，欧仁妮（女公民），巴黎室内装饰绒织工人工会联合会。

肖斯，巴黎，社会主义革命工人党（总书记）。

孔顿苏扎克，巴黎，国际社会主义同盟。

科尔特斯，马赛，马赛劳动介绍所。

德盖，巴黎，中央革命委员会。

德让特，巴黎，法国制帽工人联合会。

德米尔，巴黎制帽工人工会联合会。

迪萨尔，里昂，劳动介绍所，全国联合会，地方委员会。

杜布利耶，里昂，纺织行业同业联合会。

费拉，里昂，劳动介绍所，全国联合会，地方委员会。

费里，路易，罗芒，佩奇堡的罗芒（德龙省）的革命社会主义
　　劳动者小组，多菲内省社会主义联合会。

格罗，伊波利特，马赛，法国行业工会全国联合会。

盖拉尔，巴黎，法国铁路职工联合会。

雅克拉尔，社会主义记者联合会，独立社会党人联合会。

克费，奥古斯特，巴黎，法国书籍劳动者联合会，巴黎印刷联
　　合会。

马丽安娜女公民，社会问题研究者。

马尔尚，南特，库埃龙冶金联合会，南特劳动介绍所，绍莱劳动介绍所，南特革命社会党人委员会。

莫容奈，第戎，科多尔省第戎劳动介绍所，东部（第戎）社会主义劳动者联合会。

蒙塔尼亚德，马赛，马赛劳动介绍所。

莫尔蒂埃，B.，圣艾蒂安，法国冶金工人全国联合会，社会主义工人党委员会（圣艾蒂安），法国冶金工人全国联合会（卢瓦尔—圣艾蒂安分会）。

皮纳泰尔，马赛，法国行业工会全国联合会。

普朗托，巴黎，不妥协的社会主义者同盟。

雷米，莱，巴黎，中央革命委员会，巴黎国际革命社会主义大学生小组，第六区革命社会主义联盟（工人党）。

勒努，巴黎，全国劳工书记处。

鲁森，格扎维埃，巴黎，瓦尔、土伦工会联合会。

雷诺，马赛，法国行业工会全国联合会。

西蒙，里昂，劳动介绍所，全国联合会（里昂地方委员会），罗阿讷劳动介绍所，瓦龙制鞋工人联合会，里昂制鞋工会联合会。

斯塔特巴赫尔，塔恩、阿韦龙和埃罗劳工联合会。

圣多曼格，巴黎，巴黎—布达佩斯实证主义无产者和伦敦社会实证主义者联谊会。

韦伯，巴黎，社会主义者刊物，独立社会党人联合会。

8. 大不列颠和爱尔兰

安德森，约翰，工联代表大会议会委员会。

安德森，R. W.，约克郡费边社。

阿什顿，J.，大不列颠矿工联合会。

艾威林，爱，伦敦，煤气工人全国联合会。

巴克斯，厄·贝尔福特，托特纳姆，社会民主联盟。

伯恩，Mich.，曼彻斯特，联合裁缝社。

泰平，亨·海德，阿伯丁独立工党。

克利夫斯，E. A.，坎宁镇，社会民主联盟。

克林兹，约·罗，奥尔德姆，工联奥尔德姆理事会。

克罗泽耳，H.，伦敦，科学仪器制造者协会。

戴维斯，W. J.，伯明翰，黄铜制造工人全国协会。

爱德华兹，B.，伦敦，共产主义工人教育协会。

爱德华兹，E. G.，多佛尔，肯特郡独立工党。

菲尔德，阿瑟，莱斯特，独立工党。

菲茨帕特里克，R. H.，都柏林，都柏林社会主义者同盟。

弗雷克，Chas.，制靴工人全国协会，伦敦。

加尔布雷思，塞缪尔，达勒姆矿工。

吉勒斯，斐，伦敦，工人生产协会。

格林，L. A.，利兹，独立工党。

格林伍德，A.，伦敦，大不列颠玻璃酒瓶制造工人。

奎尔奇，哈里，伦敦，社会民主联盟。

哈福德，爱，工联代表大会议会委员会。

霍布森，Chas.，设菲尔德，工联理事会。

霍奇，约翰，工联代表大会议会委员会。

霍姆斯，戴维，工联代表大会议会委员会。

霍姆斯，詹姆斯，莱斯特，全国针织工人联合会。

尤金斯，R.，米德兰工会联合会。

欧文，玛格丽特，格拉斯哥，妇女保护和发展联盟。

贾维斯，J.，坦布里奇韦尔斯，社会民主联盟。

约翰逊，约翰，达勒姆矿工。

列斯纳，弗，布卢姆斯伯里，布卢姆斯伯里社会主义协会。

莱昂斯，路易斯，伦敦，国际裁缝、机工、印刷工联盟。

麦克唐纳，詹姆斯，伦敦，工联伦敦理事会。

麦克拉伦，C. 司各脱，伦敦，裁缝联合协会。

马丁，J. W.，伍尔弗汉普顿，费边社。

马克思-艾威林女士，爱，伦敦，煤气工人全国联合会。

马克斯韦尔，肖，伦敦，独立工党。

麦克劳德，Ed.，伦敦，裁缝联合协会。

莫布雷，C. W.，伦敦，裁缝联合协会。

莫里斯-斯帕林，M. 女士，伦敦，哈默史密斯社会主义协会。

奥格尔维小姐，爱丁堡，苏格兰工党。

奥格尔维，J.，爱丁堡，苏格兰工党

奥康瑙尔，J.，伦敦，运煤工联合会。

奥利弗，赛，沃尔沃思，社会民主联盟。

奥利维耶，悉尼，伦敦，费边社。

皮卡尔德，B.，大不列颠矿工联合会。

鲁宾逊，G.，诺丁汉和地区工联理事会。

罗兰，H.，国际裁缝联合协会。

绍尔博恩，J.，马里勒本，社会民主联盟。

肖伯纳，乔，伦敦，费边社。

肖伊，安德烈亚斯，伦敦，格林尼治社会协会第三分会。

谢立丹，E. F.，伦敦，商业运输工人同盟。

斯马特，罗素，伦敦，柴郡费边社。

斯密斯，J. H.，爱丁堡，苏格兰社会主义联合会。

斯密斯，阿，伦敦，妇女工会同盟。

斯坦利，A.，格拉斯哥，大不列颠矿工联合会。

斯特德曼，W. C.，伦敦，工联伦敦理事会。

萨默斯，J. D.，巴特西，社会民主联盟。

泰勒，约翰，达德利，米德兰工会联合会。

梭恩，威廉，伦敦，煤气工人全国联合会。

弗尔克尔，西奥博尔德，伦敦，大不列颠和爱尔兰玻璃酒瓶制
　　造工人。

沃林顿，J. W.，格拉斯哥，联合工会理事会。

瓦茨，汉特，伦敦，社会民主联盟。

温切夫斯基，B.，犹太工会和社会主义协会。

华兹华思，G.，格拉斯哥，大不列颠矿工联合会。

9. 荷兰

科尔纳利森，克，阿姆斯特丹，社会党。

多梅拉–纽文胡斯，斐，阿姆斯特丹，社会党。

格尔哈德，J. W.，阿姆斯特丹，荷兰社会民主教师协会。

霍温格，H.，阿姆斯特丹，"前进"印刷联盟。

范科尔，亨，阿姆斯特丹，糕点联合会。

弗利根，W. H.，马斯特里赫特，社会党。

10. 意大利

布西，雷焦艾米利亚，合作社联合会。

卡布里尼，埃贝雷尼尼，帕尔马，社会主义协会。

卡内帕，奥内利，社会主义者同盟。

科达，米兰，意大利泥瓦工联合会。

柯罗齐，米兰，手套制造工协会。

达尔奥沃，帕维亚，社会主义者协会。

菲利佩蒂，A. 博士，米兰，社会民主联盟。

詹诺尼，罗莎，雷焦艾米利亚，生铁铸造工联合会。

库利绍夫，安娜，米兰，劳动生产者联盟。

拉布里奥拉，那波利，社会主义者协会。

莱奥纳尔迪，米兰，社会主义印刷联盟。

皮尼，雷焦艾米利亚，泥瓦工合作协会。

普拉姆波利尼，米兰，劳动党中央委员会。

里卡尔迪，特尔尼，"在偶发事件中的军队"社会主义者联合会。

龙达尼，雷焦艾米利亚，社会主义者同盟。

罗西，热那亚，社会主义者同盟。

塞拉蒂，米兰，家具制造者同盟。

索尔迪，克雷莫纳，农民社会主义抵抗同盟。

索雅，米兰，石印工人联合会。

坦齐，卡洛，米兰，米兰社会主义者同盟。

屠拉梯，菲力浦，米兰，威尼斯社会主义组织；巴勒莫，意大利劳动党；莫尔费塔，普利亚的社会主义者联合会。

沃盖拉，雷焦艾米利亚，大理石雕刻者合作协会。

11. 挪威

克勒格尔-约翰森，克里斯蒂安尼亚[①]，挪威工人党。

---

①　今奥斯陆。——编者注

12. **奥地利**

阿德勒博士，维克多，维也纳，奥地利社会民主党。

艾希，威廉，菲拉赫，克恩滕州组织。

伯森博克，弗兰茨，维也纳，奥地利制帽工人。

达申斯基，伊格纳齐，克拉科夫，加利西亚州组织。

迪特里希，罗伯特，维也纳，奥地利制鞋工人。

德沃夏克，阿德尔海德，维也纳，下奥地利州组织。

埃伦特劳特，尤利乌斯，维也纳，下奥地利工人协会教育联合
　　会书记。

埃伦博根博士，威廉，维也纳，奥地利社会民主党。

哈里希，约瑟夫，苏黎世，苏黎世奥匈工人协会。

哈尼希，约瑟夫，施泰因舍瑙，施泰因舍瑙和海达专区组织和
　　玻璃制造工。

亨利希，K.，维也纳，奥地利制帽工人。

赫格尔，卡尔，维也纳，奥地利印刷和铸字工人。

考茨基，卡尔，斯图加特，下奥地利州组织。

考茨基，路易莎，伦敦，下奥地利州组织。

基塞韦特，W.，赖兴贝格，北波希米亚州组织。

科扎凯维奇，扬，伦贝格，加利西亚州组织。

利施卡，约瑟夫，维也纳，奥地利五金工人。

莫克洛夫斯基，卡齐米茨·斯坦尼斯劳斯，加利西亚州组织。

诺伊路勒尔，彼得，维也纳，奥地利裁缝。

普雷豪塞尔，雅科布，萨尔茨堡，上奥地利和萨尔茨堡州
　　组织。

雷塞尔，汉斯，格拉茨，施泰尔马克州和克赖因州组织。

罗雪尔，弗兰茨，赖兴贝格，波希米亚和下奥地利纺织工人。

萨斯卡，伊格纳茨，因斯布鲁克，蒂罗尔和福拉尔贝格州
组织。

斯卡雷特，斐迪南，维也纳，奥地利木材工人。

肖伊，约，维也纳，下奥地利州组织。

施米特，胡戈，耶格恩多夫，摩拉维亚和西里西亚州组织。

舒迈耶尔，弗兰茨，维也纳，下奥地利州组织。

斯捷亨贝格，雅科布，伦贝格，伦贝格和克拉科夫犹太社会民
主工人。

托姆西克，约，维也纳，奥地利铁路工人。

捷克代表

德迪克，卡尔，布拉格，州组织。

希贝什，约瑟夫，布吕恩，摩拉维亚捷克州组织。

斯卡劳特，约瑟菲娜，布拉格，波希米亚和摩拉维亚有组织的
女工。

沙勒，弗兰茨，布拉格，波希米亚有组织的木工。

施泰纳，约瑟夫，比尔森，西波希米亚州组织。

13. **匈牙利**

安切尔，Joh.，阿格拉姆（克罗地亚），社会民主党和木材
工人。

迪茨，Jos.，布达佩斯，镟工工会。

亚索伊，萨穆埃尔，布达佩斯，社会民主党。

基什，阿道夫，新佩斯，社会民主党。

基特尔，F.，布达佩斯，制鞋、雕刻工和镟工工会。

科绍，路德维希，布达佩斯，制帽工、管道工、水管工工会。

拉迪，亚历山大，新佩斯，社会民主党。

赖施，弗兰茨，布达佩斯，社会民主党。

舒尔德斯，弗兰茨，布达佩斯，木工工会。

佐尔凯，阿洛伊斯，普雷斯堡，社会民主党和多个工会。

14. 波兰

达申斯基，伊格纳齐，克拉科夫，西加利西亚州委员会。

格拉布斯基，斯塔尼斯拉夫，巴黎，波兹南波兰社会党。

卡尔斯基，华沙，俄属波兰社会民主小组。

科扎凯维奇，扬，伦贝格，东加利西亚州委员会。

门德尔松，斯塔尼斯拉夫①，伦敦，（俄属波兰）波兰社会党；波兰社会主义者国外联合会。

门德尔森，玛丽亚，伦敦，波兰社会主义者国外联合会；波兰社会党。

莫克洛夫斯基，卡齐米尔，马希茨，斯坦尼斯拉夫的波兰社会党。

佩尔，费利克斯，伦敦，波兰社会党。

斯捷亨贝格②，雅科布，伦贝格，犹太工人联合会。

维托德，约德科，伦敦，波兰社会党。

15. 罗马尼亚

---

① 原文为斯坦尼斯拉斯（Stanislas），此处按照波兰代表团提交大会的《关于波兰社会主义工人运动的报告》的署名改为斯塔尼斯拉夫（Stanislaw）。——编者注

② 原文为斯特肯贝格（Steckenberg），此处按会议记录及奥地利代表团名单改为斯捷亨贝格（Stechenberg）。——编者注

迪格里姆

多布罗贾努-盖雷亚，康，

米勒，康斯特，　　　　　｝罗马尼亚社会民主党

帕纳伊泰斯库，格雷戈里，　布加勒斯特代表大会

拉多维奇，让，

16. 俄国

普列汉诺夫，格奥尔基，彼得堡，纽约俄国社会民主党。

17. 瑞士

阿福尔特尔，雅科布，伯尔尼，工人联合会。

阿尔诺德，威廉，巴塞尔，巴塞尔工人联合会和瑞士党委
　　员会。

倍尔切，尤利乌斯，巴登，工人联合会和工人总联合会。

贝格尔，厄里康工人联盟。

贝尔切，J.，温特图尔工人联合会。

贝尔钦格尔-胡格，维尔弗林根，温特图尔工人联合会。

比奇，苏黎世，瑞士裁缝联合会。

布兰克，费利克斯，洛桑，洛桑工人联合会。

博梅利，Rud.，日内瓦，德国工人协会，格吕特利联盟等。

博斯哈特，J.，塔尔维尔，社会民主党党员和格吕特利联盟
　　盟员。

布兰特，保尔，圣加仑，工人联合会。

布伦，苏黎世，画家。

卡德拉，J.，屈斯纳赫特，格吕特利联盟。

科达，J.B.，洛桑，泥瓦工国际联合会洛桑分会。

康拉德，P.，霍尔根，塔尔维尔和霍尔根木材工人工会。

康策特，C.，厄里康（苏黎世），厄里康及其附近地区的工人
协会。

康策特夫人，苏黎世，苏黎世女工协会。

库勒里，P.，绍德封，法语区格吕特利联盟。

德根，约瑟夫，上维尔，上维尔社会民主党党员。

杜斯特勒，Jak.，韦齐孔，格吕特利联盟。

杜布瓦，A.，尼翁，木材工人。

东克尔，G.，苏黎世，瓦工联合会。

东克尔，温特图尔，温特图尔工人联合会。

埃格利夫人，温特图尔工人联合会。

福凯，阿卢瓦，洛桑，洛桑工人联合会。

弗雷希，F.，苏黎世五金工人工会。

弗赖弥勒，J.，伯尔尼，瑞士，制鞋工联盟。

弗里克，K.，苏黎世，瑞士，工会联合会。

菲尔霍尔茨，索洛图恩，社会民主党。

加塞尔，图恩，地区联合会。

加塞尔，弗洛里安，蒙特勒，瑞士法语区家具木工。

格拉夫，W.，苏黎世，苏黎世格吕特利联盟和书籍装订工联
合会。

格赖纳，路易，洛桑，木材工人。

格罗伊利希，海尔曼，苏黎世，社会民主党。

克施温德，斯蒂凡，上维尔，上维尔社会民主党党员和巴塞尔
州格吕特利联盟盟员。

豪格，卡尔，克罗伊茨林根，格吕特利联盟。

黑迪格尔，塔尔维尔，塔尔维尔和霍尔根的木材工人工会。

埃耶利，D.，圣加仑，圣加仑工人联合会。

赫尔，W.，苏黎世，瑞士男女裁缝。

亨斯勒，外锡尔，工业区格吕特利联盟。

埃里蒂埃，路易，日内瓦，社会党委员会。

霍岑克西勒，R.，库尔，工人联合会。

胡伯博士，温特图尔，社会民主党。

胡格，埃米尔，新明斯特，格吕特利联盟。

洪格尔毕勒尔，苏黎世，瑞士工会联合会。

若斯林，埃米尔，巴塞尔，巴塞尔饰带制作工联合会。

克泽尔，F.，伯尔尼，瑞士，瑞士罗曼语地区印刷工联合会和
　印刷工协会。

克尔，E.，苏黎世，瑞士工会联合会。

凯勒-施温，J.，巴塞尔，大巴塞尔格吕特利联盟。

凯斯勒，Ed.，索洛图恩，工人党。

科特曼，维恩塔尔，烟草工人中央联合会。

库布利，雅科布，内茨塔尔，格吕特利联盟。

金茨勒，Joh.，穆捷，格吕特利联盟。

兰多尔特，C.，苏黎世，瑞士装订工联合会。

朗格，奥托，苏黎世，社会民主党。

莱维-伊斯利克，T.，巴塞尔，社会民主党。

林克，R.，格拉泽，沙夫豪森，沙夫豪森工人联合会。

卢金比尔，R.，朗根塔尔，朗根塔尔格吕特利联盟。

梅德，圣加仑，格吕特利联盟和工人联合会。

曼茨，C.，苏黎世，瑞士书籍装订辅助工联合会。

毛赫勒，弗丽达，厄里康，女工协会。

毛赫勒，厄里康，社会民主协会。

毛里齐奥，亚当，伯尔尼，工人联合会。

迈耶尔，Joh.，沃里斯霍芬，沃里斯霍芬格吕特利联盟。

梅尔克，奥，苏黎世，瑞士工会联合会。

迈利，圣格奥尔根，圣格奥尔根铸造行业联合会。

迈利，厄里康工人联合会。

梅蒂耶尔，H.，苏黎世，苏黎世格吕特利联盟。

穆尔，卡尔，利斯，格吕特利联盟。

莫尔夫，奥，苏黎世，印染工工会。

莫尔夫，鲁道夫，苏黎世，五金工人工会。

穆格里，G.，温特图尔，格吕特利联盟中央委员会。

弥勒，J. B.，圣加仑，格吕特利联盟。

弥勒-奥特，巴塞尔，社会民主党。

内夫，爱德华，乌兹维尔，铸造行业联合会。

奥斯特海姆，苏黎世，苏黎世印刷工。

彼得，K.，霍尔根，社会民主党和格吕特利联盟。

菲力浦，菲力浦，温特图尔，裁缝工会。

皮齐，赫尔曼，苏黎世，瑞士，裁缝联合会。

皮瓦茨，弗里茨，沃韦，木材工人。

赖夫，温特图尔工人联合会。

赖曼，G.，比尔，钟表工人联合会。

鲁瓦，B.，苏黎世，木工工会。

鲁夫，奥，苏黎世，木材工人行业联合会。

绍尔博恩，日内瓦，裁缝联盟。

沙茨曼，弗里德里希，伦茨堡，格吕特利联盟。

申克尔，苏黎世，制鞋行业联合会。

施米德，雅，苏黎世，苏黎世工人总联合会。

席勒，伯恩哈德，特斯，工人联合会。

施米茨，苏黎世，瑞士，工会联合会。

舍嫩贝格尔，温特图尔工人联合会。

施拉格，L.，伯尔尼，格吕特利联盟。

舒马赫，维普金根，格吕特利联盟。

施维茨格贝尔，阿，比尔，钟表工人联合会。

宰德尔，罗，苏黎世，苏黎世工人联合会。

西格，日内瓦，日内瓦社会党。

西格里斯特，爱德华，巴塞尔，社会民主党。

斯坦德哈特，苏黎世，玻璃工中央联合会（瑞士）。

施泰克，A.，伯尔尼，瑞士，党委员会。

施泰格尔，古斯塔夫，伯尔尼，工人联合会。

施庭齐，亨利希，外锡尔，格吕特利联盟。

托伊费尔，A.，洛桑，工人总联合会。

托曼，奥，苏黎世，瑞士，工会联合会。

图罗韦，达沃斯。

福格特，施赖纳，苏黎世，工会（替代组织）。

瓦伦小姐，巴塞尔，瑞士，女工联合会。

瓦尔德福格尔，沙夫豪森，工人联合会。

瓦西里耶夫，伯尔尼，工人联合会。

韦伯，鲁道夫，阿福尔特恩，格吕特利联盟和工人联合会。

韦尔纳，温特图尔，格吕特利联盟中央委员会。

韦策尔，索罗图恩，工人党。

威德默，阿洛伊斯，苏黎世，书籍装订行业联合会。

沃尔弗，汉斯，迈希瑙，格吕特利联盟。

维格勒，苏黎世，苏黎世第三区工人教育协会。

维斯，J.，措芬根，社会民主协会和格吕特利联盟。

蔡斯贝格，J.，苏黎世，瑞士，工会联合会。

18. 塞尔维亚

巴鲁克齐契①，齐伏因，贝尔格莱德，塞尔维亚社会主义者和
工人。

19. 西班牙

伊格列西亚斯，帕布洛，马德里，社会主义工人党。

帕西亚-鲁恩多，奥，巴塞罗纳，西班牙工人总联盟。

20. 北美合众国

卡恩，亚伯拉罕，纽约，纽约和布鲁克林的希伯莱工会联
合会。

德莱昂，丹，美利坚合众国，社会主义工人党。

萨尼亚尔，吕，纽约，工人中央联合会。

---

① 巴鲁克齐契（Balukdzitsch）在大会会议记录中的拼写为巴罗伊契奇
（Baloudjtich）。——编者注

苏黎世国际社会主义工人代表大会
收到的贺电一览表

（截至 8 月 10 日）

　　格拉纳达：社会党人。——**里斯本**：工会联合会社会主义小组。——**旧金山**：劳动委员会。——**巴勒莫**：社会党人。——**贝尔加马斯科**：社会党人。——**那不勒斯**：社会主义小组。——**拉韦纳**：革命社会党。——**伯恩利**（英格兰）：社会民主联盟。——**伦敦**：木匠。——**鲁昂**：工人党。——**马赛**：法国南部社会主义联合会。——**加来**：工人党。——**巴黎**：社会主义工人联合会。——**布鲁塞尔**：机械师卡尔·亨克尔。——**克鲁舍瓦茨**（塞尔维亚）：工人，一批社会党人。——**贝尔格莱德**：工人和工商业者联合会。——**特尔诺瓦**：社会民主党。——**舒门**（保加利亚）：保加利亚社会民主工人联盟。——**巴黎波兰社会民主党人**。——**维也纳波兰革命者**。——**阿姆斯特丹**：社会民主士兵联合会。——**阿姆斯特丹**：荷兰铁路和电车职工联合会。——加芬迈耶尔同志。

　　奥地利：**埃格尔**：社会民主党州代表机关。——**卡尔斯巴德**：裁缝和鞋匠行业协会。——**克拉斯利采**（波希米亚）：当地的同志们。——**新韦尔特**：波希米亚里森山区的同志们。——**克拉托维**（波希米亚）：党员同志们。——**赖兴贝格**：罗赫利茨的捷克和德国的社会党人。——**赖兴贝格**：北波希米亚有觉悟的工人，州代表机关。——**阿拉德**（匈牙利）：团结起来的社会党人。——**阿格拉姆**（克罗地亚）：社会主义钳工。——**芬夫基辛**（匈牙利）：当地的同志们。——**布拉格**：组织起来的印刷工。

来自布达佩斯：匈牙利制帽工人。——管道工行业协会。——木匠行业协会。——裁缝工会。——匈牙利社会民主党报刊《工人》、《劳动卫队》、《钳子》和《印刷工》编辑部。——普雷斯堡：社会主义工人协会。——耶格恩多夫：当地的同志们。——阿拉德：当地的社会党人。——德意志-利鲍①：当地的同志们。——本尼希②（奥地利西里西亚）：当地的工人联合会。——阿格拉姆：党员同志们。——菲拉赫：书籍印刷工。——布吕恩：书籍印刷工，社会民主工党。——因斯布鲁克：蒂罗尔和福拉尔贝格党代表机关。——普拉德勒的同志们。——泰梅什堡：区社会主义代表机关。

来自维也纳：奥地利组织起来的书籍印刷工。——下奥地利工人歌咏联合会。——同志们。——维也纳炼铜工人。——锯木工人。——来自第十三区的同志们。——弗赖辛工人歌咏联合会。——下奥地利教育联合会。——制皂工人。——有组织的镟工。——五金工人。——有组织的裱糊匠。

马恩（荷尔斯泰因）：许多同志。——布雷斯劳：一个被监禁的社会党人。——阿波尔达：图林根自由体操运动员。——索林根：当地的同志们。——科特布斯：社会民主党。——马格德堡：园艺工人中央联合会。——腓特烈港：玛丽·孔斯特代表被监禁的弗里茨·孔斯特。——罗伊特林根：德国五金工人联合会。——比勒费尔德：联合起来的五金工人。——埃尔伯费尔德：正在那里开会的 1 万名莱茵工人。——阿多夫：萨克森第二十三选区的党代表大会。——德累斯顿附近的洛施维茨：当地的同志们。——哈尔伯施塔特：萨克森和安哈尔特

---

① 今捷克利比纳。——编者注
② 今捷克上贝内绍夫。——编者注

州歌唱家联盟。——**福伊尔巴赫**（符腾堡）：斯图加特社会民主协会，施托卡赫区。——**法兰克福**：社会民主党人。——**普福尔茨海姆**：同志们。——**旺茨贝克**：党员同志大会。——**吕贝克**：社会民主党。——**布龙贝格**：129 团度假人员。——**勃兰登堡**：同志们。——**劳西茨**：党员同志们。——**霍姆堡**：当地的红色新兵。——**德累斯顿**：党员同志们。——**布龙贝格**：东部公路工场。——**奥斯特罗德**：哈茨地区的同志们。——**波恩**：党员同志们。——**莱比锡**：社会民主党人。——**莱比锡**：铁匠。——**汉堡**：一些砖瓦工。——**慕尼黑**：讨论俱乐部的同志们。

来自柏林：第五选区的同志们。——红色售货员及辅助工。——民间职业音乐家自由联盟。——柏林第四选区社会民主选举协会。——柏林第二选区选举协会总集会。——柏林饭店帮工联合会——第六选区的同志们。

帕耶讷：国际工人联合会。——**因特拉肯**：工人总联合会。——**库尔**：工人联合会。——**绍德封**：工人总联合会。——**图恩和伯尔尼**：联邦手工作坊工会。——**图恩**：裁缝行业联合会。

因巴赫（萨克森）：工人选举联合会。——**伦敦**：基尔·哈第。——**尼德兰**：尼德兰木工联盟。——**维也纳**：维也纳木匠。

布达佩斯：一位同志。——**巴黎**：《新时代》。——**科莫恩**：裁缝和木匠。——**纽约**：约翰·斯温顿。——**兰斯**：社会党人。——**煤矿工人**。——**维也纳**：奥地利社会民主党的党代表机关。——**汉堡**：德国理发师、美容师和假发制造者联合会汉堡分会。

布达佩斯：裁缝和木匠。——**阿尔托纳**：阿尔托纳面包师帮工。——**伯尔尼**：库塔。——**维也纳**：奥地利和匈牙利锉工。——**日内瓦**：泥瓦工及助手。——**夏洛滕堡**：选举联合会。——**波恩**：新时代协会。——**克拉根福**：同志们。

　　法兰克福：社会主义妇女们。——**慕尼黑**：社会主义妇女们。——
罗滕堡索尔特-韦德尔：社会主义妇女们。——**里斯本**：葡萄牙工人党。

法国代表帕·阿尔吉里阿德斯致主持词

（于 1893 年苏黎世社会主义国际工人代表大会 8 月 8 日会议）

男女公民们：

借任命我来主持今日会议之机，我代表法国代表团及我本人向你们表达诚挚的敬意与衷心的感谢。

虽然进行了选举，也不管人们对此如何加以评论，出席此次代表大会的法国无产阶级是极具代表性的，因为社会党所有派别均派出了代表（40 多名代表），而且每一个工人组织的代表都在其中。

对于法国社会主义者而言，响应并参与任何与人类解放相关的行动都是义不容辞的，因为巴贝夫、傅立叶、布朗基、圣西门等诸多先辈都曾是伟大的社会主义运动思想的传播者，正是这一思想缔造了今日的世界。

因此我们本希望荣幸地看到，在受人敬仰的马克思肖像旁也悬挂这些伟大的思想者的肖像，也悬挂罗伯特·欧文、塞扎尔·德巴普等现代社会主义先驱的肖像。

如果说国际主义正向这一方向发展，那么我们昨天欣喜地听到辛格尔公民对于国际主义的肯定，为此我向他表示感谢。

在巴黎公社与旺多姆石柱倒塌之后，对于法国社会主义者来说，无须声称自己是国际主义者：事实说明一切。请允许我这样一位取得法国国籍的国际主义者毫不谦虚地指出法国人民的忘我牺牲与宽容的品质。

同样，男女公民们，对于法国代表在昨天大会上激动的言行以及宽容自由思想的倾向性，请加以担待。这就是天性使然。

此外，请不要误解。正如德盖、盖拉尔和克费声明的那样：我们远非无政府主义者，也不愿接纳那些不想隶属任何组织的人。但由此就排斥那些隶属于某一组织但看法却简单化的革命社会主义者也是不可能的。

简而言之，我将以下内容来结束发言：

今天，我们开始按议事日程上的问题展开讨论。

男女公民们，首先请大家给予关照，让我顺利履行会议主席的职责；其次也需要你们的节制与包容。

请你们进行以下思考：一方面，时刻戒备我们的资产阶级正在利用我们的分裂与失误；另一方面，更为重要的是，全世界无产者正关注着我们，对于我们的决定也是迫不及待的。我们越是积极反对剥削阶级，反对资本主义吸血鬼，我们就越是能让寄期望于我们的人获得激励，同时我们也就越是能够吸引这些人的热情。相反，我们要是排斥先锋队中独立行动的人，那么我们就可能会失去受剥削阶级的信任。

请站在伟大的国际社会党的利益角度，允许我这样一个毫无私心、忠实于国际主义的人，发表以上评论。

无产阶级解放万岁！

国际主义万岁！

关于波兰委托书问题的最后声明

同志们！

你们大家都知道，大会作出了拒绝波兰王国社会民主党人的报纸和"工人事业"组织的委托书的决议，理由是它们的委托书是匿名的，尽管我们提出了我们社会主义活动的特殊情况、我们的报告和报纸的内容，拒绝了这种质疑。

现在我们想对这一充满怀疑的质疑作出反驳。按照我们的要求，我们报纸的编辑给大会主席团发去一份电报，标明委托书的全名和地址，并要求接收这一备受质疑的委托书。

接收委托书似乎不再有什么问题了。当大会主席团在我——克鲁申斯卡①——在场的情况下讨论这个问题时，情况表明，"波兰代表团"已经提交了一份书面声明，以回应这份电报。

同志们，**在这份声明中，我们的编辑被说成是一个可怜的家伙，被宣称不配委任代表**！实际上，他是俄属波兰社会民主党组织的创始人之一，为了避免遭受长期的牢狱之灾和流放，他刚刚摆脱宪兵控制逃亡国外，在国外，他与其他同志一道创办俄属波兰第一家社会民主党人的报纸，马上在一个新的领域致力于社会民主主义事业。

当我——克鲁申斯卡——被这种污蔑深深激怒、急于表态驳斥这种污蔑时，大会根据门德尔森夫人的要求，说我不是主席团人员，拒绝我

---

①　即罗莎·卢森堡，这是她的笔名。——编者注

发言。五分钟后大会转入讨论议事日程。

同志们！我们永远不想指责大会和主席团，因为此事对大会而言并不重要，而且大会感兴趣的是尽快地提出解决如此众多的偶发事件的办法。我们的对手自然必定得到人们的信任，因为他们是有名的、长期居住在国外的流亡者。但在这件事情上，这种信任却导致了极大的不公平，那些致力于把俄属波兰社会民主主义运动与国际工人运动相结合的人士因此遭到污蔑，被迫保持沉默。

这样就保证了某些人的胜利（我们认为这只是事实上的胜利，而不是道德上的胜利）。与我们相比，这些人的唯一优势是长期生活在国外，他们摆出一副运动代表的架势，而他们完全没有参加这一运动，并站在这一运动——波兰社会民主主义运动——的基本原则的对立面。他们企图赋予这一运动它如今没有并且希望永远都不会具有的特征——社会沙文主义的特征，然后通过他们的国外代表尽量使这一运动给人们留下错误的印象。

正是由于我们的报纸站在真正的国际社会民主党的立场上；正是由于它在第一期上就展现了社会民主党明确而始终如一的面貌，并承诺要成为社会民主主义潮流的强大武器；正是由于这家报纸参加大会的代表使那种虚假的代表面临失败的危险——所以，那些先生们决定，要"不惜任何代价"拒绝我们的委托书（H. 达申斯基的话）；所以，他们一开始死缠着纯粹的手续问题不放；所以，当我们通过一份电报驳倒他们的借口时，他们就马上乞灵于污蔑，滥用外国同志对他们的信任。

在我们所处的条件下，这种行为特别危险。我们必须保护我们的队伍和我们的运动免于这样的危险。在反对这种腐败行为的斗争中，我们向你们——我们的同志们——发出呼吁！

我们向你们揭发"俄属波兰代表"令人愤慨的不公正行径，他们滥用你们的信任来损害我们的运动，诱导你们做出这样的事情。

同志们！在你们中间发布这一抗议，是为了对我们的事业负责，也是为了对国际工人议会负责！

＊　　＊　　＊

现在，我还要说一句话作为回击！

"波兰代表团"在其报告里用以下几句话简单地描述了我们的报告："由于该报告谬误百出，所以我们不得不声明……"它认为这样做很好。

我们必须针对它作出声明：

1. 到底哪份报告谬误百出，我们放心地让每一位理智的和有知识的读者自己去判断。

2. 至于"谬误"的说法，揭露它是一种现在和将来都没有任何理由作为依据的污蔑，便已足够。

那句不仅说明原因而且作出结论的话——"波兰代表团成员对该报告概不负责"——不过是这帮先生们无所凭借的杜撰，因为那位不止一次被"波兰代表团"责难的代表是罗兹和华沙工人的唯一代表，他完全代表"工人事业"的报告表达的意见；而且也只有他本人才能够代表，因为这份报告和这帮先生们的观点毫无共同之处。

最后我们声明：在最近的将来，我们将竭尽全力，向整个社会主义世界揭发针对我们的同志和我们的报纸编辑的这种污蔑。

克鲁申斯卡小姐，"工人事业"代表

卡尔斯基，罗兹和华沙社会民主党工人代表

1893 年 8 月 11 日于苏黎世

图书在版编目（CIP）数据

第二国际第三次（苏黎世）代表大会文献/童建挺主编.
—北京：中央编译出版社，2013.12（2019.8 重印）
（国际共产主义运动历史文献/王学东主编；16）
ISBN 978 - 7 - 5117 - 1944 - 7

Ⅰ.①第…

Ⅱ.①童…

Ⅲ.①第二国际 - 会议文献 - 汇编

Ⅳ.①D145

中国版本图书馆 CIP 数据核字（2013）第 290353 号

第二国际第三次（苏黎世）代表大会文献

出 版 人：刘明清
出版统筹：薛晓源
责任编辑：苗永姝
责任印制：尹　珺
出版发行：中央编译出版社
地　　址：北京西城区车公庄大街乙 5 号鸿儒大厦 B 座（100044）
电　　话：(010) 52612345（总编室）　　　　　(010) 52612335（编辑室）
　　　　　(010) 52612316（发行部）　　　　　(010) 52612346（馆配部）
传　　真：(010) 66515838
经　　销：全国新华书店
印　　刷：北京环球画中画印刷有限公司
开　　本：710 毫米×1000 毫米　1/16
字　　数：303 千字
印　　张：23.5
版　　次：2013 年 12 月第 1 版
印　　次：2019 年 8 月第 2 次印刷
定　　价：150.00 元

网　　址：www.cctphome.com　　　邮　箱：cctp@cctphome.com
新浪微博：@中央编译出版社　　　微　信：中央编译出版社(ID: cctphome)
淘宝店铺：中央编译出版社直销店(http://shop108367160.taobao.com)
　　　　　(010)55626985

本社常年法律顾问：北京市吴栾赵阎律师事务所律师　闫军　梁勤
凡有印装质量问题，本社负责调换，电话：(010) 55626985